カミサマをたずねて

津軽赤倉霊場の永助様

根深 誠

中央公論新社

赤倉霊場の「生き神」永助様こと太田永助の立像。飛神となって、岩木山中にある、この地に降り立ったと伝えられる。

赤倉山に奉納された「赤倉大権現」の石碑。「函館市船見町 田村イソ 信者一同 昭和三十一年九月」の銘が刻まれている。

真言宗赤倉山金剛寺の火性三昧祈禱会。このとき焚かれる火を護摩と言う。行者による祈禱、法力で除災招福の成就を願う。

カミサマをたずねて——津軽赤倉霊場の永助様　目次

装幀　丸山邦彦

カミサマをたずねて——津軽赤倉霊場の永助様

赤倉山神、永助様にささぐ

序章　語部

伝聞によれば、生前の奇矯な言動で知られる津軽の三大奇人に、鹿内《しかない》仙人こと鹿内辰五郎（一八八〇〜一九六五）、小山内漫遊こと小山内嘉七郎（一八九六〜一九七八）、それに本書でとり上げる永助様こと太田永助（一八五一〜不明）がいる。前者二人については、私も少年のころ見かけたことがある。

鹿内仙人は八甲田山の雪中行軍遭難で人命救助して以来、古びたラッパを吹き鳴らす名物ガイドとして、数々のメダルで飾った詰襟服を着用し、酸ヶ湯温泉に常駐していた。カエルやナメクジを丸呑みするという野性味ある武勇伝の持ち主でもある。世界的な版（板）画家・棟方志功と交友があり、棟方の揮毫《きごう》による「鹿内辰五郎頌碑」が八甲田山中、地獄沼のちかくに建っている。

他方、小山内漫遊の生涯は波瀾万丈、不明な点も多い。一説には、革命勃発後のロシアで諜報活動に従事し、シベリアで越冬。革命により帝政が倒れた後に帰国、二・二六事件に連座したとも言われている。シベリアでの越冬体験を活かした「耐寒体操」を国内で奨励した。

故郷の津軽に帰省してからは浮浪者同然、世捨て人に変身する。小泊《こどまり》半島の権現崎《ごんげんざき》で霊感を得て開眼し、以後、漫遊を名乗り、頭襟をつけた白装束の山伏スタイルで歩くようになる。生まれ在所の北津軽郡金木町嘉瀬にある観音山の堂舎にこもり、畑を耕し、最後は血を吐いて孤独死。異端の生涯を全うした。

農村社会では漫遊のような規格はずれは「村八分」、これが不文律だ。漫遊について、たとえ知っていることがあっても、誰もが口を閉ざして語りたがらない。

「どうしてですか。何か悪事でも働いたのですか」

「悪いことは何もしていませんけど、変わり者だからですよ。亡くなったのは私が三十代のころでした」

他郷から嫁いで来たという老婦人は、庭先で洗濯物を干している手を休めて私にそう語った。とおりすがりの土地の出身者でもない私とは、何のしがらみもないことから、話しかけられるまま気軽に応えたのだろう。

「目つきの鋭い、背の高い、痩せ型の男前でした。頭のいい人だったそうですよ」

小山内漫遊が住んでいた堂舎は、観音山の一隅にいまも残っている。私が訪れた四月、穏やかな春の日和だった。道端の雪解け跡地にフキノトウが芽を吹いていた。そこは漫遊が生前、朝鮮人参を作付けした場所でもあった。

異端者として故郷から排斥されねばならなかった漫遊、そして排斥されないまでも奇人のレッテルを貼られ、愛すべき変人として受け入れられた鹿内仙人。死後、いずれも山に祀られている。それは山には精霊が棲むと言われ、いつの時代も、山が稲作農村社会のはずれ者、すなわちアウトローの行きつく、最後の逃れ場所だったからだ。はたまたその逆で、追放されたり逃れたりしたのではなく、神通力によって山の神に召されたとの解釈も成り立つ。

前者二人と同じように奇人変人、はずれ者、アウトローではあっても、これから述べる永助様は、その語り伝えられる言動も、現実とは思えないほど奇妙奇天烈、もはや正気の沙汰を突き抜けている。燃えさかる囲炉裏に頭を突っ込んだとか、凍てつく真冬の水中に潜って岩木川を渡ったとか。挙句のはて、村中総出で稲刈のさなか衆目を集めつつ、あれよあれよと言う間に空を飛んで、岩木山の赤倉沢へ消え去ったのだ。

常識はずれの馬鹿げた内容と言ってしまえば身も蓋もない。しかし、それでいて現実には「生き神」として偶像化され、カミサマとして信者のみならずあまたの人びとの尊崇をいまなお集めている。いったい、そこには人びととの間にどのような繋がりがあるのか。もしくは何か、マジックのようなカラクリでもあるのか。

民心を宿す民間伝承

永助様をめぐるカミサマ信仰は、世間一般には赤倉信仰として知られている。岩木山の赤倉沢に霊場がある。そのルーツを探るにあたって看過できないのが、戦後最大の偽書とまで言われた悪名高い『東日流《つがる》外三郡誌』（以下、『外三郡誌』）[*1]を含む、総じて『東日流語部《かたりべ》録』（以下、『語部録』）[*2]と言われる文書群だ。「和田家文書」ともいう。青森県五所川原市飯詰在住の和田喜八郎（一九二七〜一九九九）が作成したとされ、偽書派と擁護派による、その内容の信憑《しんぴょう》性が真贋論争を巻き起こし、和田は「天才的とも言える希代のサギ師・ペテン師」とまで噂されるようになった。

いまでは、一連の『語部録』はトンデモナイまがい物であるというのが定説になっている。

しかし、数百巻とも言われる膨大な分量は、そこに語られる有史以前からの歴史が荒唐無稽で史実にそぐわないものだとしても、それは個人の力量をはるかに凌駕していると思わざるを得ない。だいたいにして、カミサマなる言葉を耳にしただけで、いかがわしいものとして眉をひそめるのが、いまの世の中の潮流である。『語部録』とカミサマなるものに共通しているのは、前近代のいかがわしさ・胡散臭さであり、言い方を換えれば、世の主流からはずれた異端の神秘主義と言っていいかも知れない。

だからと言うわけでもないが、皮肉にも、カミサマをめぐるルーツについて、私が渉猟した文献の中で、もっともわかりやすく解説されているのが『語部録』に収録された数々の民間伝承である。その内容もまた嘘八百を並べたものなのかどうか、私には判断がつきかねる。

私が『語部録』を参考にするのは、真偽のほどは定かでないにしても、そのすべてを否定するものではないからだ。加えて、『語部録』には「疑わしい史伝もそのままに記した。玉石混交かも知れないが、その判断は後世の識者に委ねたい」との旨が随所に記されている。

一例だけ挙げよう。「衣川写本」（未刊行）という文書の「倭説に叶ふ史伝のみ世に遺る」という項の一部だ。寛政五年（一七九三年）八月一日、秋田孝季《たかすえ》＊3が書き残している。

一つの真実を求むるが故なる萬史の諸説、それなる砂の数の中より選択せるは私にして神ならず。誠に天秤の裁きを以って断定するは至難なり。故に玉石混交とは雖《いえど》も、諸説を集綴《しゅうてつ》なして、その判断を衆視の聖《ひじり》に委ねるものなり。茲《ここ》に羅列せる伝説の中より、私見をもって除去するは不遜なる行為と云うべし。道には支脈あり、学にも専門の修道あり。一人の頭脳をして萬能ならしむる叶わざる事なり。依て茲に私考にて選抜せざる綴りを、尋史の当然なる記述として、張紙《はりがみ》のまま曝《さら》す。

これを偽書と断じてしまえば人聞きがわるい。内容にはフィクション（虚構世界）もまた混在している、ということではなかろうか。

土俗信仰の神がかった託宣や信者の話の内容は、現実とフィクションの見境もなく、異界と交信しているような浮遊感漂う世界である。雲をつかむような不確かであいまいな話が民間伝承として

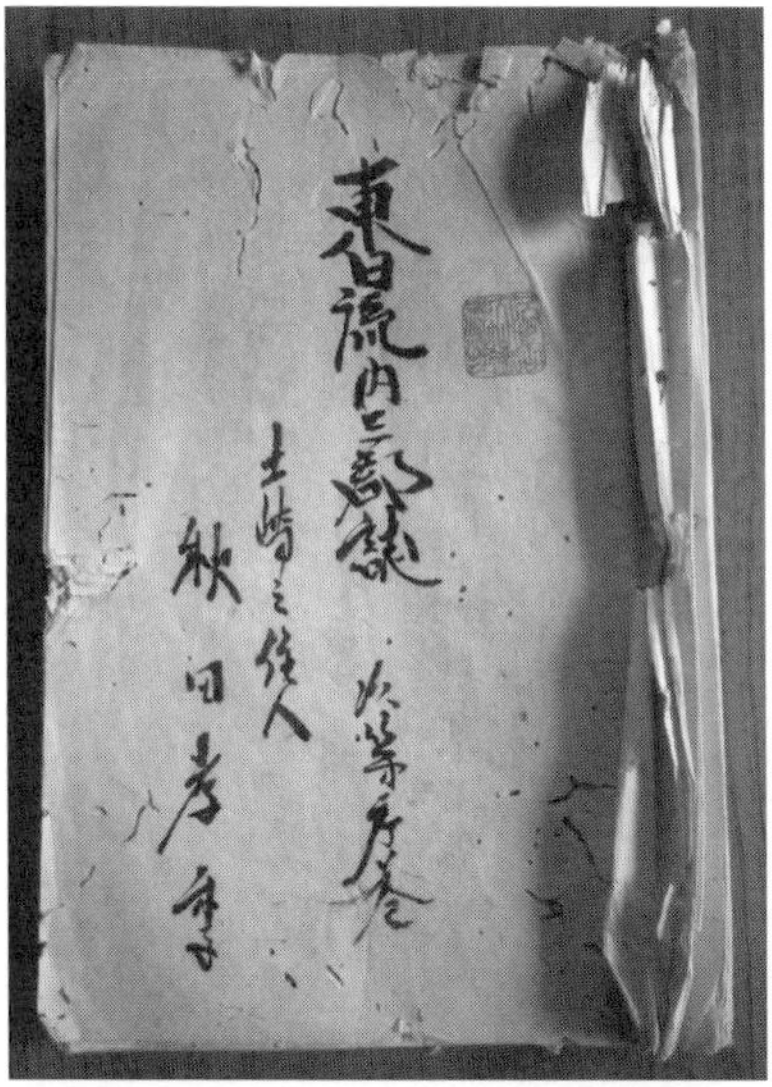

秋田孝季の真筆とされる『東日流内三郡誌』（竹田侑子氏蔵）の表紙

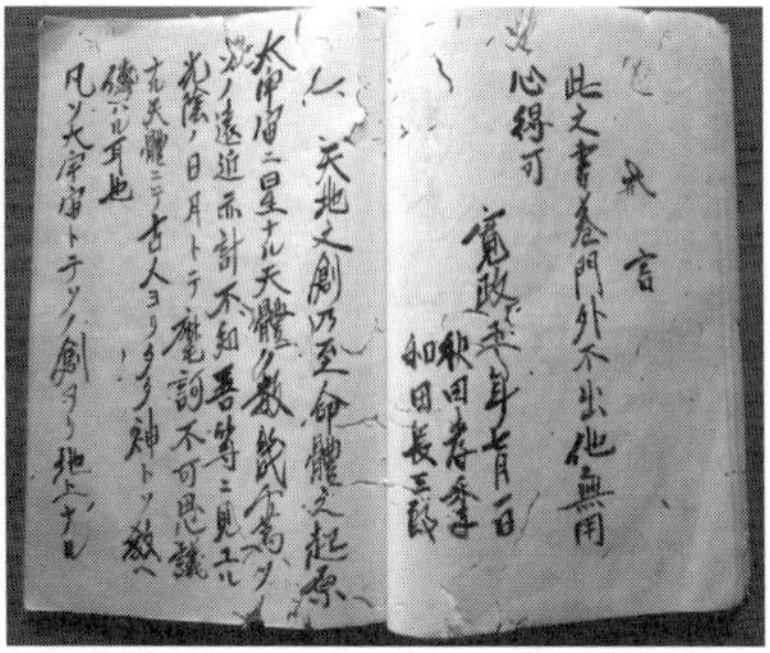

『東日流内三郡誌』の「戒言」を記した頁

『語部録』には多々記録されている。現代人の知性にはそぐわない、信じ難い世界だ。しかし、その世界が、昔ほどではないにしても亡霊のごとくつきまとい、いまの世に浸透しているのは、これまた確かな現象ではある。

じじつ、『語部録』は、戦前の竹内文書[*4]と並ぶ古史古伝とされている。一連の、これまで世に出た『語部録』の最初に出版された『東日流外三郡誌』のウソデタラメ性をあばいた本に『偽書「東《つ》日流《がる》外三郡誌」事件』（斉藤光政著・新人物文庫）がある。『外三郡誌』の真贋論争が白熱していた一九九〇年代から、この本が出版された二〇〇〇年代初頭にかけて、地元新聞記者として取材しつづけた記事を基にまとめた労作である。

著者も、文庫版の解説者も信頼すべき私の友人だ。解説者に至っては、日ごろから何かと世話になっているもっとも敬愛すべき同郷の先輩である。あまりにも一方的に世話になっているので私は常々恐縮し、「生きている間に恩返しできません」と予め宣言している。二〇一一年（平成二十三）には、著者と解説者を含む仲間一行が、私の案内でネパール・ヒマラヤを旅行したことがある。

他方、二項対立として捉えるのはよくないと思うのだが、偽書説派にたいする擁護派と言われる人たちにも私の友人知人がいる。『語部録』を記録、収集した江戸時代後期の歴史家・秋田孝季に因んだ「秋田孝季集史研究会」（竹田侑子代表）の事務局長もまた私とは旧知の仲である。「研究会」は現在もつづけられ、私もたまに参加している。相手を批判するのではなく、史実との違いを照合する勉強会だ。

事務局長はまた、一九八〇年代、私が急先鋒に立って起こした白神山地の林道建設反対運動を、当時、林道建設推進側の県庁職員でありながら、もしかしたら守秘義務違反かも知れないのに情報を提供し、支援協力してくれたのだ。県庁時代、県職労本庁支部委員長、さらに県労本部副委員長と書記長を歴任した組合活動の闘士でもあった。一九九七年、旧満州（現中国東北部）・中国吉林省と北朝鮮の国境地帯に位置する長白山（白頭山）を私と共に旅行したことがある。

ことほど左様に偽書派、擁護派、両者それぞれに私の仲間が重要な立場でかかわった真贋論争は全国規模の裁判闘争にまで発展し、最高裁の判決は「裁判所に学問的真偽論争の当否の判断を求めるのはあまりに筋違いであり」とのことで、主文に「本件は上告を棄却する」「上告費用は上告人の負担とする」とある。上告人である偽書派の主張は棄却されたのだ。

他方、裁判結果はともかく、世間では終始一貫して圧倒的に偽書派が優位に立ち、攻撃の進軍ラッパを吹き鳴らしていた。しかしながら私は、偽書の烙印を押された『語部録』から引用してこの本を書いている。史実に忠実でないとの理由で偽書扱いにされていながら、なおかつ吸引力を失わないのは、ウソかホントか曖昧なるがゆえ、読み手のロマンを掻き立てるその物語性にあると思う。『語部録』は世の現実同様、虚実が綯《な》い交《ま》ぜになった壮大なスケールの一大叙事詩である。虚実は二元論という意味に解釈していいかも知れない。それがメビウスの帯のように繋がっているのが、私たちが住む、多様なこの世の現象世界ではあるまいか。

男神と女神を象徴する巨石

本州北端、津軽平野に聳える岩木山。その北面を、深く大きな沢が荒々しく浸食している。脆く、崩壊を繰り返す、赤茶けた地層が、その名の由来である。赤倉沢と呼ぶ。赤い倉、倉はすなわち懸崖をさす地形語であり、真偽はともかく神代の昔に発生した爆裂火口の名残だと言われている。

永助様と因縁深い、この赤倉沢をめぐる信仰もまた、その起源は有史以前の神代に遡る。世の権力者に消された歴史として世人に疎んじられながらも燃え滓のように細々と、『語部録』が伝えてきたところによると、氷河時代に大陸から氷海を渡ってこの地に住みついたのが、アソベ（阿蘇辺）族と呼ばれる先住民だった。

バイカル湖周辺のモンゴロイドがベーリング海峡を越えてアメリカ大陸へ移動した太古の昔、ベーリング海峡を渡らなかった別のグループが津軽にやって来た、というのだ。岩木山の形成にも繋がる、まさに神代だ。『語部録』によると、岩木山ができる以前、狩猟採集漁労のアソベ族が暮らす付近一帯は「アソベの森」と呼ばれる丘陵地帯だった。その丘陵地帯が大爆発し、「アソベの森」は火砕流や火山灰に埋没し、廃墟と化した。

国家が成立する以前、遥か昔の、部族社会だったアソベ族の存亡にかかわる記述が『語部録』にみられる。津軽の言葉で書き残されているので、当該箇所を意訳して以下に掲げる。

このような話をしたところで、本当のことだとは誰も思わないかも知れないけれど、この人たちが私たちを生んだ祖先なのだ。この話は、昔話などでは全然ないよ。本当にあったことなのだよ。それが証拠に、この語木板に文字で記されているのだから、私は本当にあったことだと思う。

何でも、いちばん先に着いた人たちは、アソベ族という人たちで、男は「ケモト」、女は「タキ」

という名前だった。この二人は丈夫だったので王様となり、子孫も繁栄し、平和に暮らしていたのだが、現在の岩木山がまだなかったとき、一夜にして火を噴き上げて爆発し、火山灰に埋没、人々は死んでしまったそうだ。

何という悲惨な話ではないか。これは、いまの天皇の先祖も何もないころ、大昔の話だ。

この伝承の末尾に「右、語木板解読　帯川の作太郎文政五年一月　秋田孝季記」とある。帯川の作太郎が解読した話を秋田孝季が書き記したということなのだろう。

わが国の初代天皇とされる神武天皇以前の、この神話を裏づける、アソベ族の信仰の象徴として祀られた巨石（男神、女神）が、赤倉沢から流れ出る大石川の下流域の「山風森」（古代名・三輪山）という丘の中腹に現存する。「山風森」は標高七〇メートルに満たない、何の変哲もない、杉木立の丘である。頂には祠《ほこら》がある。岩木山を遥拝する、古代の聖地だったのだろうか。

『語部録』が伝える歴史では、アソベ族ののちにツボケ（津保化）族、さらに晋族、耶馬台族が津軽に侵入し、

「山風森」の中腹にある、藩政時代に破壊されたという巨石。古代信仰のシンボル（写真提供：増田達男氏）

図らずも東西南北から移動して来たこの四族が併合してアラハバキ（荒覇吐）族が誕生する。津軽は後世において「東日流」「津軽」「津借」「津刈」「都加留」などと表記される。元々、「化外の地」として大和朝廷による支配の外におかれた蝦夷地だった。

朝廷側が蝦夷征伐にはじめて来たのは仁徳天皇五十五年（三六七）と伝えられる。『日本書紀』に記述されるのは斉明天皇元年（六五五）。朝廷から派遣された阿倍比羅夫が軍船を率いて蝦夷征伐に侵攻している。侵攻は繰り返された。

その後の大同二年（八〇七）の開基と伝えられる、赤倉山宝泉院『赤倉山寶泉院縁起史』「赤倉山宝泉院縁起」の冒頭にこうある。

岩木山は、太古、阿曽部の森といわれ、小さな山であった。
阿曽部の森には、その頃から赤倉という洞があって、時折り不思議な霊験を見せ、鬼が住んでいる山と云われ、人々に恐れ尊ばれていた。
皇和第五十代桓武天皇の御宇、延暦十四年（七九五）津軽に賊徒蜂起して、住民らは片時も心安ずることなく、朝廷に賊徒征伐を訴え出た。

これは朝廷側の新しい秩序が強制され、それに馴染まない賊徒と呼ばれる古代からの土地の人たちの異議申し立てにたいし、征伐が繰り返された、ということではなかろうか。

賊徒は大同二年にも蜂起、朝廷によって征伐されたことがつづいて記されている。賊徒とは蝦夷をさす。赤倉山宝泉院は赤倉沢に棲むという鬼神を祀って赤倉霊場に開基された古寺である。鬼沢地区に移ったのちの慶長年間（一五九六〜一六一五）、藩命により弘前市禅林街の現在の場所に移転した。

赤倉霊場からほど近い「十腰内」という地区にある巌鬼山《がんきさん》神社は、延暦十五年（七九六）の創建と伝えられる。これは赤倉山宝泉院の縁起にある「賊徒蜂起」の翌年にあたる。赤倉山宝泉院の場合と同様、朝廷側による国家成立に伴う中央集権体制の流れに沿った宗教的鎮圧の証として建立されたのではあるまいか。

その後、津軽は中世に入って安倍・安東氏が支配した。代って北畠、藤原、南部の各氏、のちに大浦為信が津軽という姓を名乗り平定したのが慶長三年（一五九八）または文禄三年（一五九四）とされる。古代から中世にかけての無窮の歳月に培われた歴史にくらべると、津軽氏による弘前藩の歴史は短く、三百年にも満たない。一本の樹齢にも及ばないほどだ。

『語部録』によると、語部文字で「語木板」（版木）に刻まれ記録された、古代から中世にかけての歴史は幕藩体制下、徹底的に破砕、焚焼《ふんしょう》、さらには語部すらもが斬首されたという。『語部録』には、アソベ族の信仰の象徴だった「山風森」の巨石が享保二年（一七一七）、弘前藩によって破壊されたとの記述がみられる。

しかし現実には、引き倒すことはできても木っ端微塵に破壊することはできなかった。それで、いまに残っている。古代の土俗信仰もまた然り、根絶したわけではない。

巨石は土地の精霊崇拝、つまり御神体であり、古代信仰の象徴である。津軽地方のみならず全国津々浦々にみられる。さらに、その延長線上に拡大解釈すれば、御神体は山である。それは聖なる信仰の普遍的対象として世界中にある。

『語部録』によると、狩猟採集漁労のアソベ族やツボケ族のあと、この地に侵入した晋族、耶馬台族が米を持ち込んだとされている。約二六〇〇年前である。稲作が伝来し、狩猟採集漁労の神々に代わって農耕神が支配するようになったのではあるまいか。

この地にはじめて稲作が伝えられたのは、弘前市教育委員会による「砂沢遺跡」の発掘調査によると、水田跡から炭化した米が検出された結果、約二二〇〇年から二一〇〇年前と推定されている。「砂沢遺跡」は「山風森」の下流域にある。東日本最古の稲作の跡地ということだが、住居跡そのものは、約四〇〇〇年から五〇〇〇年前の縄文時代後期まで遡る。

岩木山麓のこの付近一帯には、他にも、縄文前期から中期にかけての石神遺跡や晩期の大森勝山遺跡がある。『津軽の荒吐神伝承と赤倉信仰』（太田文雄著・文芸協会出版）には、赤倉霊場からも石器や土器が発掘されたと記されている。

「砂沢遺跡」の稲作について言えば、『語部録』の記述と、弘前市教育委員会の発掘調査とでは五〇〇年ほどの隔たりがあるが、これによって『語部録』の記述が実証されたと考えるのは早計だろうか。

古代津軽のアラハバキ神信仰

弘前藩によって、「山風森」の巨石が引き倒されて七十六年後の寛政五年（一七九三）九月二日、秋田孝季が詠んだ「三輪の大神」と題する二首が『語部録』に記されている。

岩木なる山の神とて祀りなむ　三輪の杜に斉きおろがむ
古き世に阿蘇辺の民の造るなる　三輪の大神今に遺りむ

この歌に出てくる「三輪の杜」が「山風森」と推定される。「阿蘇辺の民」がアソベ族、「三輪の大神」が「山風森」にある男神・女神の巨石をさす。三輪は地名であり、現在の弘前市三和。覇権争いに敗れ、奈良の都を逃れた耶馬台族の一部がこの地に移住し、故郷を偲んでつけた地名ではないだろうか。

知られざる歴史を秘めた、古代信仰の巨岩が横たわるのは、「山風森」の祠のある山頂から一〇メートルほど下った西斜面だ。余談ながら、その数メートル下方に、天保年間に奉納された石碑があり、「猿田彦大神」の銘が刻まれている。

巨岩に象徴される古代信仰が、衰退したとはいえ天地開闢《かいびゃく》の神代から命脈を保ち、現在の赤倉信仰に継承されているのではないかと想像するのも、あながち荒唐無稽な話ではないだろう。種市《たねいち》のカミサマの託宣によれば、永助様は古代神の化身であり、その古代神なるものが世に現れたのは三万三〇〇〇年前とのこと。これはバイカル湖周辺から日本列島に人びとがやって来た時代と重なる。津軽の一大叙事詩『語部録』に照らし合わせてみるとアラハバキ神以前、アソベ族やツボケ族の天地水神「イシカ・ホノリ・ガコカムイ」が崇拝された時代である。

古代の土俗信仰は自然崇拝であり、その哲理は、ひと言で言えば「万民平等」そして「あらゆるものに生死あり、しかれども、霊魂は不滅なり」（『語部録』）。自然崇拝、霊魂不滅などと言えば、いまでは迷妄の類として嘲笑されかねない。しかし、自然を崇拝し、その摂理を信じることで魂の安寧が得られるものなら、不安や悩みを抱えて無秩序で殺伐とした現代社会にこそ必要なのではあるまいか。

霊魂不滅とは、時空を超えた精神世界を説いている。現にいまなお、清新な感覚でそれを信じて生きている人たちが、赤倉山神、すなわち永助様の信者の中に全員ではないにしてもいるのだ。

古来、心の拠り所になってきた自然が現代において荒廃しているのは、共に生きることの実践を怠っているからである。自然は人事をも含む。げに、カミサマなる神霊を尊ぶ古代信仰が、神秘体験、神通力などと、未開の産物のように不可解なるものとして疎んじられながらも滅びていないのは、人体に織り込まれた細胞の一部のようなもので、生きることと不可分な関係にあるからではないのか。

霊験あらたかな土俗信仰の聖地で知られる赤倉霊場では、減少したとはいえ堂舎が立ち並び、イタコ（霊媒）、ゴミソ（卜占）、オシラ（祈禱）にかかわる、総じてカミサマと呼ばれる人たちや信者、さらには修験による衆会が現在も実施されている。

二十数軒ある堂舎の祭神をみれば理解されるように赤倉山神、天照大神、庚申、弘法大師、龍神大神、不動尊、大山祇神、聖観音、文殊菩薩、稲荷神、薬師菩薩、二十三夜様など、さまざまな神仏が祀られ混交し、それゆえ土俗信仰は命脈を保ちつづけてきたといえる。

「而《しか》るに、今世にても、民心に深く残りてやまざるは、この三祈禱師なり。きびしき修行をなし、その神に願ふるは明白なる霊験あらたかなり。而るに、無念なるや後世にかかりては、仏教及他法を加味せる故に源なるはなくなりゆくぞ惜むるところなり」（『語部録』）

秋田孝季がこの伝承を記録したのは寛政五年。ここでの三祈禱師は、とりもなおさず古代津軽のアラハバキ神の祭司、すなわちイタコ、ゴミソ、オシラをさす。

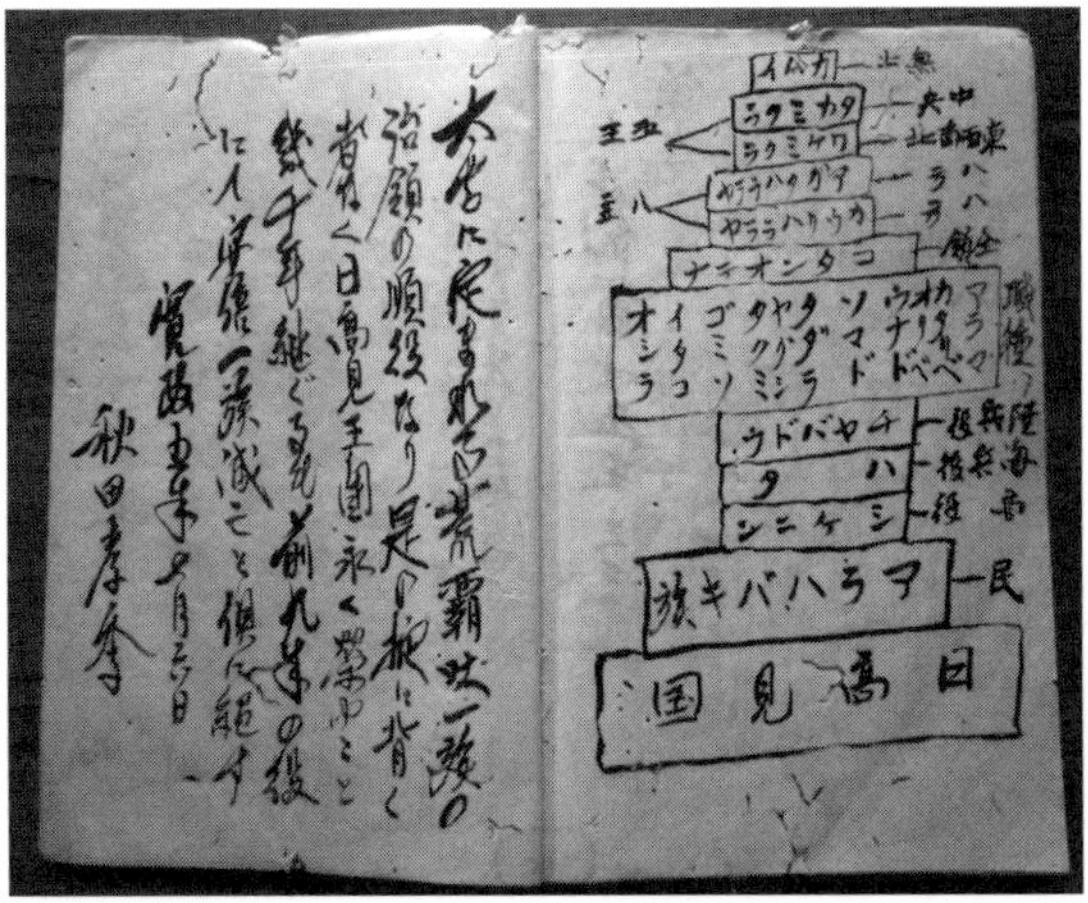
『東日流内三郡誌』に描かれた社会の構成図

一括してカミサマと呼ばれているものの語部としての性格がつよい。じっさい、そのように捉えたほうが理解しやすいのである。「語部トハ盲人ニシテ能ク昔事ヲ伝フル役目ナリ。現ニ是ヲ霊媒《イタコ》ト称シ、俗人ノ崇ムモノト相成レドモ源ズル処ハソレナリ」（『語部録』「有間郡秘帳」「享禄己丑二年　相内山山王　妙覚」）延《ひ》いて言えば、語りものや口説きなど口承文芸にかかわる芸能者にちかい。その系譜がかろうじてではあるが、いまの世に生存しているということではなかろうか。地名として残っている例もある（西津軽郡稲垣村語利）。ただし、地名の由来を知る住民はいま、一人もいない。

「安倍・安東・秋田氏秘宝展」の
パンフレット表紙

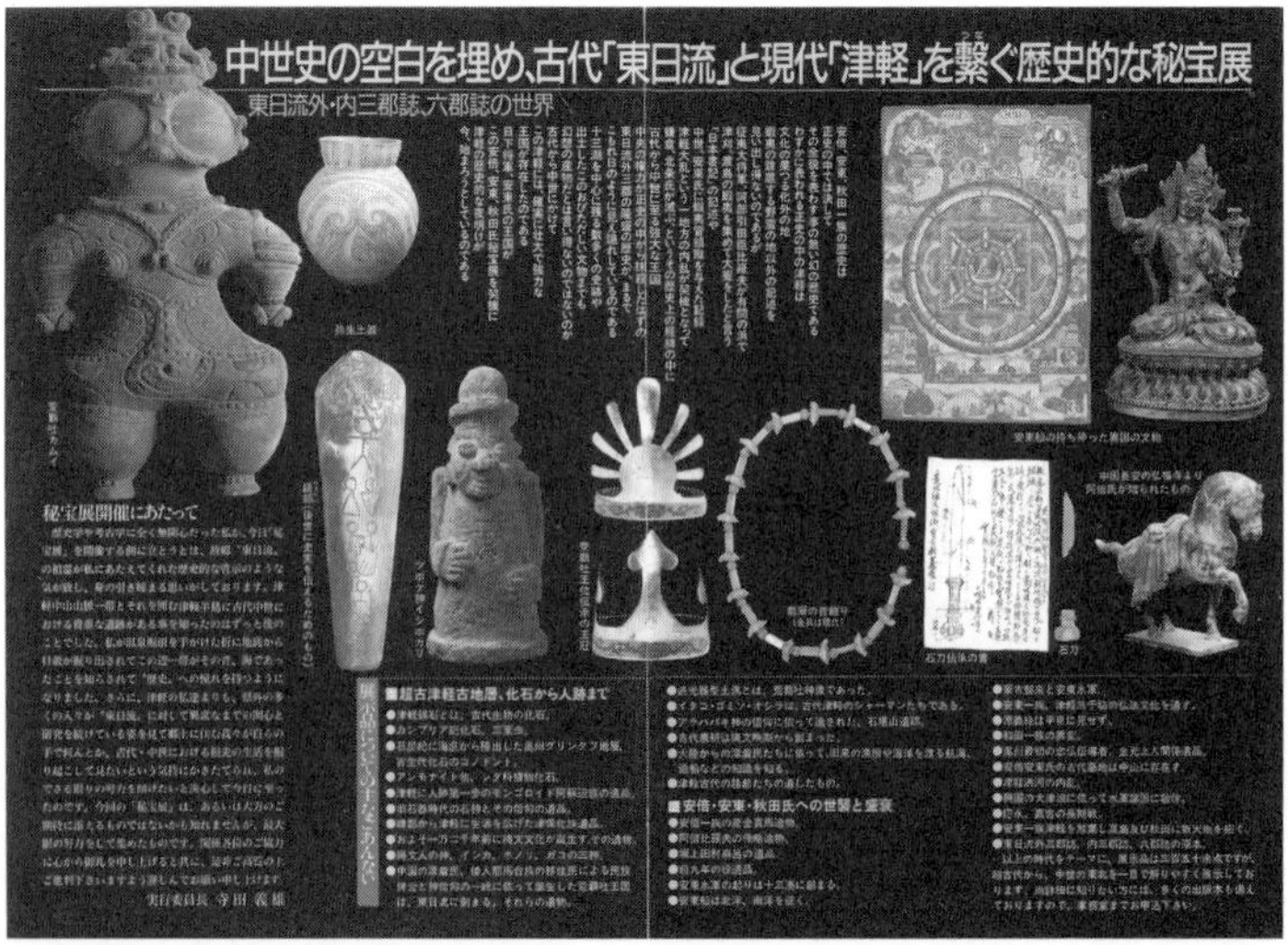

「安倍・安東・秋田氏秘宝展」のパンフレット内面

ちなみに、現在の五所川原市飯詰にある石塔山十和田神社は、『語部録』によると旧アラハバキ（荒覇吐）神社だ。ここには昭和六十二年（一九八七）七月三十日、安倍晋太郎・晋三父子、岡本太郎が参拝している。五所川原市立図書館で開催された「安倍・安東・秋田氏秘宝展」に招待され参拝しているのだが、それはかつて津軽を支配した安倍・安東氏の祖神がアラハバキ神であると言われているからだ。石塔山のアラハバキ神社はアラハバキ神信仰の聖地であるとともに歴代安倍日本《ひのもと》将軍の墓地でもあった（『語部録』）。[*5]

石塔山に埋葬されている歴代日本将軍は安倍頼良（頼時）から安東康季までであり、墓参した安倍父子は頼良の子息・宗任の末裔にあたる。

ところが一方、偽書派を尊重すれば、石塔山のアラハバキ神社はでっち上げである。明治二十三年（一八九〇）に建立されたのだ。わが国の首相になった政治家とその父、そして世界的な芸術家は、図らずも、「サギ師・ペテン師」の片棒を担がされたということになる。前掲の『偽書「東日流外三郡誌」事件』から引用しよう。

安倍晋太郎は、和田らに東北蝦夷の首長である安倍一族の末裔と持ち上げられ、本人もその気になっていたという。その結果、境内に残されたのが「安倍晋太郎先生墓参記念植樹」の標識。安倍本人が神社を訪れ、多額の寄付をした名残だった。

私も、擁護派の頭目である「秋田孝季集史研究会」事務局長の説明を受けながら石塔山を歩いたことがある。私にとって真贋論争は他人事でしかない。それより驚いたのは、亭々と聳え立つヒバ林だ。思わず、目を見張らされた。なぜ、周囲が伐られているのに、この一角だけが伐り残されたのか。母樹として伐り残されたことも考えられるが、それにしては本数が多すぎる。私の推理は、聖地であるがゆえに伐ってはならない、との伝承が生きていたからではないか、というものである。

そこで森林管理署に問い合わせようとしていたところ、関係者からそのあたりの事情を伺うことができた。それによると、石塔山にかぎらず何ヶ所か、信仰の対象になっている場所で伐り残されている区画があるとのことだった。何か謂れがあって、暗黙裡に神域として護られてきたということではなかろうか。

青森県内には、旧アラハバキ神社が改名されて現在も残っている例がいくつかある。菅江真澄が遊覧記「すみかの山」で、青森市にある松尾神社が「あらはばき明神」であると述べている。ほかに、宮城県や愛知県にもアラハバキ神の祠があったことが記されている。

菅江真澄の遊覧記には出てこないが、同じく青森県の五所川原市脇元にある荒磯崎神社も旧アラハバキ神社。さらに安倍・安東氏発祥の地の記念碑がある南津軽郡藤崎町の荒磯崎神社、大鰐町の熊野神社、埼玉県秩父市の三峯神社など（『語部録』）、調べればおそらくたくさんあるはずだ。

ここに五所川原市脇元にある荒磯崎神社の例を挙げよう。日本海を見晴るかす、国道三三九号線わきの台地に建っている。神社の「御由緒」にこうある。「安倍・安東の祖神である荒吐神を祀った神社であるといわれている。文永十一年（一二七四）、天台宗僧賢正坊により薬師堂が建立されたと伝えられる」。そして「薬師宮と称され」、「明治六年四月神仏分離令により荒磯崎神社と改め村社に列せられる」

ところが『語部録』には、明治以前の時代でありながらその社名が見られるのだ。「寛文二年六月分元荒磯神社」「元禄十年八月分基荒磯神社」引用した「分元荒磯神社」も「分基荒磯神社」も、現在の脇元地区にある荒磯崎神社だと思う。

何代にも亘って書き写されているうちに原本がなくなり、書き手の恣意や誤謬が記されたのではないかというのが擁護派の見解である。それとももうひとつ、明治以前に社名が変更されたことが『語部録』「北鑑」に記録されている。以下に引用。

東日流に於て荒覇吐神社は今にして社號を異にせども、洗磯神社、磯崎神社、荒磯神社として遺りぬ。渡島にてもホノリカムイとてアラハバキ神の制裁ありき、宗教改めの寛永十二年のことなりと曰ふ。（享保二年三月二日　松前屋藤兵衛）

寛永十二年は西暦一六三五年。この年、宗教改めによって社名が変更されたことがここに記されている。それを記録したのは享保二年（一七一七）、先述したように「山風森」の巨石が破壊された年である。

これらの記録から推察されるのは、長年に亘って、古代アラハバキ神信仰が抑圧されつづけてきたということではないか。この地方を支配していた安倍、安東の滅亡でアラハバキ神信仰は後ろ盾を失い、凋落の一途をたどった。安東以降、南部、そして津軽、さらに明治新政府と支配体制が変わってもなお抑圧は絶えることなく繰り返された。

参考までに挙げると、アラハバキ神に関連する全国各地の神社にはつぎのようなものがある。〈北海道〉小山権現（江差町）、〈岩手県〉安日の社（一関市）境内社、荒鎺神社（岩手町）、〈宮城県〉阿良波々岐明神（宮城町）塩釜神社の末社…現在荒吐神社、あらはばきの祠（塩釜市）塩釜摂社、〈福島県〉荒脛巾神社（湊村）、〈埼玉県〉門客神社（大宮市）氷川の摂社…古くは荒脛巾神社、荒脛巾神社（所沢市）中氷川の末社〈東京都〉養沢神社（小宮村）前は門客人明神社と書いてアラハバキと読ませた。〈千葉県〉アラハバキ神社（市原市）今は地名と口碑だけが残っている。〈神奈川県〉阿良波婆枳神社（愛甲郡）小野神社末社…どっちの小野神社か？〈愛知県〉荒羽々気神社（一ノ宮町）砥鹿神社の末社…現在案内板が立っている。〈島根県〉門神社（大社町）出雲大社の末社…アラハバキと称せられていた。『津軽の荒吐神伝承と赤倉信仰』（太田文雄著・文芸協会出版）より。

弾圧を受ける土俗信仰

神代ならいざ知らず、わが国が近代化へ突き進んでいた明治十五年（一八八二）、永助様は旧暦八月十九日、三十二歳で突如、稲刈のさなか、空を飛んで岩木山の赤倉沢へ去った、と語り伝えられている。以来、神格化され、「生き神」として崇め奉られるようになった。加えて、没年が不明であることも、俗界を超越した霊能者としての本領を引き立てるのに奏功している。

永助様は本名が太田永助、嘉永四年（一八五一）十月三日、二代目太田佐次兵衛の二男として、現在の弘前市種市の農家に生まれている。家屋は一部改築されているが、永助様が頭を突っ込んだという囲炉裏や、家の外から飛来したという祠が残されている。私たちの思考では、祠が飛来する、とか、永助様が囲炉裏に頭を突っ込んだ、とか、とても現実とは思えないような不思議がつきまとう。その不思議は「生き神」を祀るに必要な付加価値でもある。

永助様の祖父・初代の佐次兵衛は、太田家の書きものには「明和七年十一月十二日庚寅年生」と記されている。しかし、それとは別に口伝による出自は、以下に述べるように謎めいている。

村内の百万遍念仏講に紛れ込んでいた浮浪児を、太田家が見るに見かねて育てた。その浮浪児が初代の佐次兵衛である。太田家はその後、北海道に移住し、新しく太田家の後継者となった初代の佐次兵衛には子どもがなかった。

ある日、旅の修験に乞われ、食事を差し上げたことから「十二山の神」信仰を諭され、信じることで子宝に恵まれた。その子宝が二代目佐次兵衛だ。二代目佐次兵衛には三人の男子が生まれ、長男・松五郎が跡を継ぐ。

時代は幕末から明治にかけて近代化へと向かっていた。西欧列強の艦船がつぎつぎとわが国に来航し、幕末維新の論客・吉田松陰が江戸を発ち、津軽を訪れたのが嘉永五年。翌六年、開国目的の黒船が来航し、翌七年、日米和親条約締結、江戸幕府による二六〇年あまりつづいた鎖国体制は幕を閉じた。

その後、慶応三年（一八六七）に大政奉還。翌明治元年の戊辰戦争では弘前藩からも出兵している。この年、永助様は十七歳、多感な年ごろであり、挙げて富国強兵、文明開化の夜明けとも言うべき時代の激動を肌で感じとっていたに違いない。

永助様をめぐる非現実的で神がかった言動や出来事については、太田家に保存された覚書に記されている（巻末資料「赤倉山の大神さま」参照）。永助様は人智を超越した神の化身であり、消息を絶って以来、死亡は確認されていない。戸籍謄本には、こう記されている。「年月日時及び場所不詳死亡昭和弐拾六年拾弐月参日附許可を得て同月六日除籍」届出人は甥孫で、太田家五代目当主太田松衛（故人）。この年、昭和二十六年は、永助様生誕一〇〇年に当たる。

ところが事実とは裏腹に、戸籍を抹消されたのちも永助様は、信者の間で不滅と信じられ現在に至っている。「生き神」として祀られるからには理由や根拠があるはずである。旱魃《かんばつ》の年、現在の別宮、ここは太田家所有の土地だが、そこに湧き出ている清水が農民を救ったとか、永助様が赤倉沢で行をしたので清水が湧き出たとか、諸説紛々、定かではない。

しかし私が思うに、「生き神」、つまりカミサマにならねばならなかった、もっとダイナミックな背景があったのではないか。幕末から明治にかけての文明開化の時代、全国各地に吹き荒れた廃仏毀釈、それにつづく宗教政策と関係があったのではないか。明治時代の近代化の過程で在来の土俗信仰は、国家の宗教政策によって繰り返し、弾圧を受けることになる。土俗信仰は、非科学的な迷信の世界である。執拗に「魔女狩り」が実施された。時代の刷新を図ろうとする明治政府の意図があったと思われる。

ここにこそカミサマにならねばならなかった真の理由が隠されているのではないか。カミサマとして祀られるには、もちろん、地域住民の協力があっただろうことは容易に察せられる。

明治六年、「梓巫市子並憑祈禱孤下ケ等ノ所業禁止ノ件」。さらに翌七年、「禁厭祈禱を以て医業等差止め、政治の妨害と相成候様の所業」を禁ずる法令が発布される。明治六年の文言にある梓巫、市子、憑、祈禱、孤下ケ、そして同七年の禁厭などは呪術をさす。すなわち、三祈禱師のカミサマが対象になっている。法令の内容は、民衆をたぶらかす行為として禁止する、というものなのだ。さらに同十五年には、再び、呪術行為による病人の治療、投薬などは医療妨害として取り締まる旨の通達がなされている。

明治十五年といえば、秋、稲刈時に永助様が空を飛んで、岩木山の赤倉沢へ行方をくらました年である。土俗信仰への明治政府による締め付けにたいして、地域住民は永助様が空を飛び、「生き神」になるという虚構を創作することで対峙したのではあるまいか。強いて言えば、地域住民が匿ったのだ。

一方で、明治六年、呪術行為を禁止する法令を発布した直後、それまでのキリシタン禁制の高札が撤去されている。双方の信仰にたいする極端な対処の仕方には、明治政府の差別的な体質を目の当たりにするような思いを禁じ得ない。文明開化の西欧偏重を読みとることができる。

こうした宗教政策が廃止されたのは、敗戦後、昭和二十二年に施行された憲法第二十条「信教の自由」の規定に基づく。しかし、そこに見られる差別的な体質や偏見は津々浦々、この現代にあってなお人々の心を蝕み、解決されることはない。

圧制や弾圧にたいする被支配者側の対抗措置として津軽地方での、永助様の一件と似たような事例に「民次郎一揆」がある。永助様が空を飛んで行方をくらましたときから遡ること六十九年、文化十年（一八一三）の旧暦十一月二十六日、津軽最大の農民一揆の首謀者、鬼沢村（現・弘前市）の藤田民次郎は藩によって斬首された。妻は永助様の生まれた種市の出身（『民次郎一揆余聞』佐藤豊彦著・北方新社）。余談ながら、永助様の命日とされる旧暦八月十九日の例大祭には、鬼沢地区の獅子舞が奉納される。

民次郎と永助様との似て非なる違いは、民次郎には墓があるが、永助様にはない。闘う対象が同じく圧制や弾圧であっても片や江戸時代の弘前藩、片や明治新政府の国家であり、時代も異なる。捉えどころのない巨大な国家にたいし、唯一、煙幕のように非現実的な虚構のヴェールを張り巡らすことで対峙し、異界の「生き神」として祀ることは、この地域の土俗信仰が社会から抹殺されないための、当時の地域住民の生活に根ざした知恵だったのではあるまいか。

その功労ゆえ、時代の潮流に飲み込まれることなく、いまも細々とではあっても強靭に、赤倉霊場のカミサマとして、永助様こと太田永助は敬われ存在している。おそらく、そのことが霊魂不滅の証明である。カミサマ信仰は古代のアラハバキ神を祀った自然崇拝であり、ひと言でいえば、虚心坦懐にして開かれた平等意識からなっている。

ここで誤解を避けるためにもカミサマと神様の違いを述べておく。カミサマは現世に生きる生身の人であり、古代信仰の系譜に連なるイタコ・ゴミソ・オシラの三祈禱師をさす。『語部録』によると、三祈禱師は元々は人名だった。

他方、神様、すなわち神々はこの世のものではありえない。とはいえ、呪術や信仰を介して繋がっている。もちろん、その境界は、ヴェールに包まれ曖昧である。ときには三祈禱師のみならず神も仏も、霊験あらたかな対象を一緒くたにしてカミサマと呼んだりもする。延いては、あらゆる信心の対象としてカミサマなる概念が存在しているようだ。

赤倉霊場

北半球の山では北面は日あたりが悪い。岩木山も例外ではなく、北面に位置する赤倉霊場は、この点、東南にある岩木山神社と対比され、岩木山神社が表の顔、赤倉霊場が裏の顔などと俗に言われている。果たして顔に表裏があるのかないのか。それは別にしても、岩木山神社が歴代藩主の加護を受けてきたのにたいし、赤倉信仰は弾圧を繰り返し受けてきたという負の歴史がある。しかし半面、そこに秘められた古代からの歴史は岩木山神社の比ではない。

津軽のカミサマ信仰を学問的な視点で調査研究し、一般向けに著した本に『津軽のカミサマ　救いの構造をたずねて』（池上良正著・どうぶつ社）がある。その中から赤倉霊場にかかわる箇所を以下に抜粋する。

岩木山神社を中心とする東南麓の百沢を、岩木山の表玄関とすれば、この北麓に広がる赤倉一帯は、いわば岩木山の裏門、ないしは勝手口にたとえることができるだろう。信仰形態をみても、つねに時の支配権力と結びついてきた百沢の、公的、集団的、男性的性格に対し、カミサマ信仰のメッカである赤倉の地は、私的、個人的、女性的な特性が息づいている。赤倉は岩木山の「かげ」であり、社会の大義名分とはかならずしも一致しない人間の欲望や怨念と結びついた、「かげ」の信仰を担ってきたのである。

じっさい、赤倉霊場には女石神が祀られていると伝えられている（『語部録』）。これにたいし男石神が祀られているのが、赤倉霊場の下方に位置する大石神社だ。大石神社の湧き水は、いまでも汲む人が後を絶たない。

『菅江真澄遊覧記』「外浜奇勝（三）」に大石神社から赤倉沢をへて赤倉が岳（赤倉山）に登ったときの紀行が記されている。赤倉沢を直登したものかどうか決めかねるが、文脈から判断してその可能性が高い。

寛政九年六月二日（グレゴリオ暦・一七九七年六月二十六日）である。西目屋村の暗門の滝を五月十六日から十八日にかけて探訪し、そのあと二十三日、岩木山を百沢から登ったその足で右回りで麓の村々をめぐり歩き、赤倉沢を登っている。

菅江真澄は赤倉が岳のこのときの紀行で大石明神（大石神社）については記しているが、赤倉霊場にはひと言も触れていない。本書の〈付録〉「赤倉山の大神さま」にもあるように、赤倉山宝泉院が移転してからこの地は凋落し、永助様が「生き神」として祀られるまでの間、堂舎や行者小屋もなく閑散としていたのだろう。

現在のように、津軽地方各地域ごとの堂舎が立ち並ぶようになったのは敗戦後だ。昭和五十五年（一九八〇）九月の調査では二十八軒あった堂舎で、戦前に建てられたのは、永助堂（種市堂）を筆頭に、工藤むらの瑞穂教赤倉山神社、大瀬イガの船水堂、新谷万作の矢沢堂、須藤ヤスの扶桑教会行堂などの五軒である。

　大石神社から岩木山へ向かって延びる雑木林の道を車で数分走ると前方に視界が開ける。大きな鳥居が建ち、堂舎が並び、如何にも怪しげな、霊界と言うに相応しい雰囲気が漂う。晴れていれば、正面の高みに聳《そばだ》つ赤倉沢源頭の懸崖を眺めることができる。後継者がいなくなりとり壊されたり、倒壊した堂舎も目につく。

　とはいえ、以前ほどの勢いはなくても、古代アラハバキ神信仰の流れを汲む赤倉霊場のカミサマ信仰は、津軽一円のみならず南部地方、関東地方、道南地方へと拡散している。『語部録』によると、アラハバキ神は日本国（ひのもとのくに）に暮らしていたアラハバキ族の神でもある。日本国は静岡県安倍川から新潟県糸魚川をむすぶ糸魚川静岡構造線以東をさし、紀元前六五一年から千年以上にわたって繁栄したと伝えられている。

　二十一世紀の現代日本において、それぞれ境遇も異なる個々人の生活の襞《ひだ》に、アラハバキ神信仰の系譜につらなる永助様なるカミサマが具体的にはどのように浸透しているのか。そこにはさまざまなケースがあるはずである。カミサマを糧に生きる人たちを訪ね歩きながら、非科学的で、封印された不思議議をめぐる探索の旅へ、いざ、出かけよう。


　ぬかづけばアソベの杜に加護あらむ三礼四拍一礼鷹の翔び立つ[*6]

（註1）東日流外三郡誌　秋田孝季と縁者の和田長三郎が寛政元年（一七八九）から文政五年（一八二

二）までの三十三年間、全国津々浦々を歩き、収集した資料の集大成。外三郡とは有間《うま》郡、恵留有潤《えるま》郡、奥法《おきのり》郡。ちなみに内三郡は鼻和《はなわ》郡、稲架《いなか》郡、平川《ひらかわ》郡。外三郡は天皇家直轄、内三郡は鎌倉幕府直轄。最初、市浦村資料編として一九七五年に出版された。

（註2）東日流語部録　秋田孝季と和田長三郎が三十数年の歳月を費やし、各地に残された伝承を集録した膨大な資料。紀元前一九九年から語部文字でなされた記録と、それ以前から口碑に残る出来事をも含めて遺されてきたものを編纂。「秋田孝季集史研究会」は、それらの記録を再考、吟味すべく活動をつづけている。『東日流語部録』の中で、これまで刊行されたものを以下に掲げる。『和田家資料』全四巻（北方新社刊）、『東日流外三郡誌』全六巻、補巻一巻（北方新社刊）、『東日流外三郡誌』全六巻（八幡書店刊）、『東日流六郡誌大要』（八幡書店刊）、『東日流六郡誌』（津軽書房刊）、『東日流六郡誌絵巻』（津軽書房刊）など。『北鑑』全六一巻はネットで検索できる。他に、日の目を見ない資料が多数残されている。

（註3）秋田孝季　江戸時代後期の歴史家（一七四六〜一八三一）。研究者によって生年没年がはっきりしない。中には一部、架空人物説もある。

（註4）竹内巨麿が発見した天津教の教典。正式には『神代文字神霊宝典』という。古代史を装い、捏造された偽書、その津軽版が『東日流語部録』と言われる。

（註5）政治家、衆議院議員。晋太郎（一九二四〜九一）の二男が晋三（一九五四〜）で第九〇、九六、九七、九八代内閣総理大臣。

（註6）三礼は天・地・水の神々へ。四拍はアソベ族・ツボケ族・晋族・耶馬台族の神々へ。一礼はアラハバキ族の神へ。これが偽書として名高い『東日流語部録』に見られる津軽先住民の参拝作法である。鷹は赤倉山神の眷属《けんぞく》。アソベの杜は岩木山の古代名。なお、永助様を祀る種市の赤倉山神社は二礼二拍一礼。

第一章　加持祈禱

眼病克服

赤倉沢にかかった簡素な木橋は二年ほど前、雪の多い年だったが、雪解けの洪水で流失したのを、上流に堂舎をもつ種市（弘前市）の太田家（赤倉山神社）が新しくつけ替えた。橋は秋にはとりはずし、翌春の雪解けが終わるころ再びかけなおす。

六月、その橋を渡って行くと、新緑に包まれたブナの二次林からなる緩やかな斜面が広がり、左脇に無人の堂舎が現れる。永助堂である。種市堂とも呼ばれている。境内に立ち並ぶ石碑や石像は、明治や大正の時代に建立されたものばかりだ。信仰もまた、この時代に隆盛を見たということなのか。

その中に一基、「赤倉山神社　明治二十八年己年《ママ》旧七月十日　種市村　太田曽太次郎　田中嘉助　田中多助」との銘が刻まれた石碑がある。赤倉霊場では、年代からいって、この石碑がもっとも古い。

太田曽太次郎は「生き神」に祀られた永助様の甥に当たる。翌三十九年旧暦八月十日の石柱も傍にある。堂舎の創建にかかわる記念の石碑かも知れないが、定かではない。

周辺では新緑のブナ木立が爽風に葉裏を翻し、気持のいい初夏の佇まいを見せている。はるばる東南アジアから海を渡ってきた各種野鳥の囀《さえず》りも聴こえる。それらに混じって響き渡るエゾハルゼミの啼き声、遠くから人の話し声やら笑い声も聞こえてくる。

まもなく、高齢の女性からなる十人ほどの一行が登ってきた。歩いて登って来たのに呼吸が乱れていない。それが不思議だった。高齢のわりには見るからに若々しく、歩き慣れているのだ。一行は靴を脱いで堂舎に入り、太鼓を叩き、祈禱をささげ、そのあと掃除をして出てきた。

——どこから来たんですか。みなさん、ずいぶん若々しく元気ですね。

このときが永助様の信者・今井光代さんとの最初の出会いだった。一行を引率して来た今井さんは八十一歳（二〇一五年当時）。津軽で俗に言うカミサマである。如何なる理由で信仰の道を歩むに至ったのか。カミサマになった入巫動機、成巫過程を知りたいと思った。

その旨を伝え、後日、今井さん宅を訪ねた。通常、この手の人たちは、部外者には排他的な対応をとることが多い。たぶんそれは、私たち部外者の、信者にたいする偏見や不信感と同質ではないかと思う。だが、今井さんは違っていた。

今井さんは秋田県大館《おおだて》市に住んでいる。生まれは青森県弘前市にほど近い農村だった。昭和十年（一九三五年）、男三人、女六人の九人きょうだいの七番目に生まれた。下には弟一人、妹一人。二十二歳で結婚し、子どもは女三人、七人の孫、五人の曽孫を儲けた。夫（婿）も元気で、何の不自由なく生活しているとのことだが、カミサマを信仰する以前は、健康を害して苦労が絶えなかった。二歳のころ眼が悪くなった。視力が衰え、左眼はいくらか見えていたが、右眼はまったく見えない。

「母が言いました。家の土蔵に、アオダイショウが二匹棲んでいた。母がまだ七歳のとき、米俵の上に並んでいたのを借子《かれご》(住み込みの年季奉公)が殺して捨てました。そのたたりで、私は眼が悪くなったそうです。眼の黒い部分に白い星が出る病気でした。十歳になったころ、弘前の病院に行って三回手術してもマイネがった。兄に負んぶされて病院に通った記憶があります」

今井さんが言う「マイネ」は津軽の方言で、芳しくないという意味である。アオダイショウのたたりは、今井さん一人だけでは済まなかった。さまざまな形で、狭い農村社会に呪いをかけた。いや、それは呪いに違いないと誰もが思った。

「家でたてて(飼育)いる馬が死にました。それから村内で病人が出ました。一人入院して二、三日後に、また一人入院するといった塩梅《あんばい》でした。人も死にました。一人死んで三十五日もしないうちに、つづけざまに三人死にました。そのあと私が高校に入るころ、兄が『ぶらり病』になりました。無気力で何にもできなくなり、田の水も見回りに行けない状態でした。いま兄は九十一歳になりますが、元気で毎日、野良仕事をしています。呆けてもいません。これもそれもカミサマの力によるものです。凄いもんだなと感謝しております」

今井さんが信仰の道に入ったのは十六歳のときだった。手術しても治らなかった眼病に、ほとほと困り果てていた。

「そのころ偕行社に、年とった男の先生がいて母に連れて行かれたんです」

「偕行社」は旧弘前偕行社。明治時代に駐屯した旧陸軍第八師団の関係施設だ。現在は国の重要文化財に指定され、弘前厚生学院記念館として保存されている。

「男の先生は母に、こう言いました。『娘の眼の病気はカミサマに行ったほうがいい』。医者が自分では治せないということでしょう。母は藁にもすがる思いでした。それでカミサマに行きました」

医者がカミサマを薦めるとは医者らしくない発言にも受けとれるが、しかし善意に解釈すれば、「偕行社の男の先生」は、自分では治せないことを謙虚に認めたからにほかならない。それだけ良心的な性格の持ち主だったのだろう。

「母が亡くなって三十年ちかくになりますが、小金崎という村の金崎というカミサマに拝んでもらいました。『あなたの眼は医者では治らない。この娘の眼は、人助けしなければ治らない』と言われました」

小金崎のカミサマに三週間通いつづけて紹介されたのが種市の永助様、つまり、赤倉山神社だ。

「あそこの水で眼を洗え、って言われました。爺さんが私を自転車の後ろに乗せて連れて行きました」

今井さんは自分の父を爺さんと呼んでいた。種市は昭和三十年（一九五五）の町村合併以来、弘前市に編入されている。それ以前は新和《にいな》村種市だった。今井さんの村から弘前市を経由し、津軽平野を岩木川沿いに二〇キロほどの道のりだ。当時、道は舗装されてはいなかった。砂利道である。どう見ても三時間はかかる。

「途中、自転車を停め、岩木山を眺めて休憩しながら行きました。爺さん、くたびれたんだべ」

今井さんは小学生になっていた。遠出であり、道中、わが子を案ずる親心を感じたのではあるまいか。

種市の手前の村が青女子《あおなご》である。太田家の戸籍謄本によれば、永助様の兄・松五郎の妻は青女子の出身であり、娘が青女子に嫁いでいる。種市や青女子にかぎらず時代が遡るほど、近郷近在同士で姻戚関係を結ぶ例が多くみられたようだ。青女子はまた、「土俵の鬼」「名横綱」と謳われた初代若乃花・花田勝治（一九二八〜二〇一〇）の出身地でもある。叔母の花田ハルは永助様の熱心な信者だった。

今井さんが自転車で父に連れられて種市に通ったのは三日間だけだ。いくらなんでも毎日通いつづけるには遠すぎる。

「通うのはたいへんだから、御神水を瓶に汲んで家に持って帰り、それで一生懸命洗いました。夏休みに入ってからでしたが、四、五日したら障子の骨（桟）が見えるようになりました。脱脂綿に浸して洗ったんです。わずか一週間か十日ぐらいで治ってしまいました。それ以来、いまも眼科には行ったことがありません」

二歳のころ発病し、十年あまり患っていた眼病が短期間で完治したのだから驚く。これが偶然の沙汰であり、信じ難いことだとしても、現実に治った身にすれば信じないわけにはいかない。今井さんが洗眼した永助様の御神水は、赤倉山神社の、昭和五十八年に落慶した別宮の境内に湧き出ている。

明治十五年とも十七年とも言われているが、この地方が旱魃に襲われたとき、永助様こと太田永助は赤倉沢の霊場で苦行に励んだ。太田家に伝わる覚書（巻末資料）によれば、永助様は十二歳のとき神であることを宣言している。嘉永四年十月三日生まれだからグレゴリオ暦に換算すれば一八五一年十月二十七日。旱魃の明治十五年か十七年といえば三十一歳か三十三歳である。村誌『にいな』には明治十七年とあるが、それにしたがえば三十三歳。いずれにしろ三十代前半である。

苦行の結果、太田家の田んぼに清水が湧き、一帯の農民は旱魃を免れた。清水の場所は現在の新和中学校からほど近い、田んぼに囲まれた杉木立の中にある。絶えず信者が訪れ、清水を汲んで帰り、家内安全・無病息災・厄年厄祓い・商売繁盛・車のお祓い・交通安全・受験必勝など現世利益にかかわる各種心願成就に役立てている。同時に、カミサマの巫術や卜占に、この清水は欠かせない。

信者が異口同音に言うのは、御神水の不思議についてだ。臭いを発したり、赤、青、白、黒と色彩を変化させたり、場合によっては不純物を発生させ、悪臭を発散したりもする。それによってカミサマは神霊の託宣を得て、信者の厄難を察知し、救済に役立てる。

他にも、加持祈禱の方法としてローソクの炎や、御護符を使ったりもする。御護符は何の変哲もない紙片なのだが、そこにも御神水同様、色が浮かび出たり、ときには顔が現れ出たりするというのだから驚愕を禁じ得ない。

眼病のあと脚を患う

今井さんは、永助様の御神水で眼病が治って二年目にこんどは足が悪くなった。高校三年生になっていた。通学中、自転車に乗っているときなど脚が、思うようには動かなくなるのだ。右脚に変調をきたした。

「大学病院サ行ったら、学校に行きたくないんだナ、って言われたの。行きたくないわけではないけど、朝、学校サ行く時間だよ、って母に叫ばれて、起きようとしても立てなくなった。大学病院の先生はどこも悪くない、って言うの。いま思えば、当たったんではないかナ。それでまた種市のカミサマに行ったの」

「当たる」とは、中風《ちゅうふう》とも言われて脳血管障害をさす。それで麻痺したのではないかと今井さんは心配したのだ。種市に行くには、弘前駅まで徒歩、そこからバスで奥羽線の川辺駅へ、さらに五能線の汽車に乗り継ぎ、板柳駅で下車、そこからまた歩く。乗り換え時間を除いても、自宅のある村から三時間はゆうにかかる。

「種市のカミサマは当時、太田松衛さんです。いまのトシヱさんの父親です」

松衛は太田家の五代目、永助様の甥孫にあたる。ちなみに、「生き神」として信仰されている永助様は、太田家三代目の松五郎の弟で、松衛の大叔父ということになる。

カミサマに拝んでもらい、今井さんの脚は一時的に快復したが、また悪くなるということの繰り返しだった。

「脚はいくらかよくなり、また学校へ行こうと思ったら、また悪くなった。それで家にいるときも拝むだけでも拝んでみようと拝んでいたら聞こえてきました。いや、そういう気がしたんです。拝むだけではマイネって。感謝の気持がなければマイネって。そう言われたような気がしたんです」

今井さんが言うには、それまでカミサマに対してありがたいという気持を抱いたことがなかった。自分の脚が治ればいいとだけ思っていた。ところが、ある朝、永助様が夢枕に立ったのだ。

「朝の四時でした。あなたの寿命はあと三年しかない。そう言われたんです。天まで届くような鉄の棒を持って立っていました。カミサマ（松衛さん）の言うことサしたがって一生懸命人助けをすれば、そのぶんの寿命を授ける。二人助ければ、二人助けたぶんの寿命を授ける。それで長生きできる。それでも神の言うこと、聞かれないんだガーッ。そう叫んで、ドガーン、ドガーンと鉄の棒を突いたんです。恐ろしかった」

以来、今井さんは毎月の旧暦十九日、永助様の月命日なのだが、種市に参拝した。旧暦八月の十九日は永助様の祥月命日とされ、種市の赤倉山神社で例大祭が開かれる。

今井さんは脚の病気が治るのに三年かかった。御神水を飲んだりつけたり、禊もした。脚は痛みがとれたが、はじめのうちは、だるくて力が入らなかった。引きずるようにして歩いた。湿布などはしなかった。

それでも毎年、夏には赤倉山へ登った。脚は治ってはいなかったが、山へ行くと何ともなかった。普通に歩くことができたのだ。赤倉沢の「不動の滝」に打たれて「行」をしたこともある。種市で禊するときは左眼、右眼、口、肩、頭を濡らし、それから小さなバケツで頭から水を被った。多いときは三十三回被った。

脚の病気が完治したのは、カミサマに諭され、秋田県の大館市に住居を移してからだった。

「そなたは秋田県大館市の釈迦内から少し離れた丘に住んで、カミサマの道を開いてください。そうしているうちに夢のお告げで、また何処かへ移らねばならないときが来る」

その後、お告げがあった。二十歳になっていた。松並木の道があって、そこを行けば清水が湧いていて堤がある。現在住んでいるのが、その場所である。道路の拡幅工事で松並木は伐採され、清水も堤も埋め立てられていまはない。

その当時、土地を売ってくれる人が、なかなか見つからなかった。田舎の風潮として、土地を売れば、食えなくなったから売ったんじゃないかと、あらぬ噂が立つので、誰も売りたがらない。探しているうちに、どうにか場所は見つかったが、堤の傍であり、雨が降ると水が溢れてくるので紹介してくれた人も乗り気ではなかった。

「でも、夢のお告げがあった場所なので、どうしても欲しかったのです。土地の所有者は小学校の先生で、すぐにＯＫが出ました。いくらでも好きなぶん譲ると言われても、資金的に限度がありました。バラス（砕石）を馬車で運んで埋め立てました。四月十四日に柱立てしたのですが、それもこれも日にちまで、種市のカミサマが話していたとおりになりました。種市には、それからも毎月通いました。最初に世話になった小金崎のカミサマと一緒に、小金崎から歩いて通ったこともあります。下駄を履いて歩いて、カミサマから力を頂きに種市に行くのです」

小金崎といえば、現在の南津軽郡大鰐町の小集落だ。種市までの道のりは二十数キロメートルはある。その間を歩く、しかも下駄を履いて、となれば、いまでは想像すら難しい。小金崎のカミサマは今井さんの師匠だった。心身共に強健、大柄で、背負子《しょいこ》に米俵を二俵つけて種市に行き、さらに永助堂まで登ったりもしたというから、女性でありながらまさに強力《ごうりき》である。

信仰一途

今井さんは現在、五十人ほどの信者を抱えている。多いときは二百人ほどいたそうだ。各人が平穏であることを祈り、日々、拝む。それだけではない。毎月、永助様の神通力を授かるため種市に行く。いまは高齢になり、赤倉山まで登るのは無理だが、永助堂まで行って祈禱をささげる。偶然、私が出会ったのは、このときの永助堂でのことだった。

帰途は必ず、種市の赤倉山神社に立ち寄り、参拝し、御神水を汲んで帰る。御神水は家で毎朝、欠かさず飲む。

四十歳のときだったが、家においてあった御神水が赤く変化した。

「実際に見たことがなければ信じられないでしょうがネ」と前置きしてから話す。子宮筋腫だった。いくらカミサマを信じて拝んでも病院に行かねばならないこともある。三週間入院して手術し、筋腫をとり除き、退院すると、御神水は元通りきれいになっていた。

「水がドロドロになるときもある。病気が治りしだい、それも澄んできます。そして健康をとり戻す。そういう人はいっぱいいますよ。永助様の力なのです。だから御神水をもらいに、いまでもたくさんの人が種市に行っています」

今井さんは永助様の不老不死を信じて疑わない。はじめて例大祭に行った十六歳のとき、居合わせた三十代の男性から、永助様が空を飛んでいった話を聞かされている。その男性の曽祖父が実際に見たというのだ。

「旧暦八月十九日、永助様は雲に乗って岩木山のほうサ行った、ということだよ。いまの御神水が湧いている場所の松の木に馬が繋がれていた。その松の幹には鎌が突き刺さっていた、ということだよ。永助様はそれっきり年をとるわけでもない、死ぬこともない、ということだよ」

永助様が雲に乗って行った岩木山に、先述のように今井さんは、脚が完治する以前から登っていた。赤倉沢の源頭に祠があり、そこを信者は「赤倉の御殿」とか「御倉」と呼ぶ。その先、巌鬼山との間、右方から迫《せ》り上がってくる大鳴沢の手前にあるピークが赤倉山だ。付近には、函館市の信者一同が奉納した「赤倉大権現」の銘を彫り刻んだ石碑が建っている。

今井さんは赤倉山をへて、本峰の岩木山にも登った。種市から歩いて出発し、永助堂に一泊して登るのだ。

「草鞋《わらじ》二足、それに毛布と着替え、米、味噌を持って上がった。あそこのお堂ッコ（永助堂）サ百人ほども泊まったこともあったよ。昔はもっと建物が大きかった。北海道からも信者が来ていたナ。水は沢水を使っていました。船沢（弘前市）の村ではなかったかナ、そこのおばあちゃんが夏に来て、ご飯炊いて食べさせてくれていました。娘さんも手伝っていました。賑やかだったナ。いまは寂しいナ。あの当時は、道路の脇の草を刈る人もいたし、あっちの信者も、こっちの信者も、みんな山サ登ったもんだ。足袋履いて草鞋履いて、夜中の二時に出発してナ。松明《たいまつ》灯して行くんだ。途中、伯母石を三回潜っているうちになぜだか、体が軽くなるんだよ。拝まないとだめだよ」

会話に出てくる「船沢のおばあちゃん」というのは大瀬イガ（故人）という永助様の弟子の信者である。

「赤倉の御殿」と呼ばれる、岩木山赤倉沢の源頭にある祠

今井さんは小金崎のカミサマをリーダーにして三十人ほどのチームを組んで冬にも登ったことがある。ゴム長靴に草鞋をつけて登った。

「御倉まで行くのサ。冬は上のほうは堅雪になっているから歩きやすい。柴を折って杖がわりにして登った。男の人たちも何人か混じっていたナ。冬でもあのころはお堂ッコまで下りて来ると焚火ができるようになっていたし、とくに春から秋までは、登る人、下る人で、山はお祭りのように賑やかでした。いまは行ってみても、ほんとうに寂しいナ。昔、ここに来たんだろうかと思うほどで、人影がない。神心も薄れるわけだナ」

現在、赤倉の登拝路に立ち並んでいる三十三観音の石像が、そのころはなかったという。

「あれは鼻和（弘前市）の信者がつくって上げたんではないかナ。みんなで力を合わせて、堅雪のころ引っ張って運び上げたようだ。種市には声がかからなかったようだナ。戦後まもなくのころ、あのへんにはずいぶん太くて立派な木ばかりあった。それが何年かしたら伐採され、いまのようになった」
「鼻和の信者」というのは工藤むら（一八八七〜一九六五）である。赤倉霊場の中心地に堂々たる堂舎を構え、その信仰は東北全域、関東、北海道にまで及んでいる。三十三観音像の設置は、工藤むらの女婿・神兵五郎が音頭をとり、多数の信者の協力を得て実現した。標識として登山者にも大いに役立っている。

昔は沢沿いの道もずいぶん使われていた。沢の道は、右岸の「鬼の土俵」と呼ばれる尾根上の場所で合流する。「鬼の土俵」は、山の神が相撲をとる場所と伝えられている。沢には滝がいくつかある。その中のひとつ、「不動の滝」では、白装束に身を包んだ信者が滝に打たれて「行」をした。
「一の石樋、二の石樋、三の石樋、滝みたいなところが三ヶ所にあったナ。雨の日、尼さんが、連れて行った信者を助けようとして亡くなりました」

昭和三十九年（一九六四）夏、茨城県出身の平間ハルというカミサマが土石流で遭難死したのだ。おりしも朔山《ついたちやま》の日で、信者を連れて登拝中の事故だった。時代は変わり、それから五十二年後の平成二十八年にも、火性三昧[*1]の祈禱会で修験が命を落としている。水垢離をとるため沢水に入った直後、体調が急変し、救急ヘリで運ばれたが、搬送先の大学病院で死亡。翌二十九年にも同じく赤倉霊場で火性三昧のさなか、すぐ傍の桑の古木に登り、実を食んでいた仔熊が、騒ぎ出した信者や見物人が通報した警察や猟友会に射殺されている。

ひと言、私の意見を述べれば、仔熊の射殺は、自然を崇拝する信徒にはあるまじき所業と言わざるを得ない。霊場で殺生戒を破るとは言語道断である。しかし、これもまた時代の変遷であり、やむなきことと言えるのだろうか。信仰の形骸化は否めない。

昔は赤倉沢で祝詞《のりと》を言上した場所が沢の下流にあった。土石流を防ぐための工事で、いまはコンクリートで固められている。一、二、三の石樋の滑滝も土石流に飲み込まれ、昔の面影さえなくなった。沢筋にはコンクリートで固められた堰堤《えんてい》が何基も造られた。

十六歳のとき今井さんが、永助様をカミサマと崇める赤倉信仰に入信して以来、六十数年がすぎようとしている。いまの世の中、信仰心とは縁遠いようだが、それとは裏腹に、種市には、ずいぶん若い男女が姿を見せるようになっている。

「世の中には信じられない話がいろいろある。カミサマに聞いても、ほんとうかナ、と思うこともたくさんあります。自分でも、これでいいのかと訝しく思うこともある。だけども、カミサマを信じなくては人を助けることができない。手術しなくても病気が治ったり、拝んでもらい、心が癒された人はいっぱいいた。これからもいるベナ」

祈禱しているとカミサマの声が聞こえてきて、そのときは自分が何をしゃべっているのか、わからなくなることがあるという。

神と仏の世界

今井さんは三十代のころ、発光体となって姿を現したカミサマに出会っている。すでに亡くなったが、師匠の小金崎のカミサマと二人で、例大祭の当日午前〇時、太田家の宿舎から出て、参拝しに拝殿へ向かって歩いて行くと、境内前方の暗闇で、ホタルが二、三匹まとまったような小さな光が目線の位置に浮かんでいた。

「ホタルだったらピカピカしながら動くでしょう。でも、ぜんぜん動きません。永助様が姿を見せてくれたのだと思い、ありがたくてありがたくて二人で手を合わせました。いまは泊まることもなくなりましたが、庭掃除や農作業を手伝いながら泊まっていたとき見ました。永助様の石像が右手にあって、左手に赤い鳥居が建っていますが、その中間のあたりです」

幻覚とでも言うのだろうか。他の人には見えなくても本人には見える。

「普通の人から見れば、何、馬鹿なことをしゃべってると思うでしょう。神心のない人はそうでしょう。でも、私たちはカミサマ以外に、誰に頼るでもなく誰を信じるわけでもありません。一心に手を合わせます。赤倉からの帰りでしたが、清水（御神水）のある神社でお参りしようと拝殿に向かって歩いて行くと、拝殿の引き戸が開いたままローソクが灯っていたので、他に参拝者がいるんだナと思い、近寄ってみると誰もいなかった。また、べつのときだったが、拝殿の中にある八咫《やた》鏡《かがみ》に、相撲取りみたいな肩幅の広い大男が映っていたこともあった。それもこれもカミサマが姿を見せてくれたんだと思いました」

今井さんは永助様を一途に信じて生きてきた。その今井さんが、夢枕に立った父に連れられて、あの世へ行ったことがあるという。カミサマのことはだいたいわかっていても仏の世界は知らないだろうから、と父が夢枕に現れて言ったのだ。

「おら、仏の世界はわからない。死んだことねぇもの」

「いつか、そのうち迎えに来るからナ」

そういう会話をして、今井さんは目が覚めた。

それから二年後、今井さんは死者の国を覗き見ることになる。父が約束どおり夢に出て迎えに来たのだ。家にある鳥居の前に、金ピカの御所車が停まっていた。今井さんは何とも思わずに乗ったという。

そういえば、死後の世界に行った話は、爺様婆様から私も聞かされたことがある。母の実家に行くと、冬の農閑期に薪ストーブで暖をとりながら、隣近所の人たちが集まってきてはそんな話をしていた。昔は、あの世の話がまことしやかに日常、語られていたのだった。

――やっぱり、三途の川とかがあるもんですか。

私は今井さんに聞いた。

「三途の川には赤塗りの太鼓橋がかかっていました。川幅は四、五メートルもあるかしら、さほどの川ではないけど、死んだ人にとっては、橋も上り下りしなければならないし、たいへん難儀するんでしょう。橋を渡ると、行けども行けども地平線が広がる花畑の一本道でした。それはそれはきれいなものです。何もかも光り輝いていました。草をとったりして手入れ作業をしている人たちもいました。あの世でも、それぞれ仕事の分担があるんでしょう、きっと。それにしても、どこまで行くのかと思って聞きました。『爺さん、どこまで行くんだ』ようやく『ここだ』と言われて御所車から降りたのですが、そこは弘前にある父の菩提寺でした。堂内の祭壇には食べものがたくさん供えられていました。父が亡くなってから何年にもなるのに腐っていないのが不思議でした。聞くと、家の仏壇にささげた供物が腐ると、こちらの世界でも腐って食べられなくなるので、腐る前に仏壇から引き下げて食べるなりして腐らないようにすれば、こちらの世界でも腐らずに食べることができるのだというのです。爺さんばかりが食べているのか、と聞くと、『なんも』（そうでない）途中で作業していた人たちにも分け与えているとのことでした」

今井さんは父に聞いた。

「爺さん、食べものなくなればどうするの」

「なんも（まったく）、心配いらない。家サ行けば、なんぼでも持って来るにいい」

今井さんは、なるほど、と思った。神仏を疎かにしてはいけないとは、こういうことなのか。あの世とこの世、そして前世、過去世は繋がっている。すなわち、輪廻転生。

「だから、家の仏壇に供えられた食べものを腐らせてもいけないし絶やしてもいけない。上げたら、すぐにでもいいから、手を合わせて『ごちそうになります』と言って下げればいいのです」

今井さんはそろそろ帰らなければと思い、父に連れられて外へ出た。すると、さっきはなかったはずの、擂り鉢を逆にしたような山が見えた。その山を何人もの人が登っていたが、みんな途中で滑り落ちた。

「ああ、危ないナ。落ちたら死ぬんじゃないかナ。どうしてあんなことしているんだべ」

「罪を犯したんだよ。それから自殺した人たちだよ。そういう人たちはなかなか山を越えることができないんだよ。あの山を越えねば極楽にはいけないんだよ。それで他人の足を引っ張って、自分がその人の上になって高くなろうとするんだよ」

その擂鉢型の山を見ながら父と会話し、それから帰途についた。今井さんは山の向こうへ行く必要もなかった。帰りは牛ではなく馬が牽引していた。ただし、馬の姿は見えなくて、ひづめの音だけが響いていた。

「着いたよ」と、家の鳥居の前で言われたとき目が覚めた。五月生まれの今井さんが四十歳になったばかりの夏だった。

〈今井光代　昭和十年生まれ〉

民宿「東洋赤羽」

わが国初の世界自然遺産に登録された白神山地。原生的な自然環境を有するブナの森林地帯だ。そのド真ん中を流れて日本海に注ぐ名渓・赤石川は、香ばしい「金アユ」を産することで知られる。冬には、ハタハタの大群が産卵のため沿岸に押し寄せてくる。

山川海の豊かな自然が、ここではひとつらなりになって人々の暮らしを支えている。

地元赤石町で民宿「東洋赤羽」を営む女主人・磯辺政子さんは、自然の恵みを食材にした創作料理で客をもてなす。山菜・キノコはもちろんのこと、「金アユ」の塩焼き、うるか、飯鮨。ハタハタの飯鮨、田楽、一夜干し、鍋もの。極めつきはメバルの餡かけから揚げで、頭から尻尾の先端まで、歯ざわりのいい乾いた音を響かせ、丸ごと賞味できる。この逸品は、三十年ほど前、政子さんの夢枕に立ったカミサマのお告げに拠る。

何かにつけ、政子さんはカミサマの夢を見る。というより、夢に登場する人や物がカミサマの化身であると考えている。長男を身ごもったときも、岩木山の赤倉山に巨大なカミサマの化身が立った。岩木山より大きな容姿で十二単《じゅうにひとえ》に身を包み、口は顔が裂けたような「おばけ口」だった。その「おばけ口」に牙を生やし、要するに、言葉を換えれば鬼だったのだ。

――十二単を着た鬼ですか。十二単を着ていたということは女の鬼ですかね。昔から赤倉山には鬼神が棲んでいたというから、それがカミサマの正体かもしれませんね。ひょっとしたら永助様は鬼神の化身かもしれませんね。

それは政子さんが身ごもって八ヶ月のころだった。鬼は眼光鋭い視線を、政子さんの膨らんだ下腹部に向けていた。その視線は、細波《さざなみ》立つ水面が逆光を受けたときのようにキラキラ輝き、政子さんは眩しくて思わず目を閉じた瞬間、夢から覚めた。

長男は予定日を二十一日遅れて生まれた。ところが、その数日前に夢では、ひと足早く長男は生まれている。まるまる太っていた。膝に座って政子さんの心を覗き込むように見上げながら「待たせたな、あなたが母親か」と言ったそうである。

長男は朝方生まれたのだが、その日のうちに、カミサマを信仰する、遠く離れた二人の知人から祝福の電話があった。

「身内でもないし、連絡したわけでもないのに、どうして知り得たのだろう」

政子さんは不思議でならなかった。しかも、その生まれた子どもが遊びに来たから、それで男子が生まれたことを知った、と二人の知人が申し合わせたようにそれぞれ話したと言うのだから、政子さんは頭の中が混乱し、何が何だかわからなくなった。

「どうして、その二人の知人が知ったのか、さっぱりわからないデバス」

「デバス」は津軽の方言で、助動詞「です」の強調形だ。

——カミサマを信仰していてもわからないことがあるんですか。

「当たり前だデバス、まんだまんだ修行が足りない」のだそうだ。

政子さんは朝夕の祈りを欠かさない。その信心は親譲りである。政子さんが言うには、母・せつが信仰に目覚めたのは五十代。カミサマの託宣にしたがい、民宿経営に乗り出し、「東洋赤羽」という奇妙な名前をつけた。

その来歴は「由来の記」と題して額縁に納め、民宿の二階に上る階段の踊り場に掲げてある。

「羽黒山の羽と赤倉山の赤を併せて、赤羽なり。その上に必ずや東洋の二文字を添えて、宿の名とすべし」

母・せつが羽黒山の宿坊で天啓に打たれたのは、「由来の記」にもあるように昭和五十二年。大正九年十二月四日生まれのせつが五十六歳の夏、羽黒山神社に参拝したときだった。疲れて夕飯もとらずに布団を敷いてもらい、身を横たえ、枕に頭を乗せた刹那、眠気が消えて冴え渡り、天からともなく地の底からともなく、たしかに男の声が聞こえてきたという。

「字面を追うごとく大きな声でお告げがあった」と「由来の記」にある。せつは身を起こし、膝を折って聞き入った。

民宿「東洋赤羽」を創業したのは、その二年後である。せつはその後、さらに全国各地へ巡礼に

「鯨御殿」と呼ばれた旧家屋で春三月、恒例の「浪切不動明王眷属三十六童子」例大祭が開かれる

出かけた。高野山には三十数回、年に二回参拝したこともある。四国八十八ヶ所霊場も徒歩で三回巡った。各霊場を巡り歩き、分けてもらった砂を小袋に入れて「お砂踏み」と称し、毎年春三月、関係者をはじめ友人知人が会食を兼ねて民宿「東洋赤羽」に集まり、砂を踏み歩く会が催されている。正式には「浪切不動明王眷属三十六童子」例大祭という。

修行と高野山参拝

羽黒山の宿坊で「東洋赤羽」の創業にかかわる天啓をうけたのち、せつは高野山からの帰途、汽車の中で見知らぬ老人に話しかけられた。民宿を起こす決意はしたものの、子どもたちのうち二男三女の誰に経営を任せたらいいものか、悩んでいた。その悩みを見透かしたかのように話しかけてきたのが、通路を挟んで筋向かいの座席にいた痩身の老人だった。

「何を悩んでいるのですか。顔を見ればわかります。そちらに座っていいですか」

向かいが空席になっていた。

「何も悩んではいません」

せつは見知らぬ人に胸の内を明かすわけにはいかないと思った。

「ウソを言ってもだめですよ。さっきから見ていると、深く思い詰めた様子だ。私でよければ話してみてくれませんか」

そう言いながら差し出された名刺には、政子さんの記憶によると、「テッカン」という名前が記されていたという。せつが受けとった当時の名刺を、政子さんが私に見せようと遺品を探してみたが、せつの生前の写真や、説法を録音したテープが出てきただけで名刺は見つからない。東洋哲学に関係している人のような気がすると政子さんは話す。が、確証はない。

高野山全景／和歌山県高野町（空撮）（写真提供：読売新聞社）

せつは「テッカン」なる老人に事情を打ち明けた。

「あなたに子どもは何人いますか。紙に全員の名前を書いてください」

せつが名前を書いた紙を見せると、

「ああ、この人にやらせない。この人しかいません」

二男三女の四番目で末娘の政子さんだった。

当初、「東洋赤羽」は茅葺屋根の、自

分たちが暮らしている家を一部改築して営業していた。その後、昭和四十九年、カミサマの託宣を得て、隣接する旧家の土地千五百坪のうちの六百五十坪と家屋を買いとった。

没落した旧家だった。津軽ヤン衆が活躍し、鰊《にしん》漁に沸き立っていた明治十年代、寺沢岩吉という人物が、それまでの家をとり壊し新築した立派な家屋で「鰊御殿」と呼ばれていた。寺沢家は地主だったが、鰊漁の不振と、敗戦後占領下の農地改革で財産を失い、家屋敷は借金のカタに取られていた。

江戸時代後期の遊歴文人・菅江真澄が、この寺沢家に投宿している。「暗門の滝」を探訪した寛政八年（一七九六）十月から十一月にかけて、往路復路共に寺沢家に三泊ずつ投宿した（『雪のもろ滝』）。現在のグレゴリオ暦だと十一月から十二月にかけてだ。

さらに寛政十年、二度目の「暗門の滝」探訪の途次、七月八日「夕ぐれちかく、雨具に身をつつんで赤石についた」（「外浜奇勝」〈三〉）とあるから、寺沢家の名前は記載されていないが、旅装を解いたのではないかと思われる。現在の「東洋赤羽」に保存されている寺沢家の由来書によれば、当時の主は寺沢太次右衛門で、場所は現在とは多少異なり、赤石川の渡しの近くにあったようだ。

政子さんの母・せつは胃癌で死去、享年八十六。父・源雄は母より七歳年長だったが、八十四歳のとき母より先に肺炎で亡くなっている。今年（二〇一七）で亡くなってから二十三年になる。

――他人の悩みや病を、カミサマの力、すなわち神通力で治しても、自らの病気は治すことができなかったのでしょうか。

「それぞれの定められた命、天寿を全うしたということなのでしょう」。政子さんは淡々と話す。

せつは七人きょうだいの上から二番目で次女。幼少のころから勝気で探究心が旺盛だったという。録音テープに残された語り口からも、そのことが窺える。生まれも育ちも地元赤石のせつが話す土俗的な語りには、津軽の繰言、あるいは口説きとでも言うべきか、呪文のようでもあり、独特の訛りとリズムがこもっている。

「いま考えれば、赤倉様、ああー、赤倉様、わいゴト試しに来たんだデバナ」

文面を読んで理解し難い部分は津軽の方言である。「わいゴト」は私を、という意味。「わいゴト試しに来たんだデバナ」を意訳すれば「私を試しに来たんだよ」となる。方言を文章にすればコクが消えてしまうのはやむを得ないが話し言葉をそのまま文字にすれば、何が何だか理解しかねるので、赤倉様、すなわち「生き神」として祀られている永助様に関する語りを意訳して以下に掲げる。

せつに永助様の変身譚を語り伝えたのは、永助様の甥孫にあたる太田松衛（一九〇九〜一九九九）だ。

赤倉様から行って来い、って言われて、恵んでもらいに来たのでしょう。十銭恵んでやったのサ。私の人柄を試しに来たんだべ。赤倉様はその当時、カミサマになってまだ百年。カミサマになると き生身の体で雲サ乗って、それっきり山サ行ってしまった。

その年、日照りがつづいて農民は米がとれなかった。永助の田には湧き水があった。永助が自分の田から稲を刈って、家に戻る途中で、他の農民が声をかけてくる。「永助、わいサ、分けて呉（け）ろジャ、呉（け）デ呉（け）ろジャ」。それが毎日つづいて、永助の田には稲がなくなった。

永助の家の人たちは仰天して「わぁー、それだバ、私たち食うぶんがない。あんまりだ」と叫んだ。永助が「うんだガ（そうか）」と頷いて、床を叩くと、突然、何処からともなく米がばら撒かれた。その量は十俵もあった。「それ、あるべよ（あるだろう）」。永助は平然と言ってのけた。

そしてまたあるとき、家の人たちが畑から戻って来ると、永助が逆さになって玄関にぶら下がっていた。それが何日もつづき、鼻からも口からも汚物が垂れ落ち、下の地面に五寸も積もった。

永助はそれから家に入って、秋だったので暖をとるため囲炉裏に薪を焚いたのだが、必要以上にどんどん焚いた。「永助、それほどくべれば火事になるって、やめろ、やめろ」。永助は無視し、さらに燃やしつづけた。「わい、わい、どすべ、どすべ」。親兄弟は心配した。「何も苦しなくていい」と言いながら、永助は仰向けにひっくり返った。

「マサカリ持って来て、わいの体をぶった切ってみろ」

そんなことはとてもできない。兄がマサカリの代りにカナヅチでちょっと叩いてみた。そうしたら、金属のように硬くなっていて「カンと音がしたのでドッテン（動転）ぶちまけた」。

あくる朝、紫色の雲が飛んできた。強風が吹き、ゴーッという大音響に包まれ、永助は雲に乗ったまま飛び去った。村の人たちはみんな見上げていた。永助が向かった岩木山の赤倉沢が、山鳴りしながら雪で真っ白になっていた。それっきり戻っては来なかったけれど、もしかして戻るのではないかと、親兄弟は玄関を少し開けておいた。

津軽の人たちは、ウソともホントともつかないような虚構を交えたつくり話をするのが好きである。

せつが語る話の細部には自分なりに、おそらく食べものに味つけするのと同じように好みの潤色が施されている。かてて加えて、魔法使いのように神が空を飛ぶ設定は、伝説では定番になっている。地元の話でいえば、ほかにも白神山地を飛び回った、中津軽郡西目屋村の「ジョウトク様」というマタギの伝説がいまに語り伝えられている。

私が長年かかわってきたヒマラヤの山中にあるチベット仏教寺院にも、この手の話はいくつかある。一例を挙げると、チベットにある「コチャ」という古刹《こさつ》。ネパールから飛んできた神が「コチャ」（ここだ）と言って降臨した。かの地を、私は二度訪れているが、本堂には、地元で捕獲した雪男（チベットヒグマ）や、インドから運んだというニシキヘビの剝製が眷属として飾られている。

えてして世の現実は、虚実がない交ぜになって構成されているのであり、虚の部分を捉えて、自らの尺度でウソと断定したりするのは勇み足にも似て、そこに含まれる信頼に値する事実を見誤る恐れがある。永助様にまつわる話で、雲に乗って飛んでいったのは虚であり、行方をくらましたのは事実なのだろう。

永助様の変身譚にはつづきがある。姿を消した永助を探しに行った家族が、本人のものと思われる衣類と草履を赤倉沢で発見した。その場所に現在、永助堂が建っている。

せつは二十一日間、その永助堂に独りでこもって修行を重ねた。建て替えられた現在の堂舎にくらべて、当時は板壁の節穴から風が吹き込む粗末なものだった。

そのときの修行に関する語りもテープに残されている。

「わいも、とことん山で修行した。覚悟した。五十歳をすぎているけど、三十歳にして使ってください。わいとバあげるハンデ、今日から使ってください、カミサマ。そのとき赤倉の空が黒くなるほど、ツバメやカラスが飛んできた。ウまんままま、苦しんで、いろいろな苦労を乗り越えてきたんだジャ」

自らの内面に同居する自我と、カミサマにたいする信心とのせめぎ合いがせつを苦しめたという。この苦しみを乗り越えるための修行だった。せつが永助堂で修行したのは、政子さんが二十代半ばのころで、食糧を持たないで行った母の安否を気遣い、政子さんは様子を窺いに行ったことがある。いまとは異なり、バスに乗って行き、麓から歩かねばならなかった。予想に反して、せつは血色もよく、政子さんを笑顔で出迎えた。聞くと、食糧は充分にあるという。

「あのサ、昨日、北海道から毛ガニが配達されてきたのよ。今日また、搗《つ》き立ての温かい餅をカミサマが持ってきてくれたべ」

山の中に配達する人などいるわけがないし、政子さんから見ると、毛ガニや餅は何処にもなかった。せつの修行中、政子さんは二度食糧を届けている。信仰がいまよりもっと盛んだった当時、せつにかぎらず泊まりながら「行」を積む信者は他にもいたのであり、賽銭や食糧を上げたりもしていたのだった。食うには困らなかったはずである。

いずれにしても、修行から戻ったせつは、それまでの葛藤や束縛から解放され、一段と霊感を強めた。

神がかったせつは、どういう状態だったのか。普通一般の人の眼には見えないものが見えたり、聞こえない音が聞こえたりする、というのだから、傍目には気がふれたように映った。おそらく、それが異界に存在する、わけのわからないカミサマの正体なのかも知れない。

赤倉霊場にこもり、生命力が満ち満ちる自然の中で修行したせつは家に戻ると、「高野の弘法が呼んでいる。行かねばマイネ」と言い出した。「行かねばマイネ」は、行かねばならない、の意味である。言い出したら強情を張って、夫の意見を一蹴するせつだった。「何を言うか、父さん、わいゴト止めればマイネ（だめだ）。独りで行く」

後年、何度も繰り返される高野山参詣はこうしてはじまった。いくらなんでも、神がかった人を独りで行かせるわけにはいかない。父と母と姉、それに政子さんとの四人、夜行列車で出かけた。総持院に宿泊し、奥の院につづく参道の手前まで未舗装の道を馬車で往来した。

奥の院で参拝しているとき突然、せつに託宣が下る。せつは家族三人に説法した。

「これからの世の中は、人が集団で死ぬ。薬の効かない病気がはやる。日本だけでなく世界中、あちこちで戦争が絶えない。災害も起きる。銀行も潰れる。お上や政治家でも、後ろに手が回る。信仰を持って、感謝の心を失わず、正しく生きねばならない」

傍目憚らずに言うので、父が制した。

「母さん、何だかんだとしゃべるな、メグセ」

「メグセ」は、この場合、恥ずかしい、と解釈していい。

「うるさい、わい（私）がしゃべっているのは、カミサマの言葉だから、よく聞け。これからの時代はそうなっていくのだ」

これが母・せつの説法第一声だと政子さんは話す。母と暮らしながら、その後も、信仰の実態を目の当たりにしてきたのだった。最盛期のせつには百人ちかい信者や弟子がいた。「去る者は追わず来たる者は拒まず」（孟子）で、後事を託すことはしなかった。

「無理矢理、ひとつの桝に押し込めるようなのはおかしい。何々会に入会するというのは、同じ方向を見なければならないことにもなりかねない。人の顔がそれぞれ異なるのと同じように考え方も異なるでしょう。それは自由であって、なぜ、それを縛るのか。それと、拝んでばかりいて、飯を食うため働くことを忘れてはならない。社会の状況や、自分のおかれた立場を弁えて神仏に手を合わせなさい。神仏を信じなさい」

せつは読み書きの不自由な人だった。種市の赤倉様には祥月命日に参拝し、御神水を一升瓶に汲んできては、家の戸棚の片隅に保管していた。

幽体離脱を体験する

政子さんの長男が、生後半年ほどして便秘で苦しんだとき御神水で救われている。

「顔を真っ赤にして泣き叫ぶだけで、腹を揉んだり、肛門に指を突っ込んだりしても出なかった。十日もつづいたんですよ。泣きつづけるし、熱は下がらないし、益々、便秘がひどくなったようでした。赤倉様の御神水を、拝んでから哺乳瓶に入れて飲ませたの。三十分ほどしたら出たわ、出た、出た。十日分出たんだ。それっきり、いまだに便秘することもない」

政子さんはそれからもう一度、御神水に救われたことがある。二十代半ばのころだ。夕食中、ソイの棘《とげ》が喉に突き刺さった。ソイはメバルの仲間。冬から春先にかけて脂がのり、刺身、煮つけ、鍋料理、焼き魚が好まれる。ジャガイモを混ぜた白煮で食べていたときだった。棘がついていたとは知らずに飲み込んだ拍子に喉が詰まり、棘が真横に橋渡し状態となり、両端が咽頭に突き刺さったのだ。ソイの棘は硬い。呼吸困難、激痛、脂汗を滲ませ、咄嗟に思いついたのが御神水だった。

「思い出させてくれたのはカミサマの力ではないでしょうか。コップに半分ほど注いで、拝んでから飲みました。飲んだとたんに棘が抜け落ちた。何分だか何秒だかわからないけど、いままでの苦しみは、あれは何だったのか。命の水だと思いました。カミサマが傍に寄り添っていたような気がしたよ」

民宿「東洋赤羽」の中庭には、弘法大師の石像や御堂があり、政子さんは日々、参拝を怠らない。御堂には赤い寝牛を模した、南部鉄の鋳造品が奉安されている。丑年生まれの政子さんの苦労を半分背負ってもらいなさい、という、赤倉山神社の宮司・太田松衛の助言にしたがい、盛岡から買い求めてきたのだった。

日々、信心を絶やさない政子さんだが、商いをしていれば資金繰りや借金で、どうにもならない人生の切岸に立たされたこともあった。頭髪が抜け落ち、自分でもどうしていいのか判断がつかない状態で、眼が剃刀の刃のように薄細になった。あまりの苦労にやつれ果てた娘の姿を見るに見かねた母・せつが中庭の御堂で拝んでいると、カミサマの声が聞こえてきた。どんな声なのか聞いてみたい気もするが、私のような一般人には、もちろん聞こえはしない。

——カミサマは母親に何と言った、というのでしょうか。

津軽半島、七里長浜屏風山にある高山稲荷神社の拝殿

「いいんだ、いいんだ。おもしろい娘だから、任せておきなさい」

この託宣が下ったあと、母と並んで拝んでいた政子さんは幽体離脱を体験する。カミサマの存在をこのとき実感したという。

「魂が抜け出て、車力村の高山稲荷神社に行ったのです。理由はわからない。拝殿で拝み、玉串をあげると奥の院から、烏帽子を被り、狩衣を着て、白髭を生やした痩身の、背の大きくないカミサマが出てきた。傍にキツネの石像があり、カミサマがそれに触ると、キツネが銜《くわ》えていた巻物を口から放し、それをカミサマは手にとり、椅子に腰を下ろした。私は跪いて巻物を受けとり、深々と頭を垂れ、参拝したのち階段を下りたところで我に返ったのです。自宅の中庭の御堂で拝んでいました」

政子さんは母にそのことを話し、母とふたりで拝んだ。翌日もその翌日も拝むこと三日目に、また幽体離脱し、巻物が見えた。開いて見ると、縦書きで「我慢」の二文字があった。

「もちろん、巻物は現実にはありませんよ。だけど、カミサマとはそういうものじゃないかと思う。

我慢しつづけて努力を怠るな、限界まで追い込まれて苦しめばカミサマが助ける。苦しまない者には力を授けない」

政子さんの言葉は英国の作家、サミュエル・スマイルズ（一八一二～一九〇四）の「天は自ら助くる者を助く」という半句を連想させる。政子さんが幽体離脱を体験したのは、日本海中部地震が発生した年だった。

〈磯辺政子　昭和二十四年生まれ〉

信は生きる力なり

三日とは持たないだろう、この二、三日うちには亡くなる。入院先の病院で医師にそう宣告されて家族・親類縁者が一堂に会した。

「明日、明後日の命だというので、東京からもみんな集まって来たんです。私の妻の父方の祖父でした。三十年ほど昔です。岩手県の遠野の人で農業をしていたのですが、当たったらしいのです。戦時中、軍隊で弘前師団にいたことのある頑丈な方でした。快復の見込みもなく、意識は飛んでいました」

中西武徳さんは矢も盾もたまらず、種市のカミサマに救いを求めて車を走らせた。トシヱさんの父・松衛が宮司をしていた。祈禱をささげ、護符で占い、託宣を得た。死なない、生きる、とのことだった。

――死ぬと医者に言われている病人が、本当に生きるんですか。

「大丈夫だ、死なない。そう言われました」

それには、どうすればいいのか。

中西さんは護符を五枚手渡され、持ち帰った。四枚はベッドの布団の四隅に、一枚は枕の下に入れておけばいいというのでそのとおりにした。明日にも死ぬと言われているのだから一刻の猶予も許されない。医者に見つからないようにやれと指示されていた。

「松衛さんが言うには、医者に見つかると、迷信だの時代遅れだのと、うるさいことを言われかねないから面倒になる。誰にもしゃべらず黙ってやれ、ということだった。実行したのは祖父の妻。カミサマの力のせいなのかどうか、一日経っても死なない。医者は逝くはずなのに、おかしいと腑に落ちない様子でした」

翌々日、ベッドを取り囲んで心配げに見守る人たちが、医者も含めて、度肝を抜かれた。死ぬはずの、眼を閉じて寝ていた祖父がむっくり上体を起こし、ベッドに胡坐《あぐら》をかいたのだ。

「先生、わいは、まだ死なねぇぞ。小便したくなった、トイレに行ってくる」

そう言って、茫然自失の人たちをよそに一人で立ち上り、トイレから戻って再びベッドの上に胡坐をかくと、

「わい、腹減ったジャ、飯食いたい」

当時を思い起こしながら、

「開いた口が塞がらないとはあのときのことです」

中西さんの傍に座っていた妻・和子さんが、いまでも理解しかねるような口調で語った。

「結婚してまもなくのころでしたから、まだ赤倉様についてよくは知らなかったのです。祖父は八十歳ぐらいでした。たまたまのことじゃないか、とか、まぐれではないかと思いました。死ぬ、というのでみんな集まっている眼の前で、突然のことでしたから。本当にびっくりしました。祖父はそれで有名になり、地元の新聞にも記事が載ったようでした」

祖父はその後、入退院を繰り返し、九十歳ちかくまで生き長らえた。十三番目の息子、十三人のきょうだいの末っ子で十三男《とみお》というのだが、その十三男が結婚式を終えた晩、挙式の報告を聞き、安心したかのように息を引きとった。

「私の父は十三人兄弟姉妹の四番目でした。祖父をはじめ、種市のカミサマには、みんないろいろ助けられました。私も結婚後、乳癌に侵されて、お世話になったことがあります。本当にカミサマの力によるものなのかどうかは別にしても、信じることによって活力が生み出されるように思います」

和子さんの母方の祖父もカミサマの信奉者だった。沼田三次郎といって、赤倉山神社にある狛犬をつくって奉納した方である。瓦職人だった。

「あすこ（別宮）にある狛犬は祖父がつくった焼き物です。本殿にあるのも祖父がつくったものです。祖父は鬼瓦とか鯱を手がけておりました。種市の狛犬は落慶記念に奉納したわけです」

和子さんは小学校の教員時代、乳癌を患っている。当時三十九歳、癌は不治の病とされ、患者は白眼視されることがしばしばあった。同情を装い、そのじつ、汚らわしいものでも見るような怪しげな目つきで見られ、近隣の「井戸端会議」で噂になったりする。世間にはままあることだが、ある種の差別である。いまに劣らず偏見の多い時代だった。延いては迫害を生む。

このとき中西さんは種市に行き、占ってもらった。妻の手術は成功するのか、失敗するのか。妻は生きるのか、死ぬのか。御護符に聞きたいことを三項目書き記した。その一、手術して治るか。その二、治らないか。その三、命、長らえるか。

「松衛さんはカミサマのお告げにしたがって、治る、生き長らえる、と言うんだ」

中西さんはその言葉を不安な気持で聞いた。

「本当ですか」

「本当だ。間違いない、大丈夫だ」

「何ヶ月もかかるんですか」

「いや、二ヶ月ぐらいで済む」

一月に手術して、三月末に退院、五月には職場に復帰した。まさしくお告げのとおりだった。

「以来二十年ちかくが経ちますが、こうして元気にしています」と、和子さんはもの静かな口調で話す。

癌が治ったので、二人で御礼参りに種市に出向き、別宮で御神水を汲んだとき摩訶不思議な現象が起きた。この別宮には龍神が祭られている。ペットボトルに汲んだ御神水といっしょにちいさなエビが混じっていたのだ。龍神の化身なのだろうか。いままで何度も汲んだが、エビが入り込むことなど一度もなかった。

「しかも一尾じゃないよ、何尾も、うじゃうじゃと。ペットボトルに、真っ黒く湧き出たように入っていた。それを松衛さんに見せた。水も飲みました。商売で取引している会社の課長を連れて行ったときもエビがのっそり入った。あまりにも不思議なので、勝利さん（故人・太田松衛の二男）に、カミサマに聞いてみてくれないかと頼んだんだ。勝利さんが『行』をして聞いたら、そのエビは『日本のものではない』と出た。どこのものか、ペルシャのエビだという。それから一年ほどして秋田の人が汲みに行ったときもエビが入った。秋田の人は大きく育てて、種市に持って来て見せたのよ。餌はやらずに神棚に上げておいただけだ、と言いながら、親指と人差し指を広げて見せたよ。エビは透き通っていたよ」

中西さんは話しながら私に、親指と人差し指を広げて見せた。その幅、数センチはある。御神水の色の変わり具合で災厄を占うことは聞かされて知っていたが、エビが湧き出る話を体験者から聞かされるのははじめてだった。些か面食らった。唐突な感じは否めない。思わず笑い出してしまうような支離滅裂な話ではある。

しかし、ここで慌ててはいけない。なにぶん、カミサマにまつわる話だから私としても思考を転換し、それなりに対応しなければならない。間違っても、ウソだ、間違いだ、などと俗世の判断をしてはいけないし、ホラ話として聞き流すわけにもいかない。

それにペルシャ産のエビだというのだから、それなりに訳があるのだろう。世紀の偽書とまで言われてそのインチキ性が問われた『語部録』[*2]によると、カミサマのルーツはアラハバキ神信仰であり、その起源は古代シュメイルにあると記されている。「吾が国にては、ココチュ神はゴミソと曰ふ。オシラとはテングリ神のことにて、イタコとはブルハン神なり。何れを以て崇むるも、基なるは、古代シュメイルより渡りけるアラハバキ神の化度に依れるものなり」(「北鑑」)。

とすれば、古代シュメイルとペルシャは近隣であり、エビがペルシャ産だとしても話の上では辻褄が合う。

「エビの話は、最近はないようだナ。聞かないナ。水の色が変わることはいまもあるよ。醤油のような色で、とてもじゃない悪臭を放つことがある。『行』をして修練を積めば、それが元に戻る。いーややや、ほんとだよ。これは一人二人の話じゃないよ、何百人も知っていることだと思うよ」

津軽と南部の気質の違い

――結婚する前、中西さんは、種市の赤倉様とはどういう関係にあったのでしょうか。どういう経緯から、その道に入るようになったのでしょう。

「赤倉様とつき合いはじめて五十年は経つ。八戸の『やわたの八幡様』のちかくに坂本トモさんという『拝みや』の婆さんがいて、坂本さんは赤倉様の熱心な信者でした。弟子が百人ほどいた。その弟子たちを引き連れて、毎年、赤倉様詣でをしていた。坂本さんはとにかく利かん気で、気位の高い人でした。相手かまわず怒鳴ったりします。その坂本さんの教えは『カミサマはウソをつかない』というものです。カミサマというのは赤倉様です」

種市の赤倉様は南部の人たちに支持者が多かった。赤倉山神社の境内にある石碑には南部の人たちが多数、寄付人に名をつらねている。津軽にくらべ、南部の人たちはどちらかといえば協調性が高い。そうした地域性の違いは、青森県の政治や経済にも表れている。

「津軽の足ヒッパリ」という俗諺にも象徴されるように協調性のなさは、人事の面で支障をきたす頻度が高く発展性が低い土地柄である。そのぶん自然には恵まれているのだが、それを活かしきれていないのもまた、協調性のなさに起因する。何につけ、むやみに相手を咎めたりこき下ろしたりするような物言いをする悪癖がある。津軽弁で「やすめる」と言うのだが、相手を安物扱いしたり、ぞんざいに扱ったりして自分を偉そうに見せようとする。これが「津軽の足引っ張り」（足フパリ）というアンフェアな根性の根源ではないかと思う。

封建制のつよい風土の中で隷従することを強いられていたせいか、その反動として身近な人や仲間を寄ってたかって引きずり落とそうとする悪習がある。まるで蟻地獄のようだ。根性が曲がっているので反骨などとも受けとられかねないが、それは誤解というもので、権力には至って従順でひたすら平身低頭する。猜疑心がつよく歪《いびつ》なのである。私の内面にも、そうした歪んだ精神が宿っていて葛藤の原因になっている。自己嫌悪に陥ることがある。

そうかと思えば、日ごろの抑圧の憂さ晴らしなのか、私を含めてホラ話を好む人が多く、この地方では「ホラ吹き大会」が毎年行われている。

坂本さんに怒鳴り散らされたりしながらカミサマの話を聞かされていた中西さんだが、二十二、三歳のとき、一人で八戸から赤倉様をたずねた。このとき行く先々で出会った津軽の人たちがみんな不親切で中西さんの心証を害している。種市への道順を訊ねても、正確には教えてくれない。それればかりか、行く先々で不確かな情報に翻弄され、くたびれ果てて行き着いたところは津軽半島、西津軽郡車力村（現・つがる市）の高山稲荷神社だった。

「赤倉さんの神社はどこですかと聞けば、あっちだ、こっちだと、すっかり騙されてしまった。とんでもない方向へ車を走らせ、あのへんは街灯もないし、暗闇を車で走り回り、そのうち夜が明けてきたんだよ。ようやく朝になって種市の赤倉様に着いたんだ。八戸を午後の三時ごろ出たんだが、つぎの日になってしまっていた。いや、や、ややや、まったくひどい目に遭ったよ」

キツネにつままれたような話である。

高山稲荷は日本海に臨む七里長浜の屛風山に建つ、全国的に知られた神社だ。農業、商業、漁業の神様として信仰され、中世、この地方を支配していた豪族安倍・安東一族が創建したとの旨が由緒書に記されている。ということは、旧アラハバキ神社だったことが考えられる。

ほかにもいくつかの説がある。江戸城内の刃傷沙汰で改易させられた浅野家家臣が鰺ヶ沢に移住し、その子孫が浅野家の祖霊神を奉安。はたまた地元の豪族が北門鎮護の稲荷宮を祀ったなどと諸説紛々としている。祭神は宇迦之御魂命《うかのみたまのみこと》、佐田彦命《さたのひこのみこと》、大宮売命《おおみやのめのみこと》。明治時代に焼失し、戦後再建された。千本鳥居が参詣者の目を引く。

「津軽の人は、人が悪くて意地悪するんだナ、人をおじょくって面白がってるんだ」

たしかに、それは否定できない。おなじ青森県でも、よく言われることだが、南部と津軽は気候風土が異なり、冬、日本海に面した豪雪地帯の津軽と、からっ風の吹く南部をくらべてみても瞭然としている。

冬の豪雪は夏になると、津軽平野の茫漠とした水田地帯を潤し、米を稔らせる。南部は「ヤマセ」と呼ばれる冷たく湿った風が海から吹きつけ、雲や霧を発生させ、日照時間が不足する。ちょうどそれが稲の開花期にあたることから稲作には適さない。津軽が米とリンゴが主流なのにたいし、南部は牧畜や畑作が盛んである。

農業面にかぎらず、さまざまな面で違いがみられる。言葉にしても、発音やアクセントが異なる。違いは性格や気質にも表れているようだ。

私の経験では、津軽の大多数は偏見と独断が強く、しかもそれを反省すべき悪弊だとは思っていないふしがある。「津軽のジョッパリ」などといって、自慢げに利点として語られることが多い。しかし、そのじつ、何のことはない。そこには「井の中の蛙」「弱きをくじき、強きにへつらう」権威主義と排他主義が同居している。

中西さんが種市のカミサマをたずねて津軽に来た三十年ほど前は、その傾向が、いまより濃厚であったはずである。排他的な津軽の風土や気質からすれば、南部の住人、中西さんが受けた印象はけっして外れてはいない。つい最近まで、私が知る範囲でも、津軽では南部を毛嫌いして対立的に捉える傾向があった。逆に、南部の住人が津軽の住人を毛嫌いする話は寡聞にして知らない。

私の目から見てずばり言ってしまえば、津軽はものごとを発展的に捉えることのできない隷従型の社会である。人びとは進取の気象に乏しく排他的、かつ陰湿で、そのかぎりにおいて居丈高、揚げ足をとったり陰口をたたくのが好きである。

津軽は私の生まれ育った地域社会であるだけに、その風土は肌身に刻み込まれている。とりわけ、旧城下町の弘前には昔から、排他主義や封建制を自慢のタネにしたりする奇妙な性癖があることは、森鷗外の『渋江抽斎』や太宰治の『津軽』でも窺い知ることができる。

酒席のヨタ話のようにも聞こえる、ウソのような現実の話をひとつ紹介しよう。

私より年長の知人が小学校教員として下北に赴任し、八戸出身の同僚と恋仲になり、縁談が成立しそうになったとき両親が猛反対した。とくに母親は泣きながら、それだけはやめてくれ、と半狂乱になり訴えたという。津軽ではそれを「ランキたかる」という。「ランキ」は「乱気」と書くのかも知れない。結局、破談になった。知人はその後、津軽の女性と結婚したけれど、「津軽は恐ろしいところだ」と苦笑しながら私に打ち明けたのだ。

それを聞いて私は、相手がいるのに、どうして知人は自分の意志を貫き通さなかったのか、不可解だった。

しかし半面、これが津軽だナ、と苦々しく思ったのも事実である。私は私自身に刷り込まれた、こうした故郷の理不尽さを知っている。もしかしたら、あのとき酒を酌み交わしながら語った先生の母親はカミサマに判断を仰いだかも知れないと、いまになってほぼ確信的に思うのである。

私が少年のころ、村々には産土神《うぶすながみ》と同じようにカミサマがいて、あらゆる相談に応じていた。「序章」でも触れたように私も何度か連れて行かれたことがある。それについての詳細は「あとがき」で述べよう。当時は、何かにつけカミサマに占ってもらうのは村の人々にとっては日常茶飯事だった。

話は紆余曲折しながら伝わる

中西さんは赤倉山神社に通いはじめた当初、赤倉山信仰が各地域ごとに成立し、それぞれが赤倉霊場に堂舎を構えていることを知らなかった。種市の堂舎、すなわち永助堂は太田家が管理しているのだが、中西さんは若いころ、雪下ろし作業を手伝いに行ったとき、はじめて複数の堂舎が付近一帯にあることを知った。赤倉沢沿いの両岸に、現在も二十を超える堂舎が点在している。

当時、種市の赤倉山神社の総代を務めて采配を振っていたのは、「桂のオド様」の愛称で親しまれていた田中俊之（故人）だった。「オド様」は「お父様」の訛音《かおん》である。オヤジ様、あるいは爺様といった言葉におき換えてもいい。「桂」は種市に隣接する集落だ。

中西さんが言うには、「桂のオド様」は種市のカミサマにかかわる生き字引のような存在だった。その「桂のオド様」は中西さんにこう話したという。

「永助様がいなくなって百年になるし、私も年だし、あと何年生きられるかわからない、私が死ぬ前に神社を建てておきたい。永助様の世話になった」

「桂のオド様」が中心になって赤倉山神社の別宮を建立したことが推察される。「世話になった」とは、つぎのようなことではないのか。

昭和三十年の町村合併で弘前市に統合される以前の新和村の村誌『にいな』に、「明治十七年春の大旱魃で田植えができなくなり、永助様が赤倉沢で『行』をすることによって湧き水が出た」と書かれている。湧き水によって太田家では田植えができたのである。口伝によれば、太田家で収穫された米は永助様によって村民に分け与えられた。

もし、それが事実だとすれば「桂のオド様」をはじめ、一帯の農民の、時代を超えた感謝の念が別宮を建立させたことになる。そして、永助様への感謝の念は、信仰の持続性や広がりにも繫がっている。

ただし、永助様が空を飛んで赤倉沢へ姿をくらましたのは明治十五年と伝えられることからすれば、にいな村誌『にいな』の「明治十七年」とは合致しない。どちらでも構わないが、ここで考えられるのは、何かしらの事情で表向きは姿をくらましたことにしておき、内実、村民との交流は絶えることがなかった、ということである。そのほうが現実味を帯びてくる。赤倉霊場にこもって修行していれば村民は聞きに行くこともできるし、永助様も、たまには里へ下りて来ることができる。

問題は傍目を避けねばならなかった、「序章」で述べたような理由、もしくは背景である。とはいえ、「世話になった」という「桂のオド様」の言葉は、地域農民が永助様に助けられたことへの感謝の念を表している。

中西さんが言うには、「桂のオド様」は個人的にも、永助様に相当な世話になっている。

「リンゴのつくり方をカミサマから聞いて莫大に儲かったんだ。その恩を返す、と言って、太田家の母屋の隣にある、いまの駐車場、あの土地はもともと太田家のものだったが、一時人手に渡ったのを買い戻し、太田家に与えたんだ」

話は紆余曲折して伝えられることが多い。隣家の土地はわけありで、そのじつ太田家が買いとったものなのだ。隣家の主人は代議士をしていたこともあったが、「驕れる人も久しからず」で没落し、一家は故郷を去らねばならなかった。それ以前、倉庫を建てたとき、上棟式で梁に飾った大麻（御札）が誰も知らないうちに逆向きになっていたことから、縁起が悪いとの噂が立ち、村びとが寄りつかなくなった。隣家はかつて庄屋であり、〈巻末資料〉『赤倉山の大神さま』（「火の業を見せて、お不動様と言われる」）に出てくる。

カミサマのお告げによれば、その土地は太田家に帰属するものとのことで宮司の太田松衛が低額で譲り受けたのだ。この点、中西さんは思い違いをしていたのだった。「桂のオド様」が寄付したのは駐車場ではなく、その脇の、もう少し狭い土地である。

中西さんは十人きょうだいの末っ子で、敗戦後のドサクサ時代に少年期をすごしている。生まれは青森市だが、下北の佐井村にも住んでいたことがある。父はタラ漁に従事したり、北海道へ船で米を運んだりして生計を立てた。中西さんが独立して八戸で暮らすようになってからは商店を営み、文具用品を納めることもあり、学校や各会社、役所に出入りしていた。

それだけに幅広い人脈を持っている。地域社会の情報通と言っていいかも知れない。岩手県の種市岳（青森県名・階上岳）の麓に扇山神社を創建した小田徳五郎（第三章の「祖霊を敬う」）の姉弟子で、初代若乃花の叔母、花田ハルについてもよく知っていた。

「花田家は、なにしろきょうだいが十人いたんだ。『カマドけして』一家で北海道へ働きに行った」「カマドけして」は「食えなくなって」という意味の方言である。「カマド」は竈、煮炊きする際に使う、昔の設備である。

——どうして、花田ハルさんや花田家について知っているんですか。

「ハルさんの息子は三沢の米軍基地で働いていた。基地に野菜を納めていたんだナ。種市の神社で知り合ったよ。息子は早くに亡くなったナ」

若乃花が三沢に巡業に来たとき、ハルさんは重箱に握り飯を詰めて会いに行ったという。

「関脇のころではなかったかと思う。弘前にいたころは飯もろくに食えなかったんだからナ。せっかく握り飯を持って行ったのに『こんな硬い飯食えるか』と言ったそうだ。そしたらハルさんが手に持っていた棒で若乃花の頭を叩いた。『いまでも白いご飯を食うのがたいへんなのに、何を言うか。このバカモノ』。周りにいた力士たちがびっくりした。だけど若乃花は、頭を下げたまま無言だった。えらいナ」。

中西さんは気さくな人柄で、語り口が温厚、饒舌というほどではないが包み隠さず話す。

種市に足繁く通っていたころ、宮司の太田松衛からいろいろな話を聞かされている。その中のひとつに、いまでも釈然としない話として「稲荷神の巻物」がある。その巻物には白狐が描かれている。徹底した精進料理で、信者は魚を食することすら禁じられているのに、尾頭つきの焼き魚を稲荷神に上げるのが不思議だった。なぜそれが許されるのだろうかとの疑問があった。

キツネは稲荷神の眷属である。白狐はその中でも最上位の徳の高いキツネだそうだ。ところが、それ以外のキツネの中には厄介なのもいて、子々孫々に亘って呪いをかけたりたたったりするという。

キツネは肉食動物である。中西さんからではないが、弘前市に住む信者から、一人で三匹ものキツネに憑かれていたという男の話を聞かされたことがある。男は肉が大好物で、妻の手を煩わせることなくいつも機嫌よく肉料理をつくる。そこまではいいのだが、その肉料理を食べながら酒を飲むと突如、顔が細長く突き出てキツネのようになり、ぞんざいな態度をとるのだとか。暴れたりもするという。

種市・赤倉山神社別宮の落慶記念に中西夫妻が奉納した幟《のぼり》

　キツネが本性を現したと言って、夫の醜態を妻がビデオで撮影したそうである。それを見ると、たしかに男の顔はキツネのように尖っていたそうだ。しかも、左右の眼の焦点がずれてちぐはぐになり、妖気を感じさせるのだとか。その後、男はカミサマに祓ってもらい、精進を欠かさずつづけているという。

　中西さんは、太田家の白狐について私にこう話した。

「松衛さんが言うには、ここにカミサマ（永助様）が生まれる前からあるカミサマだ。誰が持ってきたものかもさっぱりわからない。毎月、旧暦の十日に精進のお膳を上げる。昔から、そのようにやれと言われてきたからつづけているが、意味はさっぱりわからない。キツネの形をした生き物に人が跨っているんだ。まるで生きているような迫力で、一目見て、思わず緊張したよ」

毎月、旧暦の十日の夕方にその巻物を開いてお膳を上げるのが慣わしである。その場に立ち会い、巻物を拝見した人はこれまで何人もいなかった。拝見するにはカミサマのお許しが必要であり、精進を積んだ信者にのみ許される。

〈中西武徳　昭和十八年生まれ〉

（註1）火性三昧　密教系の寺院で行う。護摩を焚き、火渡りをしたり熱湯を被ったりすることで法力を得て、除災招福の成就に役立てる修行法。

（註2）シュメイル　メソポタミア（現在のイラク・クウェート）に興った最古の都市文明。チグリス、ユーフラテス川に挟まれた平野部を中心に栄えた。初期のメソポタミア文明と言われている。

第二章　危機脱出

大館大火、奇跡の一軒家

当年八十五歳になる奈良忠さんは中学時代から日記をまめにつけている。色あせた、A4の大学ノートに、端正な文字でびっしり書き込まれたその日記を座卓に載せて、ときどきページをめくりながら柔和な表情で昔を語った。

赤倉山神社の太田家とは親戚関係にあった。親同士が姉弟であり、奈良さんの母が、宮司・太田松衛の姉に当たる。奈良さんの生家は太田家と同じ種市にある。赤倉山神社から二百メートルほどしか離れていない。奈良さんは少年時代から叔父の松衛を「父さん」と呼び、敬愛していた。その一方で、厳しく叱責されたこともある。

そのころ、毎日のように太田家を行き来し、裏手にある神社の境内を遊び場にしていた。賽銭箱をひっくり返し、中身を失敬しようとしたことが二度あった。

「あれは小学校の低学年のころだったかナァ。いやいやー、参りましたナ、あのころは大東亜戦争のはじまるころだったべナ。貧窮の時代だったナ」と、照れ笑いしながら述懐する。

二度のうち、賽銭とりに成功したのは、はじめの一回だけだった。そのときは松衛の長男で、奈良さんより学年が一級下だが、大の遊び仲間だった従兄弟の正一（故人）と共謀した。二度目は単独。最初に成功したのだから、こんどは独りでも成功するかも知れない、そう思い、警戒しながら賽銭箱をひっくり返していると、気のせいなのか、歩いてくる足駄の音が聞こえてくる。父さん（松衛）は畑に行っているはずなのに早く帰ってきたのか。見られるといけないので素早く身を隠す。息をひそめ、様子を窺う。

しかし、誰も来ない。不安が湧き起こる。もしかしたらカミサマが見ているのかも知れない。だんだん緊張が高まり、恐ろしくなる。ついには、その場にいるだけで罪悪感に苛まれ、くすねた賽銭を元に戻し、逃げ帰った。

「なにしろ腹の減っていた時代だった。食糧にしても乏しい時代であったナ」

その他にも、拝殿にこっそり忍び込み、祭壇の三方に上がっている菓子類を物色し食べたこともある。何かしら、腹の足しになるものが神社には必ずあるから、どうしても子ども心に足が向くのだった。

「盗むのは悪いことだけど、恩恵を受けるつもりで頂くのであればいいのではないかと、子どもながら都合のいいように解釈していました。その代り、恩返しは忘れない。何かあったときは馳せ参じ、奉仕の精神を発揮しようと肝に銘じていました。感謝の気持や奉仕の精神の芽生えだったと思います。大人になったいまも変わりません」

喉に刺さった棘のように、思い起こせば遠い昔の些細なことではあっても忘れ難い行為への、贖罪意識の表れということなのだろうか。

――賽銭をくすねようとしたり、祭壇に供えられた神饌を食べたりしてすごした少年時代の記憶が、大人になってからの人生で反省を伴い、影響を与えているということでしょうか。のちのちの滋養分になっているのですか。

「神社で遊んだり、父さんに叱られたりしたことが、私の人生の規範を形づくったことは間違いないでしょう。その意味で、少年時代の体験は大切であり、その後の人格形成に影響がないとは言えないでしょう。いま振り返ってみれば、そう思います」

中学、高校へ進学すると、さすがにそんな遊びもできなくなった、と苦笑しながら、奈良さんは、大人になってからも「父さん」こと松衛にこっぴどく叱られた思い出を懐かしそうに話す。

「大学を卒業し、教員になってからの話だが、木造（現・つがる市）の高山稲荷神社に遊びに行ったことがあります。拝殿の裏手に、波をかぶって岩場のえぐられた場所がある。えぐられた場所の奥に錦石があって、それが波に洗われ、陽の光を受けて美しい輝きを見せるのです。泳いでとりに行き、数個、持ち帰りました。三男一女、一番上が女の四人きょうだいでしたが、男三人で出かけたのです。不思議なくらい美しいので、その不思議を父さんに聞いてみようと思い、錦石を見せに行って話したら、いやいやー、叱られた、叱られた。神社の境内からとって来るとは何ごとだ。境内とは神社の屋敷のことだ。他人の屋敷から、断りもなく持って来るとは何たることだ」

夏休み中のことだった。厳しく非難されて、もしかしたらたたりでもあれば取り返しのつかないことになる。そう思うと薄気味悪くなり、怖気づいてしまい、とても返しには行けそうにない。失態を謝り、不安な気持を打ち明けた。

「父さんが代りに返しに行きました。お祓いして返して来たということです」

奈良さんは中学、高校時代、弘前の学校へ汽車で通学した。戦後の学制改革に伴い、旧制中学から新制高校へ移行する時代だった。

種市から岩木川を渡った対岸の板柳町に国鉄（現ＪＲ）五能線の駅がある。朝六時二十分発の一番列車に乗らなければ遅刻する。寝坊したりして家を出るのが遅れると、岩木川にかかった「幡龍橋」を渡るころ、板柳駅の手前にある鶴泊駅を発車した汽車の警笛が聞こえてくる。走らなければ間に合わない。履いている足駄を脱いで手に持ち、素足で走った。

駅員も事情を知っていて、ときには汽車が待っていてくれることもあった。石炭を焚いて黒煙を噴き上げ、蒸気機関車が車両を牽引しながら走行する時代だった。その速度も、いまとは異なり、時代を象徴しているようで、推して知るべし、暢気《のんき》なものだ。

乗車中、不用意に窓を開け放っていると煤煙が吹き込み、乗客の眼に入ったりすればなかなか取れなくて厄介なことになる。涙を流し、苦労した経験のある老齢者が、いまも少なからずいるのではないだろうか。

敗戦後まもない、教員が不足していた時代でもあった。奈良さんは高校卒業後、代用教員として地元小学校に採用された。資格がなくても助教諭として、毎週講義を受ければ勤務できたのだ。あるとき先輩の教員に「まだ若いんだから助教諭でどうする。大学を受けてみろ」と鼓舞された。種市のカミサマ、つまり父さんにも伺いを立てた。松衛が言うには、まぁ、がんばりなさい、とのことだった。

二年間、地元小学校の助教諭を務めたのち弘前大学に進学した。教育学部中学校課程体育科。

「大学生になって下宿し、外食をするようになりました。カミサマの教えを受けているから肉食は避けていたのですが、みんなで集まって飲み食いしたりするときはそうもいかない。禁葷食《きんくんしょく》の肉も卵もネギも食べた。学業は体育科だからスキーをしたり卓球をしたり、いろいろなスポーツに励んだ。スキーの授業でした。大鰐スキー場から駅までスキーを担いで戻るのを、滑ったほうが楽だと思い、スキーを履いて下ったらカーブで転んだのです」

向こうから走ってきた自動車をかわそうとして転倒したのだ。腰を強打した。その後、養生しなかったせいもあり、腰痛に悩まされる。

四年生のとき腰痛が益々悪化し、歩行に困難をきたすようになった。それでも自転車で通学していたが、それも無理になり、病院通いをつづけた。ところが、歩くどころか、通院していた地元の大学病院まで行くことすらままならない状態になり、挙句の果てに姿勢が歪みはじめた。

椎間板ヘルニアだった。休学した。仙台の病院に行ってみることにした。思うようには歩けないので父が同伴し、弘前駅ではホームを移動するとき一輪車の猫車に乗せてもらい、列車に乗った。仙台駅からはタクシーで病院に行き、注射を打ち、治療を受けた。

わざわざ仙台まで行ったのに、結果は思わしくなかった。治療の見通しもたたない腰痛を抱えて、悶々とするほかなかった。もはや、カミサマに相談するしかすべはない。

「父さん、どうしたらいいものか、わけわからねジャ。カミサマに聞いて呉ろ」

託宣が下りた。弘前であろうが青森であろうが黒石だろうが、それが何処であっても、病院と名のつくところで治療するのは芳しくない。

秋田県大館市に住む阿部亮四郎（故人）という、当時としてはもの珍しい電気治療を施すもぎ屋（按摩マッサージ指圧師）を紹介された。カミサマの信者だった。昭和三十一年、ツバメ飛び交う夏のはじめである。二階に部屋を借りて寝泊まりし、治療に専念した。母が同宿し、賄ってくれた。以後、大館での治療は四ヶ月あまりに及ぶ。

奈良さんは電気治療を受けながら、阿部さんと共に祈禱した。「おめぇも拝め、こんな情けない体になってどうするんだ」と発破をかけられた。治療室の隣が祈禱室になっている。阿部さんは治療に入る前に、いつも神棚のローソクにマッチで灯明を点し、拝んだ。

ある日、拝んでいると祭壇の御幣が突然、燃え出した。奈良さんは不思議なこともあるものだと思いながら、窓から吹き込む風のせいかも知れないと思い、そのように話したのだが、阿部さんはそれを否定し、神がかったことを口にした。

「いや、そうじゃない。御幣が燃えたりするのは、ただならぬ一大事が起きる恐れがある、そのことの知らせにちがいない。それが私たちに関係することなのかどうか、それはわからない。気をつけなければならない」

引火ではないにしろ、何かしらの原因で自然発火したのではないか、と奈良さんが考えたとしても不思議ではなかった。私たち一般の常識からすれば、むしろ阿部さんの発言が科学的根拠を欠いているように思われる。

　それから三日後の八月十八日夜十一時半すぎ、就寝中、火事だ起きろ、と叫ばれて目が覚めた。ところが、椎間板ヘルニアを患っているので、思うようには歩けない。二階の部屋に寝ていたので階段を下りるのに難儀した。逃げる準備で何かと手間がかかる。奈良さんは松葉杖を突きながら、どうにかして外へ出たのだが、付近一帯は炎の海と化していた。

「火の手は北西の方角から来たようでした。隣が佐藤産婦人科という病院でした。ブロック塀が回された通路が、病院を隔てていた。そこを通って、二百メートルほど離れた場所に、阿部さんの親戚の家があるので、そこまで逃げれば何とかなると思っていました。通りに出ると、消防車が来ていて消火に当たっていました。消防車のホースがあちこちに延びているものだから、歩くのが不自由な私は、そのホースに引っかかって転びそうになりながら必死でした。火の粉が降りかかるなか、私たちは避難指示にしたがいました。火の塊が飛んで来るし、火傷しそうでした」

　これが昭和三十一年（一九五六）八月十八日深夜から十九日払暁にかけて起こった大館大火だ。大火は密集地帯を瞬く間に焼き尽くした。『大館市史』第三巻（下）に当時の地元の状況が書き記されている。「火元付近は市の南西で屈曲した小路にあり、人家密集して通路もない状態。ポンプ進入路がなく消火活動には最も不利な状態にあった」「火元から風上六〇メートルの東大館駅前に三〇〇石入り貯水そう一個また火元から五〇メートルの路上に百四十八石入貯水そう一個の計二個で消火栓は敷設したばかりであったが通水がなく、水利状況はきわめて悪かった」

　奈良さんは翌二十日付で、このときの大火について、当時の様子を克明に書き残している。一部、私の判断で字体を改め、加筆修正し、以下に紹介しよう。

猛火に包まれる街

今日で治療も一ヶ月になる。どうやら、痛みも治まりはじめた。一心に、快復の早からんことを願い、この間、健康には気を配り、極力、無理は避けてきた……。

午前零時ごろ、けたたましくサイレンが鳴る。まさか、それが、あの大惨事の前ぶれであることを誰が予想し得たであろうか。家々が炎々と燃え尽されてしまったことを、否、その中に一軒だけ燃えずに残った木造の古家を……。

西方の空がほんのり明るくなっていた。どうにかして身体を動かして西空を確認し、すぐにまた床に入った。わずかの時間さえ、立っているのがつらかったのだ。野次馬連中がワイワイ騒ぎ立てて道路を走っていく音が聞こえてくる。

まぁ、それで済めば、たんなる〝火事〟として、新聞の隅っこに記事が小さく載るだけなのかも知れないが、〝そうは問屋が卸さなかった〟。再び眺めたときは、火の手が先ほどより広がっていた。

そこで〝万一の場合〟に備えて、逃げ出す仕度をする。ズボンをはき、その上から丹前を着込んだ。母はいろいろと小物を風呂敷に包んだり、布団をたたんだりした。勢いよくサイレンを鳴らしながら、つぎつぎと現場へ急行する消防車が窓から見える。火勢はいっこうに衰えそうにない。さては先日、御幣が燃えたのは、この大火災に対する神の知らせではなかったか、との思いが次第に強くなる。

もはや、こうなっては大火となるのは確実だ。いや、もう大火になってしまっているのだ。何町は焼け、何町も、そしていま大町が最中だ、という叫び声が聞こえてくる。火の手を窓越しに見ながら騒然とするなか、慌ただしく走り回る消防車のサイレンの音が耳に突き刺さってくる。さっきまでワイワイ騒いで野次馬に加わっていた近所の人たちが急ぎ足で戻ってきた。言うまでもない、火の手がひろがり、危険が迫りつつあった。避難しなければならない。

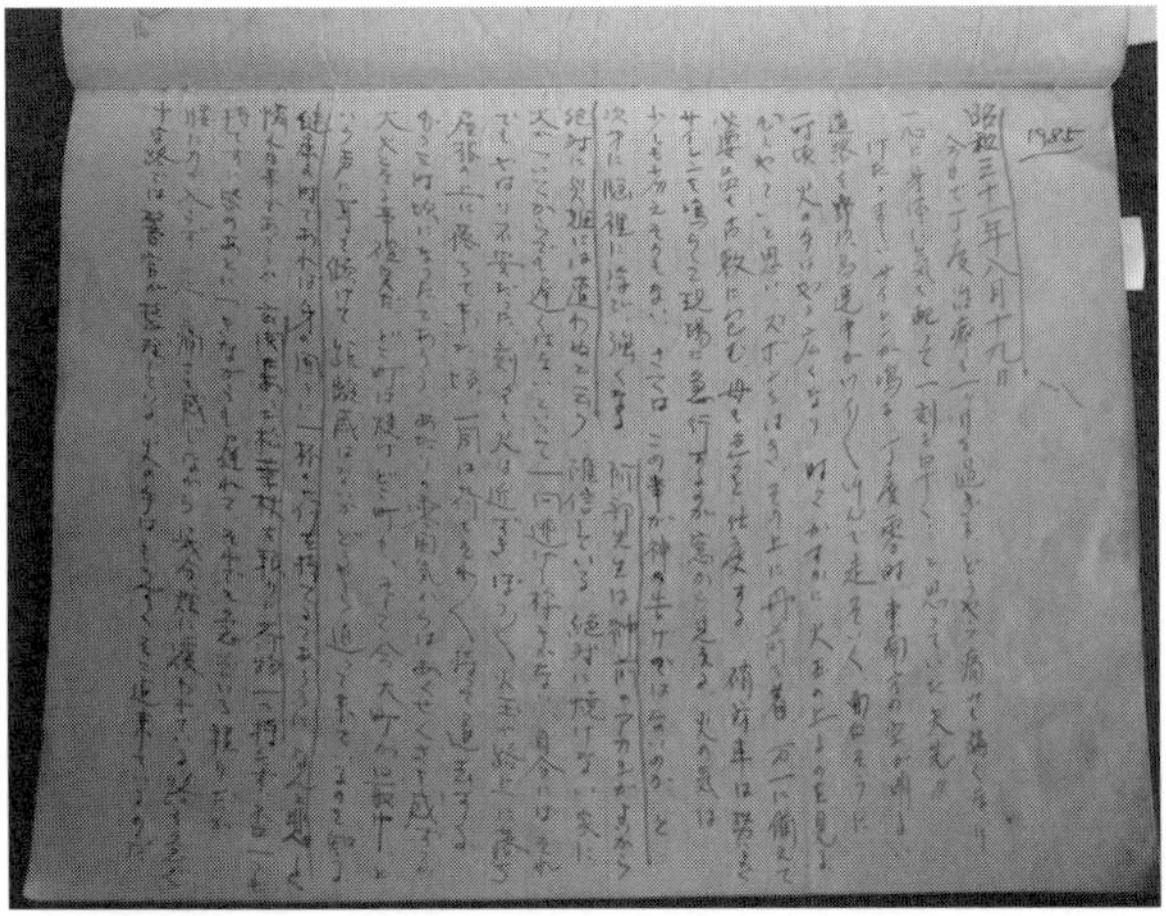

Ａ４判の大学ノートに端整な文字で書き込まれた奈良忠さんの日記

　阿部先生は「神前のアカシ（明かり）がよいから絶対に安全だ。災難には遭わぬ。家に火がついてからでも遅くはない」と言って、いっこうに退避する様子がなかった。まぁ、その落ち着きこそ、阿部先生の確固たる信念の表れでもあったのだろう。しかし、自分は不安でならなかった。

　午前一時すぎには、阿部先生も荷物をまとめはじめる。刻々と火の手が近づき、ぼっぽっと火玉が路上に落ち、屋根の上にも落ちて来たころ、一同はそれぞれ荷物を持って退去した。二時すぎだったろうか。

　玄関においてあった松葉杖を頼りに、自分は荷物一つ持たず、否、一つも持てずに皆のあとにしたがい、遅れて、それでも急いでいるつもりなのだが、腰には力が入らず、足に痛さを感じながら必死でついて行く。母は布団を背負い、その上に、大きな風呂敷包みを載せていた。自分が健康であれば、患者を背負ってでも、たくさんの荷物を持てたであろうに、それができないのは、なんと悲しく憐れなことであろうか。

外は幾分、煙が立ち込めていた。電灯が消えても、暗闇の道は火明かりで、道行く人の顔がわかる。荷物を運ぶ人たちでごった返していた。騒然とするその中で、警官が十字路に立ち、整理に当たっていた。火の手はもうそこまで来ているのだ。すぐ二、三軒先まで延焼している。

焼けつくような熱気を感じ、ガツガツメリメリという燃えさかる音に入り混じって人の声や機械の音などが耳を打つ。消防車が立ち往生し、水もなくなった、とのニュースがどこからとなく耳に入る。結局、二百メートルも避難しただろうか。

荷物だらけで道路は狭くなっている。人々は、この大火の恐ろしさに嘆声を上げ、ただ茫然としているだけである。自分も、いつしか立っているのが苦しく、疲れてしまい、腰掛けに座ったが、それも苦しく、自分の不運を極度に悲しんだりもした。

四時すぎ、火勢は郵便局に覆い被さったり、ものすごい煙に包まれて見えなくなったりした。その有様を見るにつけ、阿部先生の家はもう焼けたな、と何度思ったことだろうか。鉄筋三階建ての郵便局から、ものすごい炎が幾度となく噴き上がった。

阿部夫人は据付けの電気治療器を一台も運び出せなかった、そのことをさかんに嘆いていた。毎日、電気治療を受けていた自分にしても、この先、治療ができないとなれば、どうすればいいのか。

治療をつづければ不具者にならずに済むのを……という阿部夫人の言葉に、ここを唯一の頼りにしてきただけに自分は落胆した。

四時半を回るころ、空は薄明るくなった。十文字の角にある薬局、鉄筋でできたその建物の中から、ものすごい勢いで窓を突き破って炎が噴き出てくる。もう、どうしようもなく苦しくてならなかった。ついに、阿部夫人の世話で八木橋とかいう家に連れられて行き、座敷で七時ごろまで休んだ。これでだいぶ、疲れと苦しみを和らげることができたようだった。この家でも、荷物をまとめたり解《ほど》いたりしていて忙しかったのに、自分が面倒をかけ、唯々、相済まない気持でいっぱいだった。ここで一眠りする。もう、阿部先生の家はどうなっているのかと思っても、焼け跡しか浮かばなかった。母が迎えに来て、八木橋家を辞去する。

道路の、荷物のおいてある場所に阿部先生がいた。開口一番、「うちの家は残った」その言葉を聞いて、何と答えていいかわからないまま胸が塞がれるような思いだ。阿部先生は目が充血し、皮膚も幾分ただれ、いささか痛々しく思われた。しかし、死にもの狂いで闘い、勝利を得た喜びに溢れていた。

さて、焼け残ったといってもどれくらいか、せいぜい治療室だけではないか、ともかく期待はせずに行ってみよう。まぁ、その程度に考えて、再び、松葉杖を頼りに火事現場へ急ぐ。あの猛火に包まれて、木造建築の古家に火が移らないなどとは考えられなかった。母は後からついてきたが、自分の身体があまりにも曲がっているのを悲嘆していた。

家に着いて驚いた。否、これを見て驚かぬ者はなかろう。あたりはまったくの焼け野原、隣にあった佐藤病院も、向かいの武茂医院、その隣の田中医院も、立派だった建物は跡形もない。焼け野原に、くすぶる煙が数条立ち昇っていた。

佐藤病院との境にあった生の大木に、大きな焼け穴がついている。阿部先生宅の後ろにある家もすっかり焼けているのに、阿部先生宅だけが、ぽっちり古くさいながらも何食わぬ姿で居を構えていた。昨日まで、否、つい先ほどまで、こうなるとは誰が予測し得ただろうか。「神」のみが知っていたのである。

焼け跡から煙る悪臭に道行く人々は顔を覆いながら、それでも、この残された、古びた木造家屋の阿部先生宅に、驚きの眼差しを向けていた。

昨晩から今朝にかけての出来事は、はや夢になりつつある。悪夢から醒めて焼け出された人々は、もうその後片づけに余念がない。復旧に励んでいる。その中で唯一軒、自分たちだけが昨日までと同じようにすごしているのは異様である。窓越しにあたりを眺め回し、改めて、火事があった事実を思い知るのだった。

偶然なのか、奇蹟なのか。

神!! 神!! 神!! とつい叫びたくなる。

昼前、松衛夫人と孝（兄）の二人が見舞いに来た。松衛さんは阿部さんの家は焼けないと言っていたそうだ。こうして見れば何だか、人智を超えた力が加わっていることに気づかされる。やはり、神こそがすべてを知っていそうだ。

一時過ぎ、今井君来訪し、唯々驚くのみ。五時まで引き留めて雑談、本当に楽しかった。苦しいときの友こそ真の友であると知る。

晩、電灯つかず。夜中にときおり、あっちこっちの焼け跡で炎が立っていた。

腰痛が快復へ向かう

奈良さんは昭和三十一年七月十九日から十一月一日まで入院している。この間、未曽有の火災に遭遇し、椎間板ヘルニアの治療を受けていた阿部亮四郎宅は奇跡的にも難を逃れた。その後、他の場所へ避難することもなく、そのまま滞在し、治療を続行した。

このときの大火で街は灰燼と化している。当時、柾《まさき》ぶき屋根や杉皮ぶき屋根の木造家屋が多かったこともあり、たちまち延焼し、出火後、強風に煽られて火足も速かった。地元紙『北鹿新聞』（昭和三十一年八月二十一日付）は「市の中心街全滅」の大見出しでこう報じている。

　戦後このかた四年の間に三度目に、最大の火災にみまわれた大館市の苦境は、想像に（ママ）絶している。かくて十九日夕六時までに判明した被害は、消失面積約六万七千坪、延建坪数約四万七千六百坪、住家六九二、非住家六二九、合わせて一二二一（ママ）棟、罹災世帯七〇一、三七六六人と発表された。

またコラム「北鹿抄」には「まさに市は有史以来未曽有の大火の厄を蒙るに至った」とある。さらに日を改めて「大館開びゃく以来の大火」（昭和三十一年八月二十一日付）。

十九日、明け方になって鎮火した。奈良さんは当時を述懐する。

燃えさかる大館市街地（写真提供：大館市消防本部）

大館市焼け跡（写真提供：大館市消防本部）

「薄明るくなっていました。阿部さんの家がどうなったかと思って見に行きました。驚きました。周りが黒焦げになっているのに、阿部さんの家だけが一軒だけ燃えずに残っていたのです。ウソのように思うでしょう。あとで聞いたんですが、阿部さんともう一人、国鉄に勤めていた娘婿が屋根に上がって、火の粉が逆巻く中、種市様の御神水を撒いて消しにかかったそうです。水の量は高《たか》が知れています。火が消えるほどのものではないでしょう。果たして効果があったかどうか想像もつきません。しかし、家が燃えることなく残っていたのは事実です。これがカミサマの力かなと思いました。ともかく、びっくりしました」

佐藤病院との間にある幅一間（約一・八メートル）ほどの通路を挟んで、周囲の燃え尽きた家屋の中に、木造家屋一軒だけ残っている光景は、話を聞いただけでも異様な感じがする。佐藤病院のコンクリートで縁取られた窓ガラスは、ことごとく高熱で溶け落ちていた。それほどの火力を浴びても燃えずに残っている不思議さに奈良さんはカミサマの加護を信じた。同時に、自分の腰痛は治ると直感した。それからというもの、奈良さんの腰の病は日に日に快復へ向かった。

「都合よく考えているようだけど、家が残っているというのは治る証拠だと思った。カミサマに助けられた、カミサマの力が働いている、ということを実感しました。大火は他人の不幸ではあるけれども、それを境に体がしだいに楽になっていきました」

それからさらに、ふた月あまり電気治療をつづけたあと実家に戻り、揉み屋に通った。一緒に阿部先生宅に寝泊まりして治療を受けていた人たちも、奈良さんに歩調を合わせたように快復した。

奈良さんは復学し、翌年、大学を卒業、小学校教員として奉職する。腰の病が治ったといっても、いつ再発するかわからないので無理は決してしないよう気をつけた。遠足のときなどは最後尾をゆっくり歩いた。一病息災、摂生した教員生活を送り、無事職務を全うし定年を迎えた。高齢になるにつれ血圧が高くなり、薬を常用するようになった。御神水は朝夕、グラスに半分ぐらいの少量を飲む。薬を服用するときも御神水を使う。

高齢を自覚し、決して無理はしない。人生を通じて世話になった赤倉山神社のカミサマに日々感謝し、敬虔な信者として悠々自適の日々をすごしている。

〈奈良忠　昭和七年生まれ〉

東北大震災3・11そのとき

「お婆ちゃんが九十二歳で亡くなってから今年で二十年ほどになります。種市の赤倉様には、そのお婆ちゃんの代から世話になっています。祖母から父へ、そして私が三代目です」

そう語る工藤千鶴子さんは、幼いころから肉や卵を食べない食生活が当たり前になっていた。お婆ちゃんが賄いをしていたので、家族全員、それが当たり前になっている。それでも幼稚園の遠足のときなどは、他の園児とくらべられてかわいそうだと思ったのか、弁当に玉子焼きや肉料理を入れてくれることもあった。苛められたりしてはいけないと気を使ってくれたのだろう。

——実際に、苛められたりしたことがあったのでしょうか。

「それはありませんでした」

しかし、たとえ遠足でも、肉や卵を入れてもらえないこともあった。油揚げやコンニャクなどしか入っていない。お婆ちゃんが許してくれなかったのだ。そんなときは、弁当を開けるのが恥ずかしかった。

工藤さん夫妻には娘が一人いる。生後三ヶ月ぐらいから、種市の赤倉様にいっしょに出かけていた。幼稚園児のころ、赤倉様のお爺ちゃんお婆ちゃんに遊んでもらったりもした。

「うちのお婆ちゃんは、汲んできた御神水を毎朝飲んでいました。四十年ちかく前、私が二十一、二歳のころですが、ある朝、神棚にいつも供えてある御神水が醬油のように真っ黒くなっていた。それで驚いて、赤倉様に持参し、聞きました。いまのトシヱさんのお父さんの松衛さんが『こんな黒くてドブ臭いのははじめて見た』といってカミサマに聞いてくれました」

長兄に事故の恐れがあるとの託宣が下りた。

「こんなに黒くなるのは命にかかわる事故かも知れないと言われたのです。このときから家族全員で精進しました。農家を継いでいた長兄は仕事の都合で行けませんでしたが、父と母と私とで毎日、三週間ほど赤倉様に通いました。長兄は車の運転を控えました。一週間ほどで御神水は色がさめて黒から茶色になり、それからが、なかなか元通りにはなりません。ウイスキーの瓶に入れていました。長兄が二十五、六歳のときです」

結局、御神水が普通の状態に戻るのに三ヶ月かかった。カミサマの許可が出るまで長兄は車の運転を控えた。

「御神水が澄んだのでカミサマに伺いに行きました。災難から逃れたとのお告げがあったので安心しました。この一件があって以来、やっぱりカミサマはいるんだと信じるようになり、何かあれば、赤倉様が教えてくれるのではと気にかけるようになりました。お婆ちゃんはリンゴ農家だから、収穫が近づくと、今年の収穫量はどれくらいかと聞いたりもしていました」

大惨事の真っ只中

工藤さんはこう話す。

「私の人生でいちばん衝撃的だったのは、平成二十三（二〇一一）年三月十一日に発生した東日本大震災です。娘が仙台の大学に通っていました。私たち夫婦は三月十一日に仙台に行く予定でした。それで前日の九日、十日と、食糧や雑貨類を買って娘に送りました」

十一日の朝、御神水の色が変わったわけではなかったが、どうしても気が進まなかった。仙台に行くのが大儀になったのだ。これから三月、四月と仕事が忙しくなるので、いま行かなければチャンスがなくなる、せっかく荷物まで送っておきながら、と夫は怒った。

「突然、行きたくなくなったとは何ごとだ。いい加減なことを言うな」

「荷物は、あの娘《こ》に必要なものだから、食べものはそのまま食べればいいし、そのうち改めて行けばいい」

妻が強情を張ったので夫は怒って外出した。

娘は大学の授業を終えてからアルバイトをしていて、終わるのが夜の八時か九時ごろだった。当初、夫妻は午後、仙台に着いたら、松島あたりを観光して、娘のバイトが終わるころ落ち合おうと考えていた。

大震災が発生したのは午後二時四十六分。予定通り出発していれば、ちょうど松島あたりにいる時刻だった。自宅のテレビのニュースで地震発生を知った。娘が心配で、安否を確かめようとしてもまったく連絡がつかなかった。そのうち停電で電話も使えない状態になった。一方、娘は両親がてっきり仙台に向かったものとばかり思っていた。つぎの日も、連絡がとれずテレビもつかないし、安否が気遣われた。

「連絡もとれないまま、私たちも娘も、互いに死んだのではないかと不安でした。電気もないし、ローソクを灯し、物置に仕舞い込んである反射式のストーブをとり出して使いました。電話も、ダイヤル式の黒電話を設置しました」

娘はバイト先の総合スーパーで地震に遭遇し、着の身着のまま避難所の小学校ですごした。

「ケイタイが通じないので、両親が仙台に来たのかどうか確認できない。もし来ていたとしたら地震に巻き込まれたにちがいない。心配でした。校内にある公衆電話が使えるようになり、とりあえず家に電話しようとその列に並びました」

不安のうちに、地震発生後三日目の朝八時、娘から電話がきた。大勢の被災者が列をなし並んでいるというので長話はできなかったが、互いに無事を確認し、喜び合った。娘には両親が仙台に来なかったことが、不幸中の幸いのように感じられた。何か、カミサマの力によるもののような気がした。両親もまた、娘が生存していたことに、何かしら人智を超えた神通力が働いたのだと思った。

「カミサマが私たちの仙台行きを止めてくれたんだと思います。日ごろから、気が乗らないことはすべきではないことを娘にも言い聞かせていましたが、それが的中しました。娘が死んだのではないかと、連絡がとれるまで不安でした。娘はそのあとたいへんだったようです。二週間ほど避難所で生活しました。娘に送った荷物は届いていました。食糧が役に立ったようです。娘が話していましたが、なにしろ、キャベツ一個が五百円、十個入りの卵が一パック千円もするほどで、困っている人の足元を見透かすように物価が高騰したそうです。ひどい話です。それが人の業なんですかね」

娘はその日、朝届いた荷物から食糧を選び出し、冷蔵庫に入れてからバイト先に出勤した。地震が発生したのは休憩室に着いた直後だった。休憩室は最上階の八階にある。いつもは従業員専用のエレベーターで上がっていくのだが、その日にかぎって、通路の裏側にある、古めかしいそのエレベーターまで行くのが煩わしく思えて仕方がなかった。

「それまで勤務中には、客用のエレベーターを使ったことはなかったんです。禁じられていました。でも、たまたま客もいなかったし、通路わきのそのエレベーターのドアが開いていたので、えいっ、乗っちゃえ、っていう感じで乗りました。」

途中の階でも利用者がいなくて一気に八階まで上がった。もし、このとき利用者がいて途中でエレベーターが停止すれば、それだけ時間がかかる。八階に着く前に地震に遭遇し、閉じ込められていたかもしれなかった。

「誰も乗っていなかったし、途中からも利用客がいなくてラッキーという感じで最上階に着き、休憩室に入りました」

休憩室には自動販売機が設置されている。いつもは、そこで飲みものを買って、自動販売機の前にある座席で飲んでいた。その日は、ペットボトルをマンションからバッグに入れて持ってきたので自動販売機では買わずに、すぐに席につき、バッグから飲みものをとり出して飲もうとした瞬間、ドーンという大音響と共に衝撃が走り、吹き飛ばされた。

吹き飛ばされて救われたのだ。いつものように自動販売機に小銭を入れて飲みものを買っていれば、ひっくり返った自動販売機に押し潰されていたにちがいない。

「悲鳴が上り、社員食堂の定食用の皿が空を切って飛び交うのが見えました。パニックになりました。いま思えば、従業員用のエレベーターに乗らなかったことも、客用のエレベーターが最上階までノンストップで上がったことも、衝撃で私が飛ばされたことも、何もかもが奇跡のようです。従業員用のエレベーターは遅いし、途中で地震に遭い、閉じ込められたら助けてはもらえなかったかもしれません」

我に返ると、館内はパニック状態だ。どうしていいか、わからない。椅子にしがみついて蹲っていると誰かが叫んだ。

「何しているの。はやく逃げて」

とにかく、階下に下りなくてはならない。必死で駆け下りた。何人もが途中で転倒した。それを踏み越えて逃げた。後方から、階段が崩壊してつぎつぎと落下してくるのがわかった。飲み込まれたらおしまいだ。かかとの高い靴を履いていたので、駆け下りるには不向きなはずだが、無我夢中だった。

建物の外に出て、従業員同士集まって困り果てていると、付近にある映画館の看板がアーケードに崩落し、そこでもまた悲鳴が上がり、パニック状態に陥った。とり乱し泣き出す同僚もいた。暗くなり、雪も降ってきた。災害時には小学校へ逃げる、という避難行動のとり方は、日ごろの訓練で知らされていた。同僚たちと付近の小学校に避難した。

「身を横たえることができないほどぎゅうぎゅう詰めでした。一度、自分の場所を離れると、もはや戻ることができないような状態でした。水もとまっているのでトイレもたいへん、ウンチの山で、使えるような状態ではありませんでした。十人ぐらいのグループごとにペットボトル一本、ビスケット一枚を渡されただけで、それを回し飲みし、ビスケットは分け合って食べました。その後マンションに戻ることができたので寝具やお菓子を持って行きましたが、お菓子は盗まれました。余震の危険性があるので、避難所以外での宿泊が認められてはいませんでした」

震災後、ひと月ほどして訪ねた工藤さん夫妻も、変わり果てた仙台の街並に唖然とした。

「自動車会社の屋根が飛んだり、窓ガラスが壊れたり、車も津波に押し流されてそのままになっていました。山も崩れ、その土砂が流れ出し、迂回道路を通って、やっとのことで行きました。家から送った食べものなどは、娘が友人知人に分け与えたりしていました。私たちは卓上の電気コンロを買って行ったので、インスタントラーメンを家族で分けて食べました。普段から、肉とか卵を食べない生活をしていたので、震災当時の質素な食べものにも耐えられたのだと思います。カミサマに感謝しています」

娘の友人知人は父や母を亡くしたり、いまだに行方不明の被災者もいる。東北地方を襲ったこの大震災で死者、行方不明者、負傷者を含め二万人以上が犠牲になった。とりわけ、太平洋沿岸部で被害が甚大だった。

「娘はマンションの五階に住んでいましたが、各部屋の温水器がことごとくひっくり返っていた。

不思議なことに、娘の部屋だけが、十センチほどずれただけで壊れずに済んでいました。他には、電子レンジの中に入れたままにしておいた皿が飛び出しただけでした。あとは被害がなかった。温水器を撤去する工事の人も、被害の少なさに驚いていました。どうして、この部屋だけ温水器が壊れていないのだろう、って」

炎上する仙台港コンビナート。津波で電柱にたたきつけられた車（写真提供：河北新報社）

娘の部屋は五〇五号室。入居するとき、三階と五階に空き室があった。カミサマの託宣にしたがって決めた。五階は、五〇五号室と五〇九号室が空いていた。エレベーターの向かい側にある五〇五号室にしたのは、引っ越しで荷物を運ぶにも都合がいいからだった。

娘は震災後、大学を卒業し就職した。しかし、トラウマ状態に陥り、体調がすぐれない。傍から見てもやつれていた。四年ほどして、カミサマに伺いを立てた結果、連れ戻すのがいいということになり、いまは実家にいる。血色も良くなり太った。

それでも、震災を思い出すと憂鬱になり、不安が走る。自らの対処能力を超えた体験をすると、刻み込まれたその衝撃を癒すには、長い年月を要するのだろう。

「これって、経験した人でないとわからないでしょう。

娘はカミサマに助けられたのだと思っています。私が病気になったときもそうでした。二人目ができて、娘を産んだときと同じ病院に入院しました。それが尿検査などで妊娠反応が出ているのに子どもの姿が超音波に映らないのです。お腹が痛くなったら来なさいと言われたのですが、おかしいと思った。病院が合わないのではないかと思い、病院を代えたら子宮外妊娠で出血していて、生死にかかわると言われ、その日のうちに手術し、三週間ほど入院しました。性別はわからなかったけど二人目は死亡、私は泣きました。いまは娘が一人です」

以来、益々、信心を深め、肉や卵を摂取しないよう気をつけるようになった。カミサマが食べてはいけないと言っているものを食べて祈願するのは虫がよすぎはしないかと思うからだ。ＪＲに勤める夫も、妻に影響され、肉や卵は食べない。

困ったときはカミサマにすがる

平成二十年、七人が死亡、十人が負傷した、秋葉原での通り魔事件のとき夫は東京に出張していた。事件当日、秋葉原に行って電気製品を買って帰ると電話で話していた。行かなかったのは、やはりカミサマの、目には見えない力添えがあったからだと考えている。

「もし行っていたら事件に巻き込まれていたかもしれませんでした。時間も昼ごろでした。あれこれ考えればキリがないことですが、行かなくてよかったです」

得てして信仰心の強い人には因果応報を信じる傾向がある。それがまた、自らを戒めたりする自浄作用にも繋がり、冷静な生活態度を培う。カミサマを信じることでいろいろ救われた体験を工藤さんは話す。

「いまから四年ほど前、夫の妹が夜になって突然、倒れた。八時ごろでした。妹は六十代で、実母と二人暮らし。電話で知らせがあったのですぐに行きました。夫の実家のある浪岡です。救急車で病院に運ばれたときは、もう手の施しようがない。医者が言うには、手術もできない、注射も打てない、点滴もできない。ゴォーゴォーと大鼾《おおいびき》をかいている。最初、浪岡病院に運ばれたのですが、手がかけられないほど危ない状態とのことで黒石病院に回されました」

浪岡病院ではレントゲン写真を見せられ、とても手術ができる状態ではないとの説明を受けた。かりに手術したとしても植物状態になるとのことだった。

「夜の十一時でしたが、黒石病院へ向かう直前、種市に電話しました。助けてもらいたい一心でカミサマにすがったのです。トシヱさんは寝ないで祈ってくれたそうです。私たち家族全員も、心をひとつにして祈りました。翌朝の八時半ごろ『手術できます。担当の先生と連絡をとってすぐにしましょう』と言われたときは、いったいどうなっているのかと驚きました」

手術は午後に終わり、成功した。担当医も驚嘆したようだ。これは奇跡です、と言った。妹は大手術をしたというのに何の変調も認められなかった。手足が利かなくなったり、言語障害になったり、記憶に異常をきたしたりすることもない。

最初のころは真っ直ぐには歩けなかったり、字を大きく書きなさいと言われても、用紙の隅っこに小さな字しか書けなかったりしていたが、その後、すっかり快復した。考えてみれば、あのとき亡くなるはずだった寿命を、カミサマの力で最大限に延ばしてもらったのだと工藤さんは思う。妹は五年ほどして別の病気で亡くなった。

工藤さんが言うには、カミサマのお告げはさまざまな形で存在する。夢もまたそのひとつである。

「二十年ほど前ですが、夫が仕事で怪我をした夢をお婆ちゃんが見たので、気をつけなさいと注意されたことがあった。お婆ちゃんはそのとき夢の中で、危ない、跳ねてはいけない、って叫んだそうです。その日、夫は夜勤でした。お婆ちゃんの夢の話を伝え、十時ごろ夫を送り出しました。撫牛子《ないじょうし》（弘前市）の踏み切りが作業現場でした。作業中、酔っ払い運転の車が猛スピードで突っ込んできたそうです。夫は瞬間的に振り向いて身をかわしました。この話を夫から聞かされて、お婆ちゃんが助けてくれたのだと思いました。夫は手を強く打って時計が壊れただけで大事には至りませんでした」

カミサマの信者は偶然・必然の分け隔てなく何ごとも因果関係で捉えるようだ。その因果関係をとり持つのが神通力や霊力である。因果関係は森羅万象において存在する。カミサマ（神）は人智を超えた存在であるゆえ、人は修行してちかづくことができてもなりきることはできないと言われている。カミサマ、すなわち神霊との間には埋め難い隔たりがある。

「家の裏手にある古いクワの木に昔からカミサマが宿っていると信じられてきました。その木でオシラ様（家の守護神）を彫っていました。家は十数年空き家にしてあったので、草は刈り払っていましたが、その後、木が邪魔になり、伐ろうとしたんです」

しかし、伐ると罰が当たるような気がした。オシラ信仰の聖地は久渡寺《くどじ》（弘前市にある真言宗智山派の末寺）である。護摩祈禱が毎週行われている。「大志羅講例大祭」が毎年、盛大に開催され、金襴緞子の衣装で着飾った男女二体の、クワの木でつくられたオシラ様を抱えて、近郷近在から老若男女が集まる。津軽地方のイタコがいなくなり、いまでは見られなくなったが、以前はイタコが参集し、境内でオシラ祭文を唱えていた。

イタコ、ゴミソ、オシラ、それらを一括してカミサマと呼ぶ古代の土俗信仰が息づいていたのである。

それとは別に旧暦五月十八日は、正午から午後一時にかけての一時間にかぎり、秘蔵の幽霊図の掛け軸が公開される。円山応挙（一七三三〜九五）の真筆と伝えられる幽霊図である。私も見たことがある。以前、先代の住職から頂戴した写真が私の手元にある。

幽霊図とは俗称であり、正式には「返《（ママ）》魂香之図」。収納箱には「返《（ママ）》魂香之図　洛陽　丸《（ママ）》山主水筆」と記され、蓋裏に由緒書きがある。その要旨は、円山応挙の描いた幽霊図が三幅あり、その中で最初に描かれた作品であること、天明四年、森岡主膳元徳によって寄進されたことなどが記されている[*1]。

円山応挙が描いたとされる幽霊図は、上記の三幅以外にも各地にある。なかでも久渡寺の幽霊図とそっくりな絵柄が、三幅、全生庵（谷中）、カリフォルニア大学バークレー美術館（個人蔵・寄託）、出光美術館にある。足がなく、白装束にうりざね顔、切れ長の目、垂れ下がったほつれ髪、右手を懐に差し入れた容姿で、その流し目が、幽霊でありながら控えめな色気を感じさせる。

この三幅の幽霊図の中で抜きん出て評価の高いのが久渡寺所蔵の幽霊図だ。幽霊をイメージできなくて困り果てた絵師の眼前に立ち現れた幽霊を、絵師は描いた。ところが、その代償として妻の

円山応挙作と伝えられる幽霊図（護国山観音院久渡寺蔵）

自害を知るという逸話が、絵にまつわる逸話として語り伝えられている。つまり、絵師は妻の亡霊を描いたということになる。

幽霊図が収納された箱に書かれた「返魂香《(ママ)》」は反魂香《はんごんこう》であろうし、中国の故事によるもので、その香を焚くと、煙の中に死者が姿を現すという。言うなれば視覚を通じて死者とのやりとりをしているわけである。イタコならさしずめ口寄せであり、聴覚を通じて死者を蘇らせる。視覚と聴覚の違いはあっても、ここでは虚実の境界を越えて、霊界とのやりとりがキーワードになっている。

工藤さんは伐ったクワの木を久渡寺に納めたらどうかと考えた。種市のカミサマに伺うと、伐ることの許しは得られなかった。

数年後、そのクワの木にアメリカシロヒトリが発生し、裏の家から苦情がきた。駆除するための薬剤を散布したい旨、カミサマに伺うと、神木だからとの理由で、またもや許しが下りなかった。

「それで困ってしまいました。そしたらこんどは、側溝をつくるに当たって木が邪魔なので伐りたいとの電話が役場からあったのです。カミサマに聞いたら、こんどは伐っていいとのお告げがあっ

たので伐りました。その翌年です。娘への仕送りもたいへんだし、生活費を節約するため私たちは実家に戻りました。それでわかったのですが、なにしろ古い家でしたから床の間が抜け落ちて土が見えていました。クワの木を伐ったせいで土台が歪み、それで床の間が抜けたんです。クワの木が支えていたことがわかりました」

役場は伐るだけで根を抜いてはくれなかった。当然のことながら「ばや」（傍芽）が生えてきた。再び、アメリカシロヒトリが発生し、裏の家から苦情がきた。カミサマに伺いを立てたら、またしても許しが得られなかった。

自分で伐るのではなく他人が伐るのはどうかと思い、伺いを立てたら、それならいいとのことだった。道理が通らない気もするが、そこがまたカミサマたる所以《ゆえん》なのかも知れないと思いつつ、弘前市内の「何でも屋」（便利屋）に頼んで伐ってもらった。

「伐ったら、『ばや』が、また出てきたんです。何か、私に落ち度があったのかと思い、カミサマに聞いたら、あると出ました。御神酒《おみき》を上げて感謝したはずなのに。何が落ち度なのか、考えました。何が足りなかったのか、それも聞いてみました。言葉が足りない、とのことでした。『カミサマのところにお戻りください』との一言が足りなかったのです。足りなかったこの言葉にたどりつくのに何ヶ月もかかりました。たんに言うだけではなく、心を込めて言わなければならないのです。クワの木は、問題が生じてから伐るまで二十数年かかった」

――伐採されたクワの木は死んだのでしょうか、それとも、まだ生きているのでしょうか。

「死んではいないでしょう。枯れてはいません。カミサマに謝って許しを得たから、それ以来、ばやは生えてはいません。人もカミサマも、心のこもった言葉が大切なんだ、と思い知りました。言葉を省略してはいけません。以前、こういうこともありました。敷地内からはみ出た枝を父が伐ったんです。軽い気持で伐ったのですが、そのたたりなのか、父の身体が曲がってしまった。チェーンソーで切られたみたいに激痛が走るとも言っていた。それでカミサマに許しを乞いました。結果、治りました」

その父が肺癌で亡くなったのは六十七歳。当時、弘前に住んでいたので、タイヤが磨り減るほど日に何度も車を走らせ、実家のある藤崎と弘前を往復した。弘前から朝の三時、種市に行き水垢離をとり、赤倉山神社の拝殿に参拝する。その足で藤崎に寄って父の病状を見守り、弘前へ戻って朝食をつくって夫を仕事に、娘を幼稚園に送り出す。そしてまた藤崎に行き父の様子を窺い、弘前へ戻って娘を迎えに行き、それから夕飯の仕度をし、また父の様子を見に藤崎に車を走らせる、ということの繰り返しを何ヶ月もつづけた。

ある日、拝殿で松衛に拝んでもらい、顔を上げたら、祭壇に灯されていた何本かのローソクの中の、父を祈願した一本だけが消えていた。

「あら、消えたか、うまくねぇナ。したバッテ、風が入ればローソクは消えるんだから、あまり気にしないでがんばりなさい。松衛さんは励ましてくれました」

心温まる、ありがたい言葉だった。

それから何日もしないで、いつものように病室で付添いをし、途中弘前へ娘の様子を見に行き、戻ってくると父は亡くなっていた。

「すぐ戻るからと言って立ち去るとき、父は私の手を握り、行くなと言いました。病人にしては握力が強いと感じました。思えば、あのときの拝殿のローソクの炎は、父の寿命だったのでしょう。燃え尽きたのです。私一人だけが真剣に祈ってもだめだったのです。夫の妹のときは、親兄弟全員で心を合わせて祈ったから救われましたが、そうでないとカミサマは助けてはくれない」

反省しても仕方がないけど、と断りながら、もっと団結して精進しなければ、と工藤さんは語る。

「父は私たちが受けるであろう災厄を一手に引き受けて亡くなったのだと思います。私たちの家族の身代りで逝ったのかもしれません」

〈工藤千鶴子　昭和三十二年生まれ〉

「地獄の三年間」の後先

弘前から仙台に転居したのは十年ほど前だ。当時、山内宏之さんは三十歳。運送業の仕事を見つけて就職したのだが、職場の居心地がいまひとつよくなかった。転職したらいいものかどうか、悩んでいた。これまでにも契約内容が違っていたりなどして運送会社を何度か代えている。

「新規の会社だったので最初のころは連日、労働時間も長く、十五、六時間はつづいたりしてたいへんでした。すぐに辞めていく人が多く、そのぶん出世が早かった。パートを入れれば社員は三百人は越えていました。配送を管理する倉庫の会社です」

山内さんは悩みごとを同郷の信頼できる年下の友人に相談した。弘前に住んでいたころ、二人は同じ町内の高校生と中学生だったが、夏のねぷた祭りで互いに太鼓を叩いていて知り合い、共に仙台に出てきたのだ。

友人は相談を持ちかけられても自分ではどうしていいか手に負えなくて、そのころ交際していた女性に話したところ、その女性の母親が種市様を信仰していたことから、種市のカミサマに相談したらどうか、ということになった。

「カミサマって、何、それ」

山内さんには耳慣れない言葉だった。どことなく胡散臭い感じがしないでもなかった。

――にもかかわらず訪ねていく気になったのは、どうしてですか。

「正直言って、何でもいいや、という感じでした。自分一人では決められないし、誰でもいいから、てっとり早く話を聞いてもらえればいいや、そういう感じだった。わけがわからないけど行ってみるか、せっかくだから行ってみようか、という気持でした」

その年の夏、仙台から友人と二人で車を走らせた。友人は興味本位で同行した。ところが、いまでは山内さんより熱心に信仰しているという。何が縁でそのようなことになるのか、カミサマならいざ知らず常人には知る由もない。

二人は種市が何処なのか、住所は聞いてきたものの、赤倉山神社の場所を知らないので迷いながら一本しかない通りを行ったり来たりした。

「神社だから行けばすぐにわかると思っていたけど、奥に引っ込んでいるから、通りからは見えなかった。まさか、運転しながら他人の庭先を覗き込むわけにもいかないし、近所の村人に聞いて、ここだ、と言われてはじめてわかりました。イメージが違っていた。もっと、門構えの立派な神社かと思っていました。ともかく来たのだから、もういいや、見た目より中身が大事だからと、腹をくくって家に入りました。事前に、友人と交際していた女性の連絡で用件は通じていました。しかし、何しろはじめてでもあり、面食らいました。拝殿に入って、ローソクを灯し、御護符とかいう紙切れを折っているので、何してるんだろう、こんなことしていて大丈夫なのかと心配になりました。雑談も含めて一時間ぐらいですかね、私たちがいたのは」

占ったのはトシヱさんだ。拝殿でローソクを灯し、十数センチ四方のちいさな紙片を折りたたみ、三方に載せて祭壇に上げて占う。結果、紙片に「白」が浮かび出た。人によっては「赤」・「青」・「黒」や人面が浮かんだりもする。「白」以外は災厄の注意を要する。「白」は滅多に出ないらしい。その「白」が出たことに、不思議そうな表情で「珍しい人だね」とトシヱさんは言った。

「そんなにいい職場ではないけど、いまはいなさい。でも、長くは保《も》たないかもね。御護符にも出ている」

「白」が出たのだから万事が順調にすすむ、というわけでもないらしいのだ。三十代は仕事の面でも碌なことがないとも言われた。試練の時期だという。それでも「白」が出たのだから、最低限のところで救われているのかも知れない。そう思ってわが身を顧みると、山内さんには思い当たるふしがいろいろあった。

「たしかに不思議なことが何度もありました。いま振り返ってみれば、カミサマの力が働いていたように思うのです」

山内さんは運送業という職業柄、事故にはならないまでも危険を感じたことが何度かあった。走行中、突然、車のエンジンが止まってしまったことがある。もう少し前進していれば、その先の交差点で発生した事故に巻き込まれていたかもしれなかった。エンジンが止まったことで、危うく難を逃れたのだ。

「ほかにも些細な、それをたんなる偶然とは受けとれないようなことがありました。それが重なるにつれて、もしかして偶然ではないのでは、と思うようになりました。何度もありました。それで偶然では済まされないような気になりました」

フォークリフトで積荷を降ろしている作業中、後方に積み上げられた荷物が崩れ落ちてきたこともあった。作業をつづけていれば荷物の下敷きになっていたのだが、その直前、エンジンの電源が切れてフォークリフトが停まったことで救われた。

「つくり話のような不思議な話でしょう。不思議な話というのは、基本的につくり話なんですがね。でも、つくっているのは私ではありません。いまの話をつくり話として聞く人は、話を信用していないということですよ。つくり話でないと思える人は、話を信用しているということになります」

——話を信用するもしないも、わが身にかかわることだから。難を逃れられたのは、一般的にいって幸運なことではないでしょうか。自分の問題として信じるに足る経験があるからこそ、山内さんだけなく他の人たちも、カミサマの存在を信じているのだと思います。

「おっしゃるとおりです。知らず知らずに私も信じるようになったのです」

山内さんはカミサマに相談するようになってからも運送会社を何度か代えている。しかし、いつもカミサマに相談したわけではなかった。半信半疑なところも少しは残っていた。カミサマに頼りすぎると、自分が自分でなくなるような気がして、どうしようもなく困ったときにだけ相談に乗ってもらうようにしようと考えていた。

「身勝手な話に聞こえるかも知れないけど、カミサマに祈ったりお願いしたりするのに、それに相応しい生活を私はしているわけでもありません。水垢離をとったこともないし、食事にしても、私は身長一メートル八一センチ、体重一〇二キロの巨体で、仕事も、体力を要する運送業です。肉も卵も、ネギやニンニクも食べている。祈禱もささげないし、御神水を汲んで来て飲んだりすることもありません。赤倉の霊場や永助様のことも知らない」

俗に「苦しいときの神頼み」翻って「叶わぬときの神叩き」という諺《ことわざ》もある。押しなべて世間はそういうものである。しかし、だからといって、山内さんがカミサマに相談してはならない、などということにはならない。自分の手にあまることがあれば、信頼できる他者に相談するのは理の当然である。まさに山内さんも、その結果、カミサマとの繫がりを得たのだった。

――永助様のことを知らないからとか、御神水を飲まないからといってカミサマが悩みごとの相談に応じない、ということにはならないのではありませんか。山内さんが友人と二人で、はじめて訪ねたときのことも含めて、これまでの体験でそのことはわかっているのではありませんか。

「ごもっともです。種市を訪ねるときは、一日もしくは三日前から肉、卵、ネギなどは摂取しないようにと言われて知っています。そのようにしました。そして相談するようになりました。その後、自分でも信じられないような不思議なことが何度もありました。いったい、何がどうなってそうなるのか、理解できない。偶然では済まされないようなことに出くわすのです」

——山内さん自身いろいろな経験をされた中で、いつごろから、これは偶然じゃない、自分の力を超えたカミサマの力が働いていると、はっきり意識するようになったのですか。運がよかったと感じていたことが、カミサマに守られているんだ、というふうに認識が変わったのはいつごろからですか。

「決定的だったのは東日本大震災です。自分でも信じられないほどです。私は救われたのですが、あのときはさすがに、こりゃ、凄いなと思わないわけにはいかなかった。奇跡、あるいは運命とでも言うのでしょうか」

カミサマの不思議

平成二十三年（二〇一一）三月十一日、南相馬のショッピングセンターへ配送の予定だった。当時、山内さんは配送センターに勤務していた。午前十時から荷物を積みはじめ、十二時には終了した。出発間際、事務所からの電話で、南相馬から盛岡へ、行き先が急遽、変更になった。荷物を積み替えて、盛岡へ走ってくれというのだ。二時間もかけて、十トン積みの大型トラックに満載した荷物を降ろし、それから二トンの荷物を積み替えて走るのは、どう考えてもわりにあわない。納得がいかない。

「ふざけるのもいい加減にしろ」と怒声を張り上げた。

「何という馬鹿げたことをするのか」山内さんは事務所に意見を述べた。もちろん、意見が通るはずもない。それにしても、二トンの荷物を何故、一〇トン積みの大型トラックに積み直して走らされたのだろうか。ほかにも二トン積み車、四トン積み車があったのだ。疑問が残る。

荷物を積み替えて、仙台を発ったのが午後一時半。高速道路を一路、盛岡へ向かう。二時四十六分、震災に遭遇した。出発して一時間あまり、北上付近を走行中だった。高速道路の路面が眼前で、飴のようにくねくねと波打ち、ひん曲がった。瞬時、錯乱したかと思った。他の車も停まっていたので、自分も点滅灯をつけて車を停めた。

「もし、当初の予定通り、南相馬へ向っていたらどうなったか。考えただけでゾッとしますよ。太平洋に沿って国道6号線が延びています。もろ、津波に飲み込まれていたでしょう。私の代りに南相馬へ向った運転手は、地震発生直後、トラックもろとも津波にさらわれて亡くなりました。トラックは見つかりましたが、遺体は今も行方不明です」

山内さんは波打つ高速道路を、不安定きわまりない状態で走りながら、何が起きたのか判断がつかなかった。ラジオのニュース速報ではじめて震災を知った。

大震災直後の石巻市南浜町（写真提供：河北新報社）

しかし、荷物がある以上、そのまま引き返すわけにもいかない。それに高速道路だから前へ進むしかない。

「ともかく盛岡まで行きました。荷物の受け入れは無理ということで、今度は一般道の国道4号線を、荷物を積んだまま仙台へ引き返しました」

高速は通行止めになっていた。ケイタイで電話したが繋がらない。途中、停電、信号も機能していない。真っ暗闇の国道4号線をトラックのヘッドライトだけを頼りに走った。

「走行距離にして一八〇キロぐらいですかね。下道だと大体四時間ぐらいなんですが、盛岡を午後四時に出て、仙台につぎの日の深夜二時に着いたから十時間かかった。岩手県も宮城県も、真っ暗な国道というのを、はじめて走りました。運転手同士、互いに譲り合って事故を起こさないように注意しながら、やっとの思いで仙台にたどり着きました。命拾いをしましたよ。部屋に戻ってみたらひどい状態でした。家具調度品はメチャクチャに壊れ、冷蔵庫がぶっ飛んでいた」
二、三日して電話が繋がるようになってから、山内さんはトシヱさんに、このときの惨状を知らせた。さらに後日、改めて伺ったとき、トシヱさんが占って得た託宣によれば、驚くべきことに、山内さんの母方の曽祖母が赤倉様の信者だったことが判明した。
「山内君のところで信仰していた人いるわよ」

山内さんは自分でも知らなかったことだけに、聞いて唖然とするしかなった。どうしてそんなことがわかるのか。それがカミサマのカミサマたる所以なのか。

初耳だった。家族も、その事実は知らなかった。大叔母《おおおば》に聞いて、はじめてわかった。曽祖母が生前、赤倉様を信仰していて永助堂にも行ったことがあると大叔母は話した。曽祖母の写真も持っていた。

山内さんは写真を見せてもらった。大叔母が言うには、幼い山内さんを抱っこしてくれたことがあり、その後、半年ほどして曽祖母は他界した。ところが山内さんの記憶には、曽祖母の面影はなかった。

曽祖母の写真をトシヱさんに見せようと思い、後日、持っていき、カバンから出して見せようとする前に、そうよ、その人よ、とトシヱさんが言ったので、山内さんは仰天した。写真を持参したことすら伝えてはいなかったのだ。しかし、その実、トシヱさんはカミサマの代理であり巫女なのだ。

「まだ見せてもいないのにですよ。それに曽祖母の写真を持ってきたとは一言も言っていないのになぜわかるのか、それが不思議です。やさしい顔をしているでしょう、と見たようなことを言うんですよ。自分でも記憶にないのに。カミサマはどうして、曽祖母を見たことはないはずなのにわかるのだろうか。あてずっぽうですかね。カミサマが言うには、曽祖母が私を震災の危険から守ってくれた、と言うのですが、いったい、どうなっているのか、何が何だかわからない。ウソもホントもないような感じ。何が現実なのかわからなくなった。でも、それを機会に曽祖母の墓参りをするようになりました」

以来、山内さんは日々の生活で、信じるとか信じないとかの次元ではなく、カミサマにたいして目には見えないむすびつきの強さを感じるようになった。カミサマの冥助《みょうじょ》をひしひしと肌で感じるようになった。一日一日の生活を顧みるようになり、些細なことでも反省すべき事柄があれば正して明日に繋げようと心掛けるようになった。

——だからといって、三十代は碌なことがないというカミサマのお告げがはずれたわけではないのでしょう。試練の時期と言われたからには、それを裏づけるような体験がほかにもあったのですか。

「震災に遭ったのが平成二十三年の三月です。その年の九月に会社を辞めました。私の三年ほど後から入社した部下に陥れられるとは夢にも思わなかった。仕事の面で指示されるのが気に入らなかったようです。一週間休暇をとって弟のところへ遊びに行っている間に、管理データが改ざんされ、その責任をとらされて辞職しなければならない憂き目をみたわけです。弘前から来た年下の友人も連帯責任を負わされ会社を辞めました。二人ともクビです」

これが、山内さんが「地獄の三年間」と呼ぶ期間のはじまりでもあった。三十代は碌なことがないとカミサマのお告げにあったが、震災に遭遇して救われたように、ぎりぎりのところでは守られているのかもしれなかった。

地獄の三年間

「年下の友人も、私と同じようにノイローゼ気味になりました。二人でカミサマに行きました。結果は、三年かかって立ち直ったわけです。彼はいま農協関係の職場にいます。思い出しても腹立たしいのですが、私にしてみれば飼犬に手を噛まれたようなものです。すっかり人間不信に陥りました。人と会いたくなくなり、部屋の入口に、カミサマからもらって来た魔除けの札を貼り、部屋から出ない。こもりっきりで自暴自棄になっていた。最初の一年間はそんな感じでした」

山内さんは明朗闊達な人柄である。話し方が明るい。

「これまでの人生で、もっともつらい時期でした。いま思い出しても、どうやって食い繋いでいたのか、不思議な気がする。弘前の実家には仕事をしていると言っていましたが、定職につかず、パチンコをしたりアルバイトをしたりして金策に駆け回っていました。ウソをつくのは、なかなかつらいものがありました」

何かに取り憑かれているような重苦しい気分だった。

その三年の間にも就職しようと思い、会社を三つほど候補に挙げてカミサマに相談した。自分で決めると碌なことがないから、カミサマを信用しようと思った。

「お任せ、っていう感じ。ひとつだけ有望格の会社がありました。でも、カミサマは潰れると言ったのです。それで就職しないで様子を見ていたら、二、三ヶ月後に本当に潰れた。それも運送会社でした。普通なら、予言が的中したことで驚くのですが、私はもう驚かない。カミサマを信じ切っていたのかも知れない」

相談した結果、カミサマは「いまは、何をやってもうまくはいかない」と話していた。耐えるしかなかった。「石の上にも三年」ここを切り抜ければ、道は必ず開けると信じていた。「地獄の三年間」を、介護福祉士をしている奥さんに頼ることは絶対にしなかった。

――奥さんはたいへんだったのではないでしょうか。

伊勢神宮内宮の新正殿／三重県伊勢市（写真提供：読売新聞社）

「それはありません。自分の仕事に専念していればいいんです。私は精神的に落ち込み、ゴミみたいな生活。結婚する前でしたけど妻は、心配してときどき様子を見に来ていました。あの三年間があって現在があります。『地獄の三年間』で、自分を見つめなおし、乗り切ることができたのもカミサマのおかげです。困ったとき、カミサマには世話になりっ放しでした。カミサマがいなかったらどうなっていたかわかりません。いまも世話になっています。悲しみ、苦しみ、悩み、さまざまな不幸の原因に対処すべく、トシヱさんは昼夜を問わず粉骨砕身、自らの人生をささげています。あの方は遠隔透視ができるようです。実際、そんなことがありましたよ」

うつ状態に陥り、引きこもりになっていた「地獄の三年間」も一年、二年がすぎて調子をとり戻した山内さんは、まだ無職で時間だけは十分にあったので、気晴らしに年下の友人とその妻を車に乗せて、三人で伊勢神宮へ参拝に行ったことがある。出発前に、電話でトシヱさんに連絡し、安全祈願の護符占いをしてもらった。

伊勢参りをなにごともなく終えて、帰路、鎌倉で大仏を見学しようとしていたときに、トシヱさんから電話がかかってきた。

「いまね、カミサマからお告げがあったけど、大仏に行ってはだめです。何か、災難が待ち受けているとしか思えない。ともかく行かないでください。ソバでも食べて時間つぶしをしてください。また連絡します」

大仏を見学する前にソバでも食べようという話になり、ネットで検索した蕎麦屋の前で車を停めようとしていた矢先だった。あと二〇〇メートルほど車を走らせ、右へ曲がれば大仏のある高徳院だ。

ソバを食べ終えたころ、また電話がきた。

「そのまま、まっすぐに帰ってください。大仏に行くのはやめてください。よくないものが憑いているようです。帰途、運転中も、マナーのよくない車が現れるかも知れないので運転には気をつけてください。それから、この話は他の同乗者には言わないでください。不安になってはいけないので」

大仏は見学しなかった。首都高速を走っているとき、「あおり運転」や割り込みなど、走行妨害をする車が何台もいた。トシヱさんの言葉が蘇るだけで、何がいったいどうなっているのか、さっぱり合点がいかなかった。

後年、「地獄の三年間」がすぎてから、休暇で里帰りしたとき、友人と二人で種市に足を延ばした。奇《く》しくも、この日は旧暦の元日だった。それもトシヱさんに言われてわかった。信心深い人であればこそ、それは偶然ではなく何か縁があってのこと、と理解し、話も弾む。

その中で、鎌倉の大仏を見学しようとしたときの一件が話題に上った。

山内さんたちが伊勢神宮に車で行くことを、トシヱさんは事前に知らされていたので護符占いをした。後日、気にかけながら三方に上げてある御護符を見たとき赤色が出ていたのだ。赤色が出ているのは、災厄が振りかかるかも知れないとのお告げである。回避するに越したことはない。それで急遽、電話で連絡をとった、ということなのだ。

「トシヱさんがたまたま御護符を見た、そのタイミングがよかったのだと思います。あのとき連絡がつかないで大仏を見学に行っていたら、何があったのか、なかったのかわかりませんが、おかげ様で、この十年間、無事故ですよ。カミサマのことを世間ではハナから相手にしない風潮がありま す。でも、私は実感しています。信心することでご利益があります。信心しなければいけません。普段、私たちが生きている日常の中に、目には見えない、人生を左右する流れがあるのだと思います」

子どもが生まれ、人生再出発

二〇一六年のことだが、山内さんは妻の出産にさいし切迫早産の危険を医師から知らされた。というのは前年十二月、妻が身ごもったことを知り、新しく生まれてくる命と母体の無事を願い、種市に出向いて占ってもらったのだ。そのとき、来年一月は気をつけなければ危ない、と注意されていた。

忘れていたわけではなかったが、切迫早産を招いた原因は自分にあるのではないかと心配し、このときもカミサマに相談した。

トシヱさんは占い、祈禱した。妻子の命にかかわることであり山内さんも祈った。

「妻子の無事を祈りました。流産するのではないかと心配でした。結果的には、帝王切開で出産しました。母子ともども、いまは元気でいます」

このときの祈禱を契機に、突然、入院中の妻の要望で、病院を変えることになり個室に入った。それまでの病院では、妻は味が合わないと言って食欲をなくし、点滴を受けていた。病院を変えると同時に食欲も出てきた。

「なぜだか、それから流れがいい方向へ変わりました。何だろう、これは。普通だったらありえないことが起こる。それで未熟児ながら出産できた。生れるのが二ヶ月ほど早く、普通であれば助からなかったそうです。病院を変えたことでうまくいきました。大手の病院から小規模な子ども病院に替えたのです」

子どもは三月（二〇一六年）に生まれた。当初、子ども病院の保育器で育てられた。長距離運転手の山内さんは、仙台に戻ると必ず病院に顔を出した。子どもは目に見えて、すくすくと順調に育っていった。その生命力の凄さを目の当たりにしたという。

「いまは私も順調です。就職のことや『地獄の三年間』も含めて、ふらふら定まらなかった自分が、こうして人生を真っ当に歩めるようになったのはカミサマの力だと思い、カミサマに感謝していきます。近ごろ、鷹が飛んでいるのを目にするのですが、そのたびに注意を喚起されたようで気が引き締まります」

鷹は赤倉信仰のカミサマの眷属《けんぞく》でもある。赤倉山神社の本宮と、清水の湧き出ている龍神を祀った別宮と、両方の境内にツガイが棲んでいて参拝者は啼き声を聞いたり、飛翔する姿を見かけることがある。トシヱさんも含めて信者の中には、鷹と交感できる能力をもった人たちもいる。

＊＊＊＊＊＊

それから一年あまりして夏、仙台に再び山内さんを訪ねた。心なしか、前回より生き生きしているように見えた。四十一歳になったという。毎週、二回ないし三回、一〇トントラックで愛知県との間を往復している。

――どうですか。「地獄の三年間」もすぎて、「何をやってもうまくはいかない」と言われていた三十代もすぎました。いよいよ、これからですね。

「自動車の部品を入れる空箱でしたが、フォークリフトで運ぶとき、落としてしまいました。ちょっとした荷物事故です。それで厄払いに行きました。前厄です。気持はさっぱりします。いまの会社もそうよくはないけど、あなたにとっては悪くはならないから。カミサマがそう言っていました。たしかにそうなんですよ。三十八歳でいまの会社に就職して、いま四十一だからもう三年か。まぁ、それなりに結婚して子どももいるし、生活は苦ではない。後輩の友人も結婚して順調です。周りもよくなり自分もよくなり、いいことです。人間関係が大切です。これからです」

山内さんのそう語る声に、みなぎる力が感じられた。

〈山内宏之　昭和五十一年生まれ〉

（註1）参考文献『江戸の動物画　近世美術と文化の考古学』（今橋理子著　東京大学出版会）

第三章　冥助に感謝す

祖霊を敬う

病気にかからないとか、長生きするとか、金儲けするとか、そういうことのためにカミサマを信じるのではない。あそこのカミサマは当たるとか、当たらないとか言う人たちがいるけど、そういうものでもない。他人はどうだか知らないが、信心はそういうのとはまったく別の世界だ、というのが小田勇蔵さんの持論だ。信仰を現世利益に結びつける人たちには耳の痛い話かも知れない。

共鳴する。たしかに世の中には信心に見返りを要求したり、金銭を強制したりする人たちがいないわけではない。何かにつけ金銭に結びつけなければ価値判断のできない人たちが圧倒的に世の多数を占めているのはたしかである。

「政治にかかわる人たちを見てもわかるように、やれカネだ、いまの世の中、二言目にはゼニだカネだと言う。しかし、人間苦労して、結局、最後に求めるものは心だよ。東日本大震災の例を見たって、上辺だけは取り繕っているけど、本当に困っている人たちに、眼差しが向いていないんじゃないの。子どもは学校で虐《いじ》めに遭うし、殺人・自殺はするし、それに自然破壊、環境汚染、人間社会は殺伐としている。残念だけど、いまの世は人心や社会が不信感に蝕まれている。時代や世代が変わっても、人間が人間らしく生きるためには、まず先祖にたいする畏敬の心を失ってはいけませんよ」

夏は太平洋から吹きつける、「ヤマセ」と呼ばれる冷涼な北東風が原因で、南部地方の農民は冷害に苦しめられてきた。稲作に不向きな気候だった。津軽地方にくらべて畑作が目につく。小田さんの祖父・徳五郎は、農業の傍ら大工をしながら暮らしを維持してきた。大工の腕は「ピカイチ」と言われるほどの腕利きだった。小田さんが現在住んでいる家屋や家具も祖父がつくった。

「本人から直接聞いたわけではないが、叔母の話だと、四十代前半のころ、気の進まない仕事をしていて体調を崩した。それでカミサマ信仰に走った。最初は青森市の滝沢にある『月光ノ滝』に打たれたりして修行したようだ。キツネが憑いていて、やられたのではないかと思う。キツネでもわるいのといいのがいるそうだ。わるいキツネの霊が体内に入ってしまえば命がなくなるというからナ。そういうふうにして爺様は亡くなったんではないかナ。亡くなる少し前に、その霊は人体の外へ出る」

祖父は明治二十九年生まれ、亡くなったのは昭和三十九年で六十九歳だった。その間、二十年以上にわたって、キツネの悪霊が祖父の身体に棲みついていたことになる。悪霊が抜け出た、その足跡を小田さんは目の当たりにした。

「こういうことなんだ。よく見ておきなさい」と母は生前、小田さんに言いながら保存しておいた箱を開けて見せてくれたのだ。

祖父が亡くなるとき着ていた白装束にキツネのものらしき足跡が点々とつけられていた。犬も猫も、動物は飼っていないのに、何故、小型動物の足跡が付着しているのか、小田さんには不思議でならなかった。

何かトリックでもあるのだろうか、どういう原理が隠されているのだろうか、などと普通なら推理する。どうして、このような不思議な現象が起きるのだろうか。小田さんにはどう考えても理解しかねる。

——例えば、誰かの悪戯とは考えられませんか。

「誰か、って、人？　まさか。まぁ、それはないだろうね」

だいたいにして、信心深い話に水を差すような、こうした質問をすること自体、不信心であると言わざるを得ない。神心がない証拠である。信者の側からすれば、私の愚劣極まりない質問は、カミサマを冒瀆する類のものなのかも知れない。

八戸市にある小田さんの実家で、私は話を伺った。

——そうすると祖父は、わるいキツネの霊を抱え込んだまま生きつづけた、というわけですね。

悪霊が体内に入っていたということですね。

「うんだナァ、そういうことになるナ」

祖父・徳五郎が修行に出かけた「月光ノ滝」は青森市東部に位置する東岳（六五二メートル）の麓にある。祖父はそこで修行しているとき、赤倉霊場のカミサマ（ゴミソ）・新谷万作（一八六八

〜一九五五）と知り合い、弟子になった。新谷万作は新谷の「新」と万作の「万」をとって「新万仙人」の異名をとっていた。さらに「新万」をもっと縮めて、つまり「あらまん」の「ん」を省略して、たんに「あらま」とも呼ばれていた、と新谷万作を知る、村の老婆が私に話したことがある。「あらまは髪も髭もぼうぼうと伸ばし、汚れた身なりで赤倉から、たまに村に帰って来ました。あまりに異様なその姿に、子どもらは驚きの喚声を上げながら逃げ回っていました」

新谷万作は赤倉沢で「行」を重ねた。南津軽郡藤崎町矢沢の出身で、生家の中庭に万作の石像が建っている。石像の傍に「新谷万作神傳記」と刻まれた石碑があり、来歴が記されている。昭和三十年に建立して以来、一度も手入れされていないとのことでカビやコケが生えて不鮮明になっている箇所もあった。文意を判読するため、表面をきれいにして拓本を採った。

要約すると、こうである。

新谷万作は南津軽郡十二里村矢沢に生まれ、明治二十三年に神のお告げヲ受け、赤倉山の大山祇の神に導かれ修行した。そのころ赤倉大神に参拝することは禁じられていた。しかし、木の根元や岩穴を住処に一人修行をつづけた。そのことが男子参拝者に道をひらき、大正元年ごろから大山彦江神を名のり、草小屋で修行を重ねるようになると、しだいに女性の参拝者も姿を見せるようになった。病人をも助けた。昭和に入ると「サイギサイギ」の掛け声で、日に何組もの参拝者が登山するようになり、赤倉山の仙人、生き神として尊敬されるようになった。数多くの信者を抱え、六十五年間修行をつんで昭和三十年三月十二日旧二月十七日にこの世を終える。数多くの信者たちがそ

の徳を悲しみ、石像を建立した。昭和三十年七月十四日引受人三上キワ
　万作の死後、石碑に「引受人」として名前が刻まれている長女の三上キワが後継者となり、そのあと次女が引き継いだ。その後、次女も他界し、信仰も堂舎の管理も、津軽から遠く離れた南部地方で、小田さんの祖父・徳五郎の孫弟子が引き継いでいる。
　万作の長女は三男三女に恵まれ、その四番目・三上三喜男さんが実家を守っている。しかし、信仰には縁が薄い。これればかりは先天的な才能が必要であり、誰もが後継者になれるものではない。

赤倉霊場で修行中の新谷万作（写真提供：三上三喜男氏）

　とはいえ、それでも祖父・万作の遺影を床の間に飾り、ときには拝むこともあるという。遺影は万作が赤倉霊場で修行中のものらしく、白髪白髭、蓑をまとい、鉞《まさかり》を担いだ褌《ふんどし》姿だ。まさか生前、褌姿で里に下りて来たわけではあるまいが、俗界を脱した風貌に子どもたちが逃げ惑うのも無理からぬことである。
　新谷万作が赤倉霊場に建てた堂舎は永助堂の上部にある。大山彦江神として祀られ、石碑が建っている。「昭和二十年

六月十八日建立」「赤倉に入山してから五十七年」などと刻まれている。明治元年生まれの万作、七十七歳である。「赤倉に入山してから五十七年」とあるから明治二十年に二十歳で入山したことになる。

かたや「神傳記」の碑銘に、明治二十三年に神のお告げで修行したとあるから二十三歳で入山したことになる。これだと二基の石碑の間に三年のずれがあり、両者に異同が生じている。さらに明治二十年に入山して五十七年ということは、亡くなった昭和三十年では六十七年になり「六十五年間修行をつんで昭和三十年三月十二日」に亡くなられたとある碑銘とも齟齬をきたす。決して、あら探しをしているわけではないが、若干気にはなる。ともあれ、こうしたずれや不確かな部分はカミサマにはつきものである。

参考までに述べれば、生まれ在所の藤崎町『広報藤咲』(昭和五十八年十月一日)にも万作の石像に関する記事が掲載されている。なお、実家の石碑に刻まれた、万作の生まれた南津軽郡十二里村は藤崎町と合併する以前の村名である。合併は昭和三十年。

万作が修行を重ねた堂舎が赤倉霊場にある。その裏手、ブナの二次林からなる斜面の基部に清水が湧き出ている。誰が掘り当てたのだろうか。何軒かある付近の堂舎がいずれも戦後に建てられたなかで、戦前に建てられた万作の堂舎がもっとも古いことから察すれば、万作が清水に着目し、堂舎を建て、修行していたことが考えられる。

まろやかな澄んだ味で、傍らにちいさな歌碑がある。

白雪は　一息入れて　池の水　したたりしたに　流れ行久
いわきの　ふところに　いだかれて　水の徳とは　はてし那い

末尾に「自然流　小野敬忠」と記されている。近くにある堂舎「山川堂」の、国有林から貸付を受けている契約者が小野敬忠であることから、この方の詠んだ歌かも知れない。

新谷万作、大山彦江神

「祖父の徳五郎は新谷万作さんの弟子になって修行し、付柳育さんという、小児麻痺で歩行が不自由になっていた女性を弟子にした。面倒みろ、って、万作さんに言われたんだナ。育さんは医者に見放されていたんだが、修行して、山も登れるほど達者になった。歩けるようになったのサ」

小田さんによると、付柳育は修行を積んだ結果、カミサマと交感できるほどの霊能者になった。カミサマのお告げを、イタコが仏おろしをするときのようにその場で同時通訳して相手に直接語った。まさに神業である。種市の、龍神を祀った別宮の拝殿には、付柳が奉納した横幕が祭壇の上にかかっている。

徳五郎は付柳の兄弟子である。徳五郎の姉弟子に名川町（現・南部町）の花田ハルがいた。先にも述べたが、花田ハルは角界の名横綱・若乃花の叔母である。

小田さんの祖父は、さらに師匠の新谷万作の指示で、扇山小天狗という神霊を祀った扇山神社を種市岳の麓に建立した。万作の信仰、つまり赤倉信仰が、ここに根を下ろすことになる。種市岳

修行中の新谷万作と弟子の小田徳五郎（向って左側）、花田ハル（右側・写真提供：三上三喜男氏）

（七四〇メートル）は青森・岩手の県境に位置し、岩手県側の山名だ。青森県側では階上岳と呼んでいる。なだらかな山容から臥牛山《がぎゅうざん》とも言う。扇山神社の境内には建立記念の石碑がある。以下の碑文が刻まれている。

　赤倉山の仙人大山彦江神のお告げで、小田徳五郎が姉弟子花田ハルの協力で扇山小天狗と名を改め、昭和二十七年六月八日山開きとなり、それ以来、小田徳五郎は神の力で信仰一筋に生き、信者地元一同の協力で、大工の上野良夫、付柳育と共に昭和三十二年に此の神社を建立す

　小田さんは祖父・徳五郎に連れられて、小学五年のころから岩木山の赤倉霊場に通っている。当時は南部地方の人たちも、ずいぶんたくさん赤倉詣でをしていた。津軽地方よりむしろ南部地方で隆盛していたようだった。種市の赤倉山神社（太田家）に宿泊し、そこから徒歩で霊場まで行く。いまは車で行けるが、往復三〇キロほどの道のりだ。

――新谷万作の道場（堂舎）へ行くのに、種市に宿泊するのは、何か謂れがあるのですか。永助様と万作は何か、繋がりがあるのでしょうか。

「当時、種市には松衛さんがいたけど、種市は永助様の生家だもの。赤倉様の本家本元だもの。万作も含めて、みんな永助様の力をもらって、悩みだの病気だのを治しているんだよ。大昔はどうか知らないけど、永助様が最初に道場をつくったんだもの」

新谷万作は明治元年生まれである。嘉永四年生まれの永助様とは十七歳の隔たりがある。永助様が姿を消した明治十五年は万作十五歳。以来、消息を絶っていた永助様から手紙が太田家に届き、甥の曽太次郎が大聖寺を訪ねたのが明治三十八年である。この間、二十余年、永助様が大聖寺へ移った時期は知る由もないが、何年間かは赤倉霊場に滞在し、修行を積んだのではあるまいか。

現に、私があちこち聞き集めた古老の伝聞によれば、永助様は岩木山の赤倉霊場に雲隠れしてからも、たまには里に姿を現し、農民にその年の米の出来具合などを聞いて歩いていた。

新谷万作が赤倉霊場で修行しはじめた明治二十年以降も、永助様が何年間か赤倉霊場に滞在していたとすれば、万作が直接、永助様の指南を受けたとも考えられる。つまり、直弟子である。万作の孫の三上三喜男さんが大切に保存している、鉞を担いだ褌姿の遺影は、永助様の、鉞を手にした石像と似ていないこともない。この点、永助様のスタイルを継承しているのではあるまいか。ただし、新谷万作の「神傳記」には、永助様については触れられていない。「大野長門ノ御告ヲ受ケ」赤倉で修行したとある。

古来、鬼神が棲むと伝えられる赤倉沢は上部が絶壁で、登山用語でいう「ルンゼ」が源頭の「コル」に突き上げている。絶壁を切り裂くように浸食した、急峻な樋状の溝である。下降するとすればこの「ルンゼ」しかない。本書の冒頭に掲げた津軽の三大奇人の一人小山内漫遊が、血だらけになって赤倉沢の絶壁を下ったことが前掲の『津軽の荒吐神伝承と赤倉信仰』に記されている。

漫遊は修験を極めるため、そのような行動に走ったのではないだろうか。ルンゼを下降するなどとは荒行である。明治二十九年生まれの漫遊もまた、永助様や大山彦江神こと新谷万作同様、赤倉信仰に帰依した修験だったのではあるまいか。

永助様に象徴される赤倉信仰は、永助様の時代を遡ること遥か昔の古代信仰にルーツを求めることができる。古代津軽のアラハバキ神信仰である。総じてカミサマと呼ばれるイタコ、ゴミソ、オシラの三祈禱師が、この信仰に切り離せない存在として関与している。古来、赤倉霊場はその修行場でもあった。

永助様は古代からつづくそうした信仰の体現者であり、その淵源を絶やすことなく再興したことで教祖的地位を獲得している。

——祖父は熱心な信者で、小田さんも熱心ですが、小田さんのお父さんはどうだったのですか。

「父・徳松は祖父ほどには熱心とは言えないかも知れないが、家族で種市の太田家にはお参りに行った。オヤジは戦争から死なずに帰ってきたが、四十五歳のとき、当たり（中風）で亡くなった。オレが高校を終わった年だった」

父を失い、高校を卒業した小田さんが一家を支える柱となった。弟二人、妹一人は高校と高専をそれぞれ卒業し、社会人として一人前になっている。

「先祖を粗末にしないというのがオレの方針だ。階上岳の扇山神社には年に三回は参拝に行くよ。カミサマがありがたいとか、ありがたくないとか言うのではなく、先祖を敬う気持、それがカミサマへの信心というものだべ。一人一人が自分に責任があるのであって、やれゼニ儲けだ、やれ長生きだ、と、何故そこにカミサマを結びつけるのか不思議だ、わからない。しかし、たしかに神頼みする人もいますよ。神頼みで病気が治った人もいる。いずれにしても、先祖をないがしろにしたり、自分を粗末にしたりしてはいけないナ」

祖霊を拝むことが血族の紐帯《ちゅうたい》を強めることに繋がる。祖霊、それは生みの親であり、その命の繋がりを遡れば発生源は天地水、すなわち地球であり宇宙である。

小田さんは祖父の師匠・大山彦江神こと新谷万作を介して種市のカミサマを知ることになり、以後、交流をつづけることになった。種市の太田家、つまり赤倉山神社には、毎年旧暦八月十九日の例大祭のときは参拝をかねて、家族で手伝いに行っている。

「おかげで妻も元気だ。オレより丈夫だナ」

種市に詣でたときは御神水を汲んで来て、絶やさないように飲んでいる。

「水の中に、黒いゴミのようなものが入り混じったことが二回あった。何か、難があることの前ぶれだろう。その水は飲まなかった。難はなかったが、なくてよかった。結果として、これが難を逃れたということであり、赤倉様が守ってくれたということなのだろう。色が変わったときは、何か、不吉なことの前ぶれだから注意しろと、おふくろも生前話していた。おふくろは六十九歳で亡くなった」

朝夕、カミサマを拝む

小田さんは運送会社に勤め、宅配便を担当していた。深夜に帰宅し、翌朝六時には出勤というハードな状態がつづくこともあった。

「定年退職後、飲みすぎがたたったのか、三年前、肝臓を手術した。豆粒大の腫瘍がふたつできていたのサ。半分ぐらい切り取られた」

種市様の例大祭が、その年の八月二十三日だった。前夜から泊まりがけで行き、例大祭が終わった二十四日に八戸に帰って来て日赤病院に入院した。手術後、見舞いに来た人たちに、手術したとはとても思えないほど元気だと言われた。五年間、なにごともなければ、そのあとは心配ないという。酒はきっぱりやめた。

「私は夜も碌に寝ないで働いてきたけど、このときの入院以外は、怪我をしたこともなく暮らしてきた。まず、よしとしなければならないでしょう」

朝夕二回、祭壇に向かい、灯明をささげ、カミサマを拝む。朝は、今日一日、無事すごすことができますようにと。夕は、ありがとうございましたと、感謝の気持を込めて。

今年（二〇一六）も家族で例大祭に出かけた。いままでにないことだが、この年は深夜、孫を連れて、永助様の化身とも言うべき発光体を見に行った。佐々木きぬさん（「永助様は不滅」参照）も家族ともども来ていた。

「佐々木さんは、あの人は光を見れる人だからね。毎年、見ているそうだよ。そう、手を合わせていましたよ」

――小田さんは見たんですか。

「光の話は昔から聞いてはいたけど見せてもらったためしがない。付柳育さんといっしょに何度も行ったことはあるが、しかし何が何だか、どこに光があるもんだか、さっぱりわからなかった。見えたという人もいたし、見えないという人もいた。昔、光だけでなく、カミサマが各種薬草を山から運んでくるなどと言われていたこともあった。果たして、それはどこまで信じていいものだかナ。カミサマがじきじき物を持ってきたりするはずはない思うけどナ。でも、それはオレの場合だからナ。レベルの高い人、たくさん力があれば、そういうものも見えるのかも知れないがナ。オレには見えないナ」

――お孫さんが光を見たという話を、そのとき居合わせた方から、後日、聞きましたけど。見たのでしょうか。

「孫が見た、って言ってるが、それもどのへんの話かナ」

小田さんは半信半疑のようだった。

〈小田勇蔵　昭和十九年生まれ〉

永助様は不滅

佐々木きぬさんは当年八十三歳（二〇一六年）、七十年前の、数えで十四歳の旧暦八月十八日、神主をしていた祖父の一行に連れられて、八戸市から「種市のカミサマ」（赤倉山神社）へ参拝に出かけた。小学生だった。種市に行くのは、このときがはじめてだった。以来、生涯に亘って赤倉山神社のカミサマに帰依することになる。

佐々木さんの父の実家は猿田彦神社で、俗に「天狗さん」と呼ばれていた。種市の赤倉山神社の例大祭には毎年、グループで参拝するのが恒例になっていた。

八戸から東北本線の汽車に乗り、青森駅で奥羽本線に乗り換え、さらに川部駅で五能線に乗り換えて板柳駅で下車する。そこからタクシーで種市へ向かう。途中、岩木川にかかった「幡龍橋」を渡り、青女子の十字路を右折し、道路の左側にある熊野宮の付近でタクシーを下車。赤倉山神社の三〇〇メートルほど手前である。そこから隊列を組み、米、酒、果物、うどん、コンブ、ワカメなどの供物を三方に載せて鉢巻法被姿で、「サイギサイギ」ではじまる岩木山参詣の唱文を唱和しながら行進した。

「カミサマに上げる供え物はだいたい七種類でした。赤倉様の鉢巻をして参詣します。戦後まもなくのころで、戦争で亡くなった方たちもいたし、供養しなければなりません。私はまだ小さくて、何もわかりませんでしたが、みんな一生懸命に祈っていたようです」

翌十九日は例大祭。赤倉山神の「生き神」として祀られている永助様こと太田永助が行方をくらましたとされる日で神楽や獅子舞が奉納される。

例大祭が済んでから泊まりがけで岩木山に登拝することもあった。佐々木さんが神主の一行と共に、岩木山の山頂をはじめて極めたのは十七歳の夏。以来、何十回となく登っている。永助堂で仮眠をとり、深夜二時ごろ出発し、山頂で御来光を仰ぐ。

それだけではなかった。白装束を身にまとい、赤倉沢の「不動の滝」に打たれて滝行をするようになった。落差数メートルの滝である。

「上から落ちてくる水は、冷たいというよりは痛かったです」

――滝に打たれて、どんな心境なのでしょうか。

穿鑿《せんさく》するようで不躾な質問に思われたが、聞いてみた。

「懺悔の気持で打たれます。打たれたあとは身も心も楽になります。禊です」

佐々木さんが滝行を一時中断したのは昭和三十九年夏、三十歳のときだった。平間ハルというカミサマが土石流で死亡した遭難事故がきっかけだ。遺体はバラバラになって発見されたと言われている。

「山が穢れるというので三年ばかり中断しました。そのあと、また行きました。松衛さんが占って、行っていいと言われて行きました。それはカミサマのお告げです。ほんとにカミサマ、永助様は自分の親だと思っております。悩みとか困ったことがあったときは何でも、カミサマに頼っていままで生きてきました。例えば他人から腹の立つようなことを言われても、それはほんとうなのかどうか、カミサマに伺いを立てるのです。そうすれば言葉には聞こえないけれど、どうすればいいかがわかります。私は腹を立てたことがありません」

顧みれば、佐々木さんは幼少のころから信仰一筋、数奇な人生を歩んできた。八十三歳とはとても思えないほど声に張りがあり、気さくなこざっぱりとした感じで、私との会話中も笑顔を絶やさない。祭壇の前に座り、聞けばおどろおどろしい話の内容であるにもかかわらず、南部衆の気質とでも言うのだろうか、自虐性のない常に前向きに生きる姿勢が伝わってくる。

「三歳のころから父母と離れて、父方の祖父母に育てられました。父は会社員で社宅から通勤していました。私は長男の子どもでしたが、祖父母が離さなかったようです。父の実家は神社でしたから池や滝のかかった広い敷地で育ちました。私は神主の手伝いをしていました。境内には禊するための小屋もありました。私は境内を流れる湧き水で禊をしました。母の実家は医者でした。母は十七、八歳で嫁に来るまで実家で医者の手伝いをしていました」

現代の社会では想像しにくいかも知れないが、個人の判断が家父長制や地域共同体の規範に縛られることの多い時代だった。神社で手伝いながら育ったことが、そのまま佐々木さんの敬虔な信仰心に繫がっていた。

「母とは何年も会わないでいた。十歳になるかならないかのころでした。母が亡くなる日でした。母が会いたいと言うので、迎えに来た父に連れられて会いに行きました。母は実家で寝ていました。たぶん、私が思うに、医者をしていた母方の祖父に見放されたので、私に会わせるため父が迎えに来たのでしょう。母は二十九歳でした。その晩、母と枕を並べて寝ました。母は紐を立て結びにして浴衣を着て、手ぬぐいを被り、白足袋を履いて頭を北向きにして寝ました。私はそのとき『逝くな』と泣き叫びました。母は驚いた様子で、一瞬、眼を開いたが、それっきり逝ってしまいました。つぎの日、父がこれを見ろ、と言って、見せてくれたのは、母の脇腹に開いた、何か、動物にでもかじられたような穴でした。手を突っ込めそうな大きさでした。穴の縁に毛がついていた。被せてあるさらしには血が滲んでいた。眼には見えない、恐ろしいものにやられたのだと思う」

何の親孝行もできなかったと、佐々木さんは悔やむ。

――何か、動物に噛まれて、それが原因で亡くなったということですか。

「原因はわかりません。父はその点について何も言わなかった。敗戦の直前、若者たちは戦争に借り出された時代だった。母は岩手県の人でした。私は二十一、二歳で嫁に来るまで父の実家で神社の手伝いをしていた。戦争に借り出されていく若者たちが戦死しないようにと泊まりがけで拝みに来ていました。断食したり禊したりしているのを見て育ちました。嫁に来て四年ほどして子どもが生まれました」

佐々木さんは幼くして母を失い、惨めな気持だったという。以後、毎年五十年間、供養を欠かさずつづけた。自分が体験した不幸を他人には体験させたくないし、自分でもやり場のない気持に耐えて種市に通い、ひらすら「行」をつづけた。

「行」には断食の「行」、無言の「行」がある。夜の十一時ごろ、母屋のある神社から二キロメートルほど

自宅の祭壇を前に語る佐々木きぬさん

離れた、御神水の湧いている別宮の堂舎に出かけて行き、禊を済ませて太鼓を叩いてから行に入る。無言の「行」は、鉢巻して九日間、会話をしない。

「断食もしました。つらいのは無言の『行』です。無言の『行』をしながらもちろんカミサマを拝みます。無言の『行』のときは周囲の人たちも気を使って話しかけないようにする。食事はおいていきます。自分の気持とは別な無の世界に入ります」

——そういうふうになれるものですか。

「なります。雑念が何も入らない世界です。お腹がすいたとか、ご飯を食べなければならないとか、そんなのも何もない、それが無の世界です」

——なかなか難しいものなんでしょうね、修行ですから。

「ひたすら拝みます。難しいことはひとつもありません。カミサマに自分で誓ったことですから、難しいとか、そういうものではありません。雑念はありません」

「行」を済ませて午前三時ごろ種市の母屋に戻り、境内を掃除し、六時ごろから宮司の松衛にしたがい、拝殿で祈禱をささげる。朝食後、信者の来ないときは、松衛夫妻と三人でリンゴ畑に出かけて作業を手伝った。

「リンゴの実を回して、陽が当たるようにしたり、袋を掛けたり剝がしたりしました。何十年にもわたり、通いつづけました」

種市に行けば、何日間かは滞在する。松衛夫妻はいつも親切だった。いまも佐々木さんの祭壇には、種市の御神水と共に松衛夫婦の遺影が奉安されている。

——いまある水はいつ汲んできたのですか。あすこの御神水は腐らないと言われているけど、やっぱりそうですか。

「そう、例えばですが、十年経っても腐りません。いまの御神水は去年汲んできました」

——毎日飲んでいるのですか。

「お水は食べものによって頂いたり頂かなかったりします。毎日飲んでいるわけではありません。飲むか飲まないかは、自分の気持で決めています。お願い事をするとき、お水は飲みますが、魚は食べません。精進料理を食べます。水はドブ臭くて飲めなくなるときがあります。そのときはカミサマに上げて自分で『行』をすれば水はきれいに元通りになり、それを頂きます。一滴も捨てたことはありません。カビ臭くなっても、それは何を知らせたくてそうなったのか、カミサマに祈ります。そうすれば答えがわかり、水は元通りになります。一週間とか祈ります。目には見えませんけど、カミサマを親以上に信頼しています」

——御神水の色が変わると言われていますが、そういうことはありましたか。

「お水はきれいになったり濁ったりして、人によってさまざま違います。私はお水が赤くなっても捨てたりはしません。種市に持って行き、占ってもらいます。赤くなったことはいままでに何回もありました。私が祈ってきれいになったときもある。自分が旅立ってからでも家族を守るため、欠かさず祈っています。毎年、家族で種市に行き、拝んでもらいます」

家族は娘二人、孫四人、曽孫一人。結婚して四年ぐらいの間、子どもができなかったとき、他所《よそ》からもらって育てた男子がいる。一人前になって嫁をもらったが、四十代で亡くなった。

「会社を経営していたのですが、胃癌で亡くなりました。他所からもらった子どもを育てると自分にも子どもが授かるというのでもらって育てました」

――その子どもはカミサマに祈ってもだめでしたか。

「それが病気を子どもはぜんぜん話さなかった。それで私にもわからなかった。胃癌は治らなかったのですか。

ので、ときどき持って行ったりしていたのですが、痩せたナ、って言ったら、なーに、朝野球やってるから大丈夫だと言っていたんです。顔も何も痩せてしまって医者に行ってみろ、って言っていたのですが、行ったときはもう手遅れでした。どうにもならなかった」

父再婚、妹が生まれる

父は佐々木さんの母が亡くなって、ずうっとあとに後妻を迎えている。すぐには再婚しなかった。

「早くに再婚すれば私に寂しい思いをさせるからと、ずうっともらいませんでした。私が神社で手伝っていたら、下がって来い、下がって来い、実家で、お母さんをもらう、と言って迎えに来ました。何のお母さんよ、って、私も驚きました。父はもうそろそろ私も大丈夫だろうと考えて、もらったのでしょう。私が二十歳ぐらいのときです」

生まれた異母姉妹の妹は発語と歩行が不自由だった。発声はできても言葉にならない。聴覚はあった。いつも座ったままで笑いもしなかった。

「公共の病院が研究材料にしたいとの理由で高額を提示し、引き受けたいと言ってきたことがありました。父は絶対にそういうことはしないと何度も断った。不憫であればあるほど放したくないと話していた。どうしたらいいものか、困って、種市のカミサマに聞きに行きました」

前世の霊が憑いているので供養しなければならないとのことだった。これは迷信を利用して信者を騙す霊感商法の台詞そのものである。しかし、言葉は使いようで悪用にも善用にもできる。幸い、種市のカミサマは成立したときから一貫して後者の立場をとっていた。この世に現れて以来、邪宗と見做された時代もあったが、常に市井の人たちの味方で困ったときの救済に当たってきた。

霊を供養するのはカミサマにはできないので寺にお願いしなさいとの託宣が下りた。佐々木さんは八戸市にほどちかい南部町の長谷寺に通った。当時、高野山で二年間修行したという和尚がいた。その和尚にも、種市のカミサマと同じように、何代か前の霊が妹に憑いていると言われた。妹の病気は怨恨による、その霊の仕業だった。

「三年三ヶ月通いつづけました。カミサマが治せなくて仏様の長谷寺に行ったわけです。和尚さんも、難しいナ、これは、通せるかナ、と言っていた。でも、三年三ヶ月やり通しました。寒い日も欠かさず毎日、長谷寺に行き、拝みました。和尚様も拝んでくれます。だいぶ経ってから和尚様が言った。あれっ、歩く姿が見える、って言ったのす」

奏功したのか、ようやく霊が抜けていった。異母妹は口が利けて歩けるようになった。近所の子どもたちと同じようにランドセルを背負い、学校へ通った。

医学の研究対象にされようとした妹が、治療も受けないのに病気が完治したことで、その噂を医者が聞きつけて不思議に思ったらしく、父を訪ねて来たことがあった。

父は医者にこう話した。

「大きい娘が懸命に祈ってくれたので治りました。神や仏の力だと思います」

「大きい娘」とは、すなわち佐々木きぬさんだ。

佐々木さんは長谷寺と種市の赤倉様に行き、感謝をこめて祈禱をささげた。赤倉様の宮司・松衛は佐々木さんに言った。

「眼に見えない神仏はあるんだよ。お祈りをつづけた、貴方の信が通ったんだよ」

祈願が成就したわけである。妹は昭和三十一年（一九五六）生まれ、今年（二〇一六）数えで六十一歳。いたって健康である。佐々木さんとは二十二歳離れている。昔であれば早婚が当たり前だから、その年齢差は親子ほどの隔たりと言っていいかも知れない。

「妹はかわいい娘でした。いまも美人です。子ども、つまり姪ですが、姪も美人です。スチュワーデス（客室乗務員）をしていましたが、いまは、教える方に回っているようです。こうして家族が元気でいられるのも信心があればこそです。種市様には感謝、感謝です。毎年、例大祭には欠かさず行きます。親に会いに行くような気持で嬉しくなります」

——お父さんはその後どうなったのでしょうか。

「父親は急性肺炎で亡くなりました。六十八歳でした。寒いとき医者にも行かず、梅のお湯を飲めばいいとか言って、熱を出し、それが何日もつづいて、おしゅっこの毒が体内に回って亡くなりました」

佐々木さんはいまもひと月に一回、娘や孫にも三日間ずつ、食べものを厳しく制限している。肉や乳製品、卵はもちろんのこと、魚介類など動物性のものは摂取しない。野菜はニンニク、長ネギ、玉ネギ、ニラ、ラッキョウ、行者ニンニク、アサツキなど臭いのきつい禁葷食は避ける。

日々、感謝の気持を失わず

佐々木さんのように一心不乱に修行を重ねた信者は、普通の人の眼には映らないものも見えるようになる。常人からすれば、幻覚や妄想と言われる類かも知れない。

「種市で『行』をしていたとき、朝三時に起きて清水に行き、白い半纏を着て鉢巻を締め、小屋で禊していたら、誰か歩いて来る人の姿が見えました。小屋に入っては来なかったので会話はしなかった。宮司の松衛さんが励ましに来たのかと思いました。『行』を済ませて母屋に戻ってからそのことを話すと、行かなかったとのことでした。それは永助様だ、いやいや、カミサマの姿を見ることはなかなかない、と言われました。禊したときの半纏を見せなさいと松衛さんに言われたので、改めて見ると文字が書かれてあった。私には読めない文字だった。背中に縦に書かれてあったのですが、何年かして消えてしまった。その半纏はいまも大切に仕舞ってあります」

佐々木さんは種市のカミサマの開祖・永助様は死んではいないと信じている。御神水（清水）の湧き出ている別宮の境内で、水守の爺さんから、永助様が赤倉沢の方角へ飛んで行った目撃談を聞かされたのは昭和十九年（一九四四）だった。

永助様は旧暦八月十八日から例大祭が行われる十九日にかけての深夜、午前〇時前後、発光体となって姿を現す。カミサマの光だから慈光とでも言うのだろうか。何人もの信者が確認している。佐々木さんの場合は、他の信者と異なり、見えたり見えなかったりするのではなく、毎年、来臨するというのだ。たとえ肉眼では見えなくても心眼で見ていた。

「去年は観音様を見ました。今年（二〇一七）は豪雨で死人もたくさん出た年でした。災害があることを教えてくれたのだと思います。鰺ヶ沢のほうへ背を向けて岩木山を向いていました。清水でお祈りしていたときです。あれは後光が射した観音様の姿でした。赤倉沢の上に立っていました。毎年いろんなのを見せてもらっています。ニワトリの姿になっていた年もあります。毎年、永助様にいろんな形で逢うことができます。私みたいなものにも見せていただいていることに感謝しています」

佐々木さんはカミサマに受け入れられるような人間でなければだめだと思っている。

――種市のカミサマを拝むと気持が安らぐのでしょうか。

「お参りして、まず最初に浮かぶのは感謝の気持です。お参りしたくても来れない人もいます。来ることができた自分が幸せだと思います。この幸せをみんなに分けてあげたいと思うのです」

例大祭の前夜、永助様が光となって果たして現れるかどうか、私が佐々木さんの傍で立ち会った。場所は、清水の湧き出ている別宮にある奥の院の裏手だ。水田地帯が広がるその向こうに岩木山が見える。

この年の例大祭は十月八日。七日が前夜祭で、八日にかけての深夜に岩木山の赤倉沢から光が飛んでくることになっている。出店が立ち並び、日中は子どものダンスや民謡などさまざまな催し物が行われる。道南や関東、東北各地から信者が訪れ、準備を手伝っている。遠方からの人は宿舎に泊まる。

夜十時すぎには三々五々、別宮に人びとが集まってくる。老若男女、家族連れが、それぞれ参拝する。拝殿に設置された燭台にローソクをともし、その灯火で占うのだ。家族が五人いれば五本のローソクをともす。親類縁者のぶんを加えてもいい。炎の色、勢い、幅、高さなど、その状態を見ながら自分で占う。

午前〇時が近づくにつれ、奥の院の裏手に人びとが集まる。岩木山の中腹から上部は、生憎《あいにく》、雲に閉ざされていた。今年はすでに稲刈が終わり、稲穂のそよぎはなかった。去年の例大祭は九月十九日であり、今年より二十日ほど早い。光が降り立つ前に稲穂が一面ざわついたということだ。

永助様が飛び立った明治十五年旧暦八月十九日は、現在のグレゴリオ暦では九月三十日にあたる。言い伝えられているように稲刈のさなかだったことが頷ける。

「期待したからといって見れるものではない。見たいからといって見れるものでもない。カミサマが相手を選んで見せてくれるんだ」

信者の誰かがそうささやくように話す声が聞こえてきた。三十人ほど集まっていただろうか。〇時をすぎると、あっ、あれがそうかナ、見えた、見えた、などと言い出す人も現れた。

「あっ、横サ移動した。あれがそうだベナ。違うかも知れないナ、いや、自動車の明かりかも知れないナ」

それぞれが思い思いのことを口走っている。

佐々木さんは娘さんと二人で来ていた。折りたたみ式の椅子に腰かけ、雲のかかった岩木山に向かい、「サイギサイギ　ドッコイサイギ（懺悔懺悔　六根懺悔）」という、岩木山を登拝するときの唱文をひたすら呟きながら合掌した。

懺悔懺悔　六根懺悔
大山八大　金剛道者
一々礼拝　南無帰命頂礼

小館衷三著『岩木山信仰史』（北方新社）によると、この唱文は江戸時代のはじめころのものだそうで、いまはそれが変化し、つぎのようになっているという。

祭儀祭儀　同行祭儀
御山に初田饗　金剛堂さ
一々名告拝　南無帰命頂礼

その意味は、前掲書から引用するとこうだ。

神様のみ前に　心を浄めて参りました
今年の収穫を捧げて参りました
お宮に一人一人　全身全霊を捧げて感謝いたします

佐々木さんの唱文は草間にひそむ虫の音のようにか細く、その節回しは祭りで聞き慣れた旋律とは異なり、粗野な感じが微塵もなくじつに洗練されている。私は思わず、耳を澄まして聴き入った。可憐で品格があった。我を忘れて、ひたすら祈るその声は神業とも思えるほどで、深夜の闇を突き抜けていく清音の言魂だった。私には歌のように聴こえた。

唱文にある「御山」を、佐々木さんはときおり「赤倉様」に入れ替えて歌っていた。一時間ほど歌いつづけた。ときどき合いの手のように「一心」という言葉を入れた。後日、なぜ「一心」という言葉を挟むのか、佐々木さんに聞いた。それはカミサマの光が見えたときだった。

「ああ、お不動様のところまで降りて来たんだが、ああ、あすこで停まった、一心、一心、ああ、降りて来ないナ。どうしたかナ、一心」という具合だ。その言葉は誰に語りかけているのでもない。自らとの対話で発せられた言葉だった。

「お不動様」というのは赤倉沢の「不動の滝」のある場所だ。「ああ、降りて来ない、停まったまま、どうしてかナ、一心」なかなか降りては来ないようだ。喉元まで出かかっているのに出てこないというもどかしさにも似て、カミサマの光は「お不動様」から下へは姿を見せなかった。

佐々木さんはもどかしさに耐えながら必死で祈禱している。

「ああ、奥の院に入った」

光として姿は見せなかったが、カミサマを感じたというのである。

佐々木さんより先に娘さんが感じとったという。

帰るとき、歩きながら私は聞いた。

「光が見えなかったのはどういうことですかね」

「よくはわからないけど、来年、何かよくないことがあるかもしれません。なければいいけど」

つづけて佐々木さんは独り言のように口ごもった。

「日本の国内で起きるのか、世界で起きるのか。何もなければいいが」

〈佐々木きぬ　昭和九年生まれ〉

逆境をバネに

リンゴの産地で知られる板柳町。地理的には津軽平野のほぼ中央に位置し、岩木川を挟んで永助様の生誕地・種市と向かい合っている。生前、何かと奇行の多い永助様だが、寒中に、凍結した岩木川を潜水泳法で対岸に渡ったという逸話もそのひとつだ。

当時、川の流れは凍っていたので歩いて渡ることができたという。永助様は家から川岸に出て、凍った川面にごろ寝して体温で氷を解かし、そこから水中に潜って泳いで対岸に渡った。もちろん対岸も凍結しているので、自らの体温で水中から表面を解かして外へ出た。見物人が一様に仰天したのは言うまでもない。

話は面白おかしく、尾ひれはひれがついて伝えられることは往々にしてある。この話を聞かされた私も、永助様は飛神となって、後世の人たち（民衆）に神格化されるほどの存在だから、川面が凍る冬に水中を泳ぐことも可能だったにちがいない、不死身なのだから、と思わずにはいられなかった。カミサマとして祀られている永助様だから、真偽のほどは別にして、そういう逸話のひとつふたつあっても不思議はない。

渡ったと言い伝えられる場所は、岩木川にかかった「幡龍橋」の付近で、一説には永助様が橋をかけたとも伝えられている。永助様は畳の幅ほども肩幅が広く、頑丈な体格と怪力の持ち主だったので、自ら、丸太を担いで運び、橋をかけたのだとか。

畳の幅は縦三尺横六尺だから、かりに縦の三尺にしても人間ではありえない。怪物である。だからこそ、カミサマにもなり得たのであろう。ついでながら、荒唐無稽な話のあやに「幡龍橋」を「永助橋」とでも名づけたら、なおさら面白い。岩木山が端整に見える場所である。

「幡龍橋」は明治二十三年に開通している。木造だったころ「木橋」と地元では呼ばれていた。「幡龍橋」は当初、通行料をとっていたという。「幡龍橋」の「幡」は最初は部首が虫偏の「蟠」だったが、のちに巾偏に変わっている。蟠龍はとぐろを巻いた龍を意味する。現在の鉄筋コンクリート製の橋が完成したのは昭和五十四年である。*1

「永助様は一般の人たちから見ると、理解できない、馬鹿げたことをいろいろしています。家の中で囲炉裏の火に頭を突っ込んだとか、寒中の氷の張った岩木川を泳いで渡ったとか。それは『火行』『水行』なのです」

リンゴ園に囲まれた、田山はる子さん（仮名）宅を訪ねたとき、田山さんはそう語った。話を拝聴しながら私は、如何様《いかさま》（なるほど）、と思った。ちなみに、囲炉裏に頭を突っ込んだ「火行」や寒中の「水行」、他にも、永助様にまつわる出来事は『赤倉山の大神さま』と題する、太田家に伝わる覚書に記されている（巻末資料参照）。その覚書によれば、明治十五年旧暦八月十九日（村誌『にいな』と年度が異なる）に「赤倉山大神」というカミサマになっている。

「永助様は人の姿をしてはいますが、中身はカミサマです。カミサマが天から降りて来たのです。だから、私たちからみると不思議なことでも実行することが可能なのです」

田山さんはかなり確信的な表情で私に語った。

永助様は天孫降臨よろしく、この地上に現れ出た、というわけなのだ。たしかに、これだと話の辻褄が合う。永助様は人に変身して、この地上に現れた。そして天、すなわちカミサマ（神仏）の世界に戻り、この地上の人たち（民衆）を見守っている、ということになる。信仰はその二つの世界を繋ぐ架け橋である。

私は田山さんに、永助様を信仰するに至ったきっかけを単刀直入に聞いた。そのときのやりとりをまとめて以下に記す。

——どういう経緯で種市に通うようになったのでしょうか。カミサマに相談しなければならない悩み、苦しみでもあったのでしょうか。

以下は田山さんの独白である。

家庭崩壊

好き勝手なことをする兄が心配のタネでした。結婚して、離婚して、再婚して、また離婚、しまいに家出して、いまはどうしているものやらわからない。悪いことには悪いことが重なり、その結果、きょうだいバラバラになりました。

父は韓国人。二十年前、韓国に帰り、亡くなった。故郷へ死にに行ったようなものでした。日本で死ぬつもりだったようですが、病気で帰国しました。韓国生まれの韓国人です。韓国にも妻子がいました。子どもは三人です。父は韓国社会に反逆して、韓国にいられなくなり、大阪に逃げてきた。日本の学校に入ったこともあります。一時期、韓国と行き来ができなくなるのではないかと心配して妻子を本国に帰し、自分は日本に残り、仕送りしつづけていました。

私の母と、そのころ知り合い、結婚しました。私たちは五人きょうだいです。私は四番目、長男は音信不通です。韓国の異母兄弟も含めて八人です。

父が亡くなったあとで、韓国にいる異母兄弟の兄から聞かされたのですが、父は、自分は反逆者だから死んだら墓はいらない、海に遺骨を撒いてくれと言っていたそうです。でも実際は、立派な墓を建てて埋葬しました。

父はパチンコ店を経営し、儲けました。夫婦で「ダグ」（密造酒）をつくって、また儲けましたが、警察に捕まったりもした。それから養豚業、焼肉店、いろいろやってずいぶん儲けました。稼いだその金は、ぜんぶ韓国に送って二重生活をしていたのです。

私たちの家庭は複雑でした。兄は嫁をもらうとき、父が韓国人だと話したら破談になったことが一回あった。それに、父が母から金を毟《むし》りとって行《い》くのを見たことがあり、父には反発していました。でも、兄はそれ以上に悪い奴だった。

ゴタゴタが絶えなくて、私はそれでカミサマにすがるようになりました。これがカミサマに通うようになったきっかけです。種市に通う一方、大阪のカミサマにも通いました。大阪のカミサマ、これが曲者だった。金品目当ての、たんなる拝みやさんだったのです。

その拝みやさんの一派と知り合ったのは、十腰内にある巌鬼山神社に行ったときです。偶然、出会い、勧誘されたのです。もしかしたら、全国あちこちの、信者が顔を出しそうな神社に網を張って待ち構えていたのかもしれません。

勧誘された私は大阪に行き、「行」をしました。大阪では白装束を着て、滝に打たれたり山を登ったりしたのですが、その修行中に、トシヱさんから電話があった。当時、トシヱさんは種市の実家でカミサマに奉仕していました。心配して電話をくれたのです。

「私、夢を見た。あなたがいつも同じ場所を行ったり来たりしているのでどうしたのかと思いました。何かあったのですか」

「べつに悪いことはないよ」と、そのときは答えました。

それから一年ほど、大阪で「行」をつづけました。ともかくカネ（費用）が莫大にかかった。何をするにもカネをとる。滝に打たれて五千円、お告げをいただくのに五万円、数百万円は使いました。しかも、いまになって言えるのですが、困ったことや悩みのある人がいろいろと私に相談に来ました。地元の人たちです。私はその人たちを大阪のインチキな拝みやさんに導いて、巻き添えにしてしまったのです。例えば、津軽の農家の、昔の人たちは津軽弁しか話せないので、私が意を汲んで伝えた。それで私は、大阪の拝みやさんに叱られました。

「何故、カネをもらわないで、そんなことをするのか」

それは当たり前じゃないかと拝みやさんと喧嘩になった。人助けを口実にカネをとるのか。喧嘩の原因はもうひとつ、息子と娘も入信していたのですが、マナーがなっていないとの理由で怒られました。

「津軽の人間はぜんぜんマナーがなっていない」

大阪のインチキ拝みやさんは、私たちが自分を敬っていない、と言うのです。自分を誰だと思っているのか、と言わんばかりの高飛車な態度で、私たちにたいする口の利き方も横柄でした。

そのときの喧嘩がきっかけで、私はその拝みやさんとは絶交しました。そして、対決しました。でも、娘も息子も兄も母も、すっかりマインドコントロールされてしまい、私に反発した。私は家族全員を入信させていました。兄は家族と和解させたくて入信させたのですが、熱心な信者になり、大阪の拝みやさんの組織から脱会した私を敵対視した。行方不明になった兄です。

私はやめてから、請求された金額の多さに驚きをとおり越してしまい、落胆しました。自分の愚かさを知って落胆したのです。その多額のカネを月賦でも払え、土地を売ってでも払え、と強要されました。大阪の拝みやさんは、やれ供養だ、やれ祈禱だ、やれ懺悔だ、と何だかんだ理由をつけてカネを巻き上げる。ヤクザが取り立てに来ました。私は警察に相談した。種市に行き、助けを求めて、トシヱさんにも相談しました。

トシヱさんは「力は大してないけど、がんばって拝んでみる」と、無知な私の身代りになって「行」をした。水垢離をとって拝んでくれました。私もトシヱさんだけに任せてはおけないと思い、肉や卵、そのほか玉ネギ、ネギ、ニンニクなどを絶ちました。

大阪の拝みやさんは年齢が六十代で寅年生まれの女性です。種市のトシヱさんのところに連れて行ったことがあります。

「ここが私が通っている神社です。どうぞ見てください」

「ここには力がない。何もない」大阪の拝みやさんは声を張り上げて言いました。

「何がカミサマか、カミサマなんか何処にもいない。何の力もここにはない」

たぶん、あの拝みやさんは詐欺師です。癌で亡くなりました。罰が当たったのかもしれません。

私は大阪のいかがわしい拝みやさんのしつこい災いから逃れられることができて十年になります。

トシヱさんはそのころ、一週間にいっぺんぐらいの割合で千葉から種市に泊まりがけで通っていました。トシヱさんの夫は医学博士で千葉大学の教授です。

私は馬鹿で、とにかくお金をかけさえすれば、カミサマが悩み事を解決してくれるものと勘違いしていました。世の中、万事金次第と思っていたのです。カミサマを町医者みたいに、金儲け主義者と思っていました。もちろん、良心的で善良な医者もいないわけではありません。しかし、お金がなければ生きてはいけない世の中です。

でも、種市のカミサマのおかげで救われました。欲がなくなり、徳を積む心が少しですが身についたような気がします。

カミサマ、それは永助様のことです。永助様は私の誤った考え方を直し、性格を変えてくれました。結果を求めるのではなくて、まずは自分を変えなければならない、ということを教えてくれました。壊れていた家族関係も円満になり落ち着いてきました。この何年間かを振り返るとそう感じます。

種市のカミサマに救われる

私は高校卒業後、美容学校に通い、卒業してから故郷を離れ、美容院に四年ばかり勤めたのち実家に戻って開業しました。夫とは美容院で働いていたころ知り合い、結婚した。

夫は仕事を辞めてから兄と組んで一時期、車のディーラーをはじめました。その後、私たちは離婚、夫はディーラーを廃業、兄は最初に話したように音信不通の状態です。

私はいま、息子一家と同居しています。孫もいる。息子は大阪での拝みやさんの一件がトラウマになっているようで、口を出すと反発するところがあります。でも、それもこれも私が招いた災いです。息子は、そこからどうにか這い上がった。

大阪の拝みやさんに払った費用は、自分の愚かさに気がつくまでの授業料だと考えるようになりました。美容院で稼いだカネは全部、大阪の拝みやさんに持っていかれました。借金までした。トシヱさんや、トシヱさんのお父さんは、カミサマを飯のタネにするものではないと言っていた。別の仕事をしながら努力すればいいと言うのです。たしかに、カミサマを商売にする人たちはいます。私はカミサマの信者ですが、悩みがあって私を訪ねて来る人は、みんな種市に連れて行きます。

私の場合、悩みがあるときは、赤倉霊場にある永助様のお堂ッコ（永助堂）に行き、お祈りする。結果を問わず「行」をする。もちろん肉、卵などは摂取しません。三日、五日、七日、十日、これ

出雲大社／島根県出雲市（写真提供：読売新聞社）

はカミサマの数字と言われています。結果が出るまで精進します。永助様の御神水もありがたく使っています。水が汚れたり、黒くなったり赤くなったり、出てくる色によってさまざまなお告げがあります。

数年前の冬ですが、旧暦十月十八日、出雲大社に行ったカミサマが種市に戻ってくる日です。神無月といって、十月は地方のカミサマが出雲大社に集まり、地方ではカミサマが留守になります。十八日に戻ります。種市のカミサマも十八日には戻ります。

この日、車のスリップ事故を起こしました。車が雪道で回転し、塀に激突、大破した。エアバッグが二つ飛び出し、私は無傷でした。しかし、娘の車に下げていた赤倉様のお守り、木製の札ですが、これが割れていました。新しいのと取り替えましたが、私を守ってくれたのだと思います。

何はともあれ、日ごろからの信心を絶やさないことが大切です。トシヱさんは他人のために「行」をし、自分を犠牲にして祈っています。すべてがカネの世の中ですが、私も商売の資金繰りに困ってカミサマに相談したことがありました。願いが通じて、それは解決しました。

そのころからすでに、肉や卵は食べたいと思わないようになっていました。肉や卵を食べなければ死ぬべナという人もいます。でも、それもひとつの努力です。努力をすれば、カミサマが後押ししてくれる。私の場合は、肉や卵を食べたりすると悩み事が解決しない。味見してもだめです。つぎからつぎと悩み事が生じるので、いつも精進していなければなりません。それも苦にはなりません。

私は去年の秋まで、弁当屋の商いもしていました。いまはやめましたが、漬物やしとぎ餅をこしらえて出していた。食べものを扱うのですから、指輪やネックレスを身につけるのはよくないと思い、占ってもらいました。

「指輪やネックレスはしないほうがいいですか」と御護符に書いて三方に載せます。それをトシヱさんがカミサマに聞いてくれるのです。そしたら、御護符に粒のような白点が入った。正解というわけです。心がいらついたり怒ったりしているときはお告げが得られません。お告げが出ないのです。だから常日ごろ、平静な心でなければならない、ということなのです。ともかく、そういう心を持ちなさい。

世の中、おカネは必要ではあるけど、それだけではない、ということを言っているのだと思います。当たり前だと思うかもしれませんが、このことが身についている人は意外と少ない。私は以前のようにはカネに執着しなくなりました。何とかなるサ、と思うようになった。そのせいか、心身共に安定してきた気がします。ある程度、悟ったのでしょうか。

こういうふうになるにはいろんな経験をしたし、加えて、精進することの大切さを知りました。何だか宗教がかっていると思うかもしれませんね。そんなことに頼るのは弱いからだと言う人もいます。そうです、世の中には弱い人もいます。私がそうだったでしょう。でも、救い導いてくれる人もいます。信仰を否定したからと言って、それがどうだというのでしょう。生きることが大切です。私は素直に自分を見つめることで、失敗や悩みを他人のせいにはしなくなった。まずは、結果より自分を見つめ直すことが大切です。

カミサマは悩みを救う

私は経験上思うのですが、種市のカミサマ、赤倉様、永助様は悩み深い、行き場を失った、どうにもならない人が最後に行き着くところです。

私は種市のカミサマによって救われました。人と人との出会いは不思議です。トシヱさんと知り合い、私もこういう人になりたいと思った。トシヱさんは立派な方です。絶対に自分を売り込まない、大阪の拝みやさんとはまったく違う。トシヱさんのような人とは、いままで知り合ったことがなかったのです。心を開いてお話ができる人です。あんな人はいません。最終的には、人は心だということを教えてくれました。もっと前から知り合っていればと思った。足の引っ張り合いで生きてきた、自分のひねくれた心に気づかされたのです。ものごとを批判的には捉えないようになった。マイナス思考をプラス思考に変えてくれた。

私は最初、トシヱさんにたいしても警戒心を抱いていました。大阪の拝みやさんからひどい目に遭ったから、どうしても信じられない部分があり、反発していた。でも、その一方で、助けてほしいと願っていました。

トシヱさんは御護符、紙片ですが、それをポンポン叩く。最初、何やってるんだべと思って見ていました。また騙されるのではないかと不安になったほどです。すぐには、お告げが出なかった。自分の努力が足りないときは出ないのです。あの御護符は不思議な紙片で、青とか赤とか色だけでなく顔まであぶり出される。願い事や「行」をするときは飲酒もだめです。「行」をすればするほどいい結果が出る。

「行」をするというのは努力を積み重ねるということです。努力しなければカミサマは結果を出しません。例えば、パチンコで勝つためのいろいろな本が出版されています。普通の人はそれに惑わされる。たくさん読んだからといって勝てるわけではありません。理屈や知識だけではないのよ。

悩んでいる人がすぐにカミサマを信じて騙されるのは、現に私がそうでしたが、結果を求めるからです。口先だけのカミサマもいます。しかし、本当はそういうものではありません。要は、何ごとも自分が努力することです。自分で努力もしないでカミサマにだけ頼っても、カミサマは相手にしてくれません。お告げが出ません。

あすこのカミサマは当たるとか、当たらないとか、世間は結果だけをとり上げて過程を問題にしないのはおかしい。その過程や心情を誰も言わない。赤倉様は違います。赤倉様は、いまの世の中を、このままではだめなので何とかしようとしているのです。そのためにはお金を偏重するこの世の中で、お金のない、弱い人たちを助けなければならない。いまの世の中は悩みが絶えない。私は自分の経験からそう感じています。

トシヱさんは悩みを抱える人たちが絶えず訪ねて来るので、食事もままならぬほど、粉骨砕身の日々を送っています。少しでも世の中をよくするために、と願っているのだと思います。私にはわかります。

私の友人が癌になりました。友人に代って、私は西へ向かって願をかけ、ご飯を供えたりしました。それでも友人は癌が治りませんでした。トシヱさんに御護符で占ってもらいました。友人の先祖の顔があぶり出されたのです。成仏してはいませんでした。それが原因で友人の病気は治らず、亡くなったのです。

トシヱさんの祈禱で、その先祖の方も友人も成仏できました。本当にありがたいことです。感謝しています。

〈田山はる子（仮名）昭和三十二年生まれ〉

（註1）幡龍橋に関する記述は『岩木川治水80周年記念誌「津軽平野と岩木川のあゆみ」』（国土交通省）「3　岩木川流域の地域社会」を参考にした。

第四章　憑依を祓う

悪霊退散

あまた支流を集めて津軽平野を貫流し、日本海に注入する岩木川は流路延長一〇二キロ。その河口に十三湖がある。津軽平野一帯が入海として内陸に侵入していた昔、「安東船」と呼ばれる二帆大船で中世の日本海を支配し、大陸とも交易していた安東水軍の栄枯盛衰を偲ばせる十三湊のあった場所でもある。室町時代には「三津七湊」[*1]のひとつに数えられていた。

それより時代を遡ること「前九年の役」で大和朝廷側に敗れた安倍貞任の二男・高星丸《たかあきまる》は岩手から津軽に逃れ、安東を名乗り、藤崎城を築いた。そののち帆船技術を活かし、再興を果たしたと伝えられる。しかし、そこには歴史的事実と照らし合わせて、信憑性に疑問の余地があるとも言われている。[*2]安東氏が十三湊を拠点に、南部氏に支配を奪われるまでの三百数十年間、その繁栄をきわめた発祥の地が藤崎（南津軽郡藤崎町）である。

一方、わが国では河川水運は古代から行われていた。岩木川も例外ではない。川が物資の運搬や

安倍、安東発祥の地とされる藤崎町にある、その記念碑

交通を担っていた時代は、陸上交通が取って代る近代までつづいた。

現在の弘前市に隣接する南津軽郡藤崎町の、岩木川支流の浅瀬石川と平川との合流点にかかった平川橋のたもとにある「舟場」という地名が、水運がさかんだった時代の名残をいまにとどめている。

春夏秋冬、外観は美しい津軽の田園風景である。しかし、そこに暮らす私たちの社会には、時代とともに絶えることのないさまざまな確執が渦巻き、災厄の原因をつくり出している。その災厄からの脱出、救済を願い、素朴な気持でカミサマを頼る人は少なくない。

安達知郎弘前大学講師の「赤倉を中心とした民間信仰に関する調査」（平成二十五年三月十八日研究成果発表会）によると、「30代以下に比べ、40代、50代、60代の方がカミサマにポジティブイメージをもっている」「男性に比べ、女性の方がカミサマにポジティブイメージをもっている」との結果が出ている。この調査では、信仰を文化の象徴として捉えることで観光資源の可能性についても言及している。

津軽では俗に、カミサマといえば祈禱や霊媒、卜占に携わる人、のみならずその背景にある霊的存在をも含む幅広い信仰の概念として使われる。どこそこのカミサマは当たるとか、当たらないとか、大方はそういう言い方をする。

　ところが種市のカミサマ、すなわち赤倉様にかぎって言えば、「力をもらう」という言い方をしている。悩みを打ち明け、それに対する救いと導きの力を授かるのである。

七転び八起きの家運

工藤邦子さん宅から種市のカミサマまでは、水田地帯に延びる農道を車で走れば十五分ほどでつく。十六歳のとき両親に連れられて通いはじめてから五十年あまりになる。それ以前、両親はべつのカミサマを信仰していた。

「私が幼稚園に通っていたころでした。藤崎町でアイスキャンディ屋を開いて成功したんです。大儲けし、札束を簞笥に詰め込んで貯めていました。毎日の売上金をリンゴ箱に入れて背負い、家まで運んでいました。板柳町の爺さん婆さんが、皺くちゃになった札を伸ばしに手伝いに来るほどでした。儲けたのはいいのですが、信仰に嵌ってしまい、落ちぶれたのです。食うのも容易でなかったほど貧乏のどん底でした」

　商売そっちのけで信者の勧誘に歩き回ったり、教団内での地位を高めるには費用もかかる。商売で儲けた利益を、信仰という名の教団に注ぎ込んだのだから貧乏にもなるわけだ。収奪されたと言っていいかも知れない。

　アイスキャンディ屋はつぶれ、残ったのはアイスキャンディの棒だけだと言われて世間の笑いものにされるほど何もかも失い、家族で青森に転居した。青森では瀬戸物屋を営み、また大儲けしたが失敗。今度は弘前に移り、食料品市場「虹のマート」で魚屋を開いた。しかし、これも失敗した。顧みれば、工藤さんの父は繁盛と零落を繰り返し、七転び八起きの人生だった。

工藤さんの兄・誠さんは小学校をそのたびに代えている。藤崎、青森、弘前と三回転校した。最終的に、家族は弘前に落ち着くことになる。

「母の実家は板柳の農家でした。母は惣菜屋をやったりしましたがうまくはいかなかった。父は、弘前にある親戚の肉屋に勤めていて板柳から通っていました。小学校五年のときです。家族全員で団結して、弘前に一軒家を借りて移り、また商売をはじめました。そのころです。私のきょうだい、男ふたり女ふたりが亡くなりました。私の両親は男女合わせて十人の子どもを儲けたのですが、四人亡くなり、そのあとまた一人亡くなり、いまは五人です。上から兄と姉、私が三番目です。このままでは、また誰かが死ぬかも知れない。それで当時、種市様の信者だった伯母にすすめられたのです。それまでの信仰をやめて種市様を拝むようになりました。弟が五歳のとき、冬でしたが、脱腸を治してもらったことがあります。弟は痛みに耐えかねて火がついたように泣きつづけることがありました。局部が拳大に腫れ上がって光沢を放ちます。それを父が揉みほぐしながら元に戻すのです。小学校に入学して体力がついたら手術することにしていたのですが、失敗して死んだ例があるという噂を父が聞きつけ、それが心配で種市のカミサマに行きました」

種市は岩木川を挟んで対岸の青女子という集落から二キロほど下流の村である。「幡龍橋」がかかっている。板柳の実家から母が手を引いたり背負ったり、患部を揉んだりしながら弟を種市に連れて行った。信じられないことに、拝んでもらっただけで、帰路はなにごともなく母と一緒に独力で歩いて戻った。

弟は現在六十二歳になる。この間、再発することはなかった。種市様を信仰し、中学のとき断食をはじめた。いまもつづけている。毎月最低一回は三日間、年に二回は、種市で一週間つづける。断食の間は塩分も絶ち、摂取するのは御神水だけである。それ以外は口にしない。慣れれば平気だという。

弟のこの脱腸の一件以来、「種市様はやっぱり他のカミサマとは違う」ということで、工藤さんの家族は益々信心を深めた。父母は拝むだけでなく、何かにつけ、商売するにしても種市のカミサマに相談した。トシヱさんの父・松衛の代だった。そのころ弘前にある「丸みストア」という食料品市場に惣菜屋を開いた。

「場所がトイレの脇なので、誰がやっても商売がうまくいかないと言われました。でも、カミサマはいいと言ったのです。私たちは種市のカミサマを信じることで財をなしました。感謝しています」

当時、肥料として扱われていた手羽先に味つけし、商品化したのだ。売れに売れ、青森の問屋から、材料の手羽先を国鉄の貨車に積んで弘前まで運んだ。

「私がまだ嫁ぐ前で二十二、三歳のころでした。保健所がいまと違ってうるさくはなかった。冷蔵庫がなかったので、朝に味つけして、夜、屋根の上で冷やし、翌朝、詰めて店頭に並べます。一文無しから財を築きました。街に土地を買い、家を建てました。いまは、その家に兄が住んでいます。

土地を買うときもカミサマに相談しました。父は種市様に行くときは水を切って（禊・水垢離）行くようになりました」

土地は相場の半値以下で購入し、家を新築した。昭和四十年代後半だった。宅地造成された土地が百坪で二万五千円。翌年、隣接する土地が五十坪で五万円に跳ね上がった。

「ずいぶん安い値段で、土地を入手したのです。不思議でしょう。この不思議はカミサマの力だと思います。父は家を建てるときも大工の件でカミサマに相談しました。私は二十五歳で結婚しましたが、二十八歳のとき原因不明の病気になりました。夜になると、頭が割れるように痛くなります。あまりに痛くて鉢巻をした。それでも治りません。昼には頭痛は治まりますが、吐き出しました。実家に戻ると楽になります。でも、ここ常盤村の自宅に戻るとぶり返すのです。もしかしたら人の妬みや獣の霊が憑いているのではないかと思って種市様に相談しました」

結果、原因が判明した。三種類の悪霊が憑いていた。仏、妬み、獣。仏と妬みの正体はわかるが、獣はわからない。仏については、夫の兄嫁が死んだのに成仏できずに死霊が絡みついている、というものだった。妬みは、父が嵌った教団が速やかには退会を認めないことだった。数珠やら掛け軸やら、信仰に使った小道具を教団に納めようとしても引きとってはくれなかった。深夜、悪霊が屋根を走り回る音や玄関の戸を叩く音が聞こえてきたりして、呪いにかけられているのだと思った。

何枚もの神札を家の中に貼った。しかし、それだけではなく工藤さんは「自分で『行』をして悪霊を剝ぎとってみてはどうか」と松衛に勧められた。悪霊祓いである。「行」をすることで悪霊を跳ね返し、自らを清めるのだ。

自ら、身を清める

秋、工藤さんは深夜二時に起きて、部屋の四隅に御神水を指先で軽く撒いてから、三時までに種市へ着くようにして車を走らせた。到着後、御神水のある禊場で祈禱をささげ、バケツで頭から御神水を五杯かぶる。午前四時には終了する。これを二十一日間つづけた。人それぞれ自分の都合に合わせて修行期間が異なり、五日、一週間、十日、二週間などと決めている。工藤さんは二十一日間の「行」を自らに課した。

「最後の日、『行』を済ませてから、おかげ様で『行』を終わりました、と一人で挨拶しました。そしたら、たまげてしまった。ドッテン（動転）した。真っ黒な丸い塊が、私の足元から空を切って飛んで行ったのです。考えられないでしょ。あのときは、恐ろしさのあまり、震えあがって、毛髪が立ってしまった。これは、経験した人でないとわからないよ」

身体から抜け出た黒い塊が悪霊の正体だった。工藤さんは一瞬立ち竦み、悪霊が退散したことを確信した。その塊は、杉木立に囲まれた禊場の裏側へ飛び去った。裏側は広大な水田地帯で、その尽きるところに、コニーデ型の山容をした岩木山が姿を浮かべている。

翌日、種市様に参拝したとき、工藤さんは顚末を松衛に話した。松衛は工藤さんの労をねぎらい、「それで治った、全部出て行ってしまったよ。よくがんばった」と言ったそうである。

「ウソみたいに治ってしまったんですよ。バレーボールぐらいの大きさの黒い塊でした。あれこそ、悪霊の正体だったんだべナ。トシヱさんの旦那さんも経験したことがあるそうです」

トシヱさんの旦那は先述したように医学博士である。

工藤さんは原因不明の病気が治ってから後年、四十七歳のとき悪風に当たった。中風とも言われる病気だ。当時、花卉《かき》店を開いていた。

「花を仕入れに市場に行ったとき右手がだるくて利かなくなり、持っていた花を落としました。意識はしっかりしていたし、救急車を呼んで騒ぎになり、市場に迷惑かけてもいけないので左手で運転し、かかりつけの町医者に行きました。その町医者が対応できなくて大きな病院に回されました。一月八日でした。脳に当たったそうです。一週間入院しました。夫が私の代りに食事制限して水を切りました。御神水は毎日飲みました」

夫は妻の健康快復を祈願し、肉や卵、ネギ、ニンニク、玉ネギなど、禁じられている食材を絶ち、禊した。納豆と豆腐、油揚げを副食にしていたという。その効果があったのか、手術もせずに工藤さんは助かった。集中治療室を出てリハビリを行い、五月には歩けるようになり退院した。

「私もまだ若かったし、車の運転が好きなので、ともかく、また車で走れるようになりたい一心でがんばりました。以来、二十年ほど経ちますが何ともありません。でも、別の病気が見つかりました。下垂体腫瘍でホルモンのバランスが崩れ、異常に太りだしたのです。そのときの検査で妊娠はわかりましたが流産しました。私には子どもがいません。この件について、カミサマには相談しませんでした。医者に指摘されるまで私自身、妊娠を自覚していなかったのです。薬の効果で腫瘍はなくなりましたが、薬はいまだに飲みつづけています」

父母を胃癌と肺癌で失った。酒好きの父は手術後五年で再発、母も手術後五年で再発し、亡くなった。きょうだいも十人のうち五人が亡くなり、いまできることはカミサマを信じてひたすら祈りをささげることだった。そうすればカミサマは大難を小難にしてくれるという。工藤さんは種市に手伝いに行くようになり七年ほどになる。

——カミサマに帰依するということでしょうか。病気を繰り返したり、年齢を重ねるにつれ、例えば禊することとかは、体力的にもきついのではありませんか。

「中風に当たる以前は、禊をしていましたが、それ以後は、トシヱさんにストップをかけられています。禊は、夏は冷たいけど冬は温かいですよ。食事も粗食で充分です。何の不自由もありません。かえって、肉を食べたりすれば下痢をするので、いまは怖くて食べれない。夫もそうです。トシヱさんは、相談に来る人が多くて食事をとる間もないほどです。近ごろは若い人が増えているようです」

毎年旧暦八月十九日は永助様の祥月命日とされ、例大祭が盛大に行われる。ほかに月命日もある。例大祭のとき、工藤さんは一週間前から精進を重ね、前日の朝から手伝いに行く。月命日のときも、それ以外の日も、よほどのことでもないかぎり欠かさず参拝する。もちろん、自宅での勤行は欠かさない。

例大祭の前夜、参拝に集まる信者に茶菓を出したり、宿泊者もいるので食事を出したり何かと忙しく、工藤さんのように手伝いを買って出る人がいると助かる。午前〇時前後には、岩木山を正面に仰ぎ見る、別宮の奥の院の裏手に信者が三々五々集まり、発光体となって降臨する永助様に参拝する。なかには「サイギサイギ」という参詣登山の唱文を口にする信者もいる。

永助様は光となって現れるのだが、人によって見えたり見えなかったりする。かりに見えたとしても、それぞれ見え方が異なる。見える人でも毎年見えるかというとそうではない。見えない年もあるという。

「去年、うちの兄貴が見ました。面白半分のいい加減な気持の人には見えないんだから、と言っておいたのですが、見えたんだそうです。田んぼが黄金色に輝いて波打ったそうです。私は例大祭の準備で、食事をつくる手伝いをしているので見には行けません。弟は兄貴と違い、強烈な信者です。去年も見ました。ケイタイで写真にも撮りました」

カミサマの神通力

旧暦八月十九日の例大祭や、毎月十九日の月命日に別宮の管理を手伝っていた前任者が引退したので、そのあとを去年（二〇一六）四月から工藤さんの兄・誠さんが引き継いだ。四十七年間勤務した会社を退職し、無聊をかこつよりは幾らかでも、家族ともども親の代から世話になってきたカミサマの、手伝いをするのは、自らの生きがいにも繋がると考えてのことだった。

誠さんは信心の度合いが弟や妹の邦子さんにはとても及ばない、と言うが、カミサマには一方ならぬ世話になっている。事実、結婚に際しても御護符で占ってもらい、託宣を得ている。自宅を改築した柱立てのときも、脳卒中で入院したときも、直腸癌を手術したときも、ことごとく、御護符や御神水に秘められた冥助によって事態の悪化を回避してきた。御護符、御神水、禊、食事制限がカミサマの神通力を得るための主要な四本柱だ。

三十代のときキツネに憑かれて、生きた心地がしなかったときは「水行」をした。日中は何ともないのだが、夜になると不安が沸き起こり、呼吸困難に陥る。病院で検査の結果、異常なし。異常がないのに、どうして夜になると具合が悪くなるのか。いっそのこと、近所の踏み切りで飛び込み自殺をすれば、何もかもさっぱりするかも知れない、飛び込んでみようか、との衝動に駆られたりもした。

しかし、ふと待てよ、と考えた。困ったときは種市のカミサマに相談するしかない。トシヱさんの父・松衛が宮司をしていたころだった。

「工藤さんや、おめサ、憑いてらデバナ」と言われた。

「どうせばいいべ（どうしたらいいか）」

「一週間、『行』をしなさい」

会社に勤務しているので、出勤前の早朝四時ごろ、種市の別宮にある禊場に車を走らせた。ここは龍神が祀られている。禊する前に東西南北に塩を撒き、それから御神水を汲んで禊場に入り、裸身になって頭から五杯かぶった。終わってからバスタオルで、濡れた体や頭を拭いて衣服を着るのだが、全身がポカポカほてってってくる。厳冬の二月、全然寒くない。帰宅後、カミサマの教えにしたがって左回りで家の外に塩を撒いて清めた。

こうして禊を一週間つづけた最終日、種市から戻って家の外に塩を撒いて清めていると、突然、戦慄が全身を走った。背筋から頭部に電流が走って髪が総立ち、鳥肌が立つような感覚を津軽では「ウジャめく」と言う。誠さんは目眩がしてウジャめいたのだ。

このときから日に日に不安が消えて呼吸も楽になり健康をとり戻した。妹の邦子さんは、悪霊が黒い塊となって退散していくのを肉眼で確認したが、誠さんの場合はウジャめくことで、キツネなる悪霊が身体から抜け出ていったのだ。

「ともかく、あすこのカミサマは凄いんだよ。どうすればいいか、それを導いてくれるんだ。例えば、病気が癌だとすれば、どこの部分の癌なのか、御護符に胃とか、肺とか、大腸とかを一枚一枚にそれぞれ書いて三方に入れ、祭壇に載せて占えば、かりに胃癌だとすれば、胃と書いた御護符に印が入る。つぎは、どこの病院がいいか、いくつかの病院名を御護符の一枚一枚に書いて占えば、印が入った御護符に書かれてある病院が適しているので、そこに行きなさいということになるわけですよ」

祈願するのはいいとしても、気安く約束してはいけないという。例えば、もう二度と肉食はしませんので癌を治してください、とか。そういう口約束は禁物だ。現実にあったことですよ、と断りを入れて、誠さんが話したのは、癌が治って十年あまりが経ち、もういいだろうと、それまで絶っていた肉を食べはじめたAさんは、癌が再発し、八十代で亡くなった。

——好きなものを食べて亡くなったのだから覚悟していたのではないでしょうか。年齢も年齢だし。人はある一定の年齢に達したら、土に還る覚悟を決めて生きることが大切なのではないでしょうか。

「酒の好きな人が、自分の病気を治したいがために、治療期間ならいざ知らず、もう二度と酒は口にしません。そんな、できもしない約束は絶対にしないこと、それがいちばん大事です。約束を破ったらカミサマに仕返しされますよ。これは恐ろしい。だからAさんは亡くなったのではないのかナ」

――何事も因果関係で捉えることによってカミサマの存在が成り立つのではないでしょうか。「仕返しする」などとは、私が思うに、低俗で噴飯ものの感じがしないでもない。しかし、それでも自制を促すのに効果的であるとすれば、私たちはそれを「迷信」の類として一蹴するわけにもいかないでしょう。人それぞれ、自分の力量の範囲で対処するしかないのではありませんか。

「あすこのカミサマはドロボーにでも許しを与えます。それが証拠に、拝殿に上がった酒や金品が盗まれたりします」

――私が考えるに、施しとして、盗まれるがままにさせているのではないですか。

「だめだめ、そんなことをすると、つまりドロボーをすればですよ、自分には罰が下らなくても、いずれ自分の子孫とか末代まで、または友人知人親類縁者に災厄が及ぶことになるでしょう」

誠さんは公言を憚るように突然、声を潜めて話した。

「自分のことだけ考えるのは絶対によくありません。先祖代々、子々孫々、魂はつづいているのです」

伺っていると、神心に育まれた誠さんの倫理観が伝わってくる。

善行が願いを叶える

祥月命日はもとより月命日にも御神水の水守として赤倉山神社に通うようになった誠さんは、朝八時半から午後四時すぎまで手持ち無沙汰にしているわけにもいかない。拝殿の燭台が煤で真っ黒になっているのに気づいた。真鍮製の燭台である。金属研磨剤を買って来て磨いた。燭台は真新しい光沢を放ち、参拝者に大いに喜ばれた。

「カミサマも喜んだと思いますよ。こういう程度なら私でも手伝うことができます。何でもそうですが、自分が無理なくできる範囲で手伝えば、この社会もいい方向へ動き出すのではないでしょうか。たぶん、カミサマが私に光を見せてくれたのは、手伝った気持に対する褒美なのかナ、とも思ったりします。深夜でしたが、あのとき鷹の啼き声もたしかに聞こえました。鷹は種市のカミサマの使いでしょう」

毎年、春から初夏にかけての季節、ノスリが別宮の杉木立で営巣する。春になると、北国の光みなぎる雪解けの空に、冴え冴えとした啼き声を響かせ、自由奔放に飛翔する姿が目につく。その姿は、よく来てくれた、と参拝者を歓迎しているようでもあった。しかし、別の見方をすると、それは警戒音とも読みとれる。

以前は、境内の入口にある鳥居の脇で営巣していたのだが、この数年来、御神水の傍の木立に移動している。雛が成長し、巣から頭を出してピィーピィーと啼き騒ぎ、餌をねだる様子が信者の眼には微笑ましく映る。ハーイ、ハーイと叫びながら手を叩くと、給餌に来た親鳥が反応し、上空で旋回するので、信者ならずとも挨拶の言葉をかけたくもなる。

雛がカラスに襲われはしまいかと心配する信者もいる。ときには、飼犬にでも話しかけるように、こんにちは、元気ですか、と頭上を見上げ、声をかける信者もいる。人が他の命と交感するのは自然の摂理である。それはまた開放感を伴う、若々しく透徹した精神の発露ではあるまいか。

　誠さんは長年、カミサマの冥助を受けつつ、別宮の水守をするようになってからも、カミサマが光となって地上に現れる、などという話は聞いたことがなかった。知る人のみぞ知る、といった程度で、知られてはいなかった。

「そのことについては、亡くなった父も話したことがなかったし、知りませんでした。今年、例大祭の何日か前に妹から知らされました。弟は知っていました。見てもいます」

　親兄弟の間でさえ話題にされることのない極秘情報なのだろうか。見えるか見えないか、まったく想像もつかないことだが、誠さんは行ってみることにした。御神水のある建物から現場までは一〇〇メートルも離れてはいない。毎年のように見ている人たちの話によれば、去年は午前〇時前に現れたとのことだった。そんな話をしながら、十数分前に何人もの人たちが現場へ足を運んでいた。

　午前〇時、カミサマを迎え入れるため誠さんは、拝殿のローソクを新品と交換し、灯明をともさねばならない。その役目を終えて現場へ向かうと、何人かの、戻って来る人たちとすれ違った。弟も交じっていた。光となって現れたカミサマに参拝し、スマートフォンで写真を撮ったと言って見せてくれた。稲穂が光を発していた。

　弟の話では、雲に包まれた岩木山に火花を散らしたように稲妻が走り、その直後、立っている場所から数メートル先の田んぼに現れたのだとか。

「弟と立ち話をしているとき、たしかに鷹の啼き声が聞こえました。弟も聞いています。弟が光を見たのだから、もう終わったのかと残念に思いながら行ってみると、何人かが、まだ残っていまし

空に翼を広げたような形をした雲。吉兆と伝えられる（写真提供：長尾良子氏）

た」

どのへんに現れたのかと半信半疑で、誠さんが岩木山のほうへ目を向けた。と、そのときだった。突然、二、三メートル先の稲穂に、ふわっとした柔らかい光が浮かんだ。円形だった。光はそのまま稲穂の中に沈み込み、輝きを増した。一瞬だった。

傍にいた女性が驚嘆の声を上げた。

「いま、光りましたね。光る前に、稲がサーッと揺れました」

「そんだ、そんだ、たしかに光った」

家族なのだろうか。その女性の子どもと思われる男児が、

「ぼくも見たよ」と言った。

「ありゃりゃりゃりゃ、わいには見えねけど、孫が見たんだからいいじゃ、帰るガ」

そう言ったのは、あとで知ったのだが、八戸市の小田勇蔵さんだった。

翌日、例大祭の後片づけを済ませ、太田家の居間で茶飲み話をしているとき、誠さんの話を聞いたトシヱさんの夫・野田公俊《まさとし》さんが、それは戻るときのカミサマを見たのでしょう、と言った。

光となって姿を見せたカミサマをはじめて拝んだことで、誠さんはその存在を認めないわけにはいかなかった。

「いやぁー、感激したナ。間違いない。カミサマが降りて来るのがわかった。やっぱり、カミサマはいるんだ」

自然現象の断片で吉兆を推量する、原始的ともいえる神がかった感性や価値観を私たちは失いつつあるようだ。例えば雲の形を眺めて、私のような山好きであればヒマラヤの峰々に見立てたり、カミサマの信者であれば、その形から赤倉山神のタカや龍神を連想したりする。

〈工藤邦子　昭和二十四年生まれ・工藤誠　昭和二十二年生まれ〉

神々の村

遥か昔の縄文海進の時代には、茫洋たる海原であったことを連想させる、岩木川沿いに開けた津軽平野。眼路《めじ》はるかに広がる水田地帯は、藩政時代の弘前藩による新田開発の賜物である。この地方の古い地層から産出する泥炭は「サルケ」と呼ばれ、木炭や石炭に代る燃料資源として各家庭で使われていた時代があった。それは「目腐れ」という軽蔑的な響きを伴う、煙害による目病みの原因にもなっていた。同時に、それだけ目病みの多い社会でもあった。

かつて海原だった平野部と、その縁辺をなす、南北に延びる屛風山と呼ばれる丘陵地帯との際には、岩木山の北麓にかけて「亀ヶ岡文化」と呼ばれる縄文時代の遺跡や貝塚などが点在し、津軽地方の原型とも言うべき郷愁漂う風景が広がっている。

湿地帯や湖沼群、村々の佇まい、日本海に直結する平坦な風景の広がりは、冬型の気圧配置がつづくと、雪を伴う季節風をまともに受け、強烈きわまる地吹雪にさらされる。荒れ狂う「白魔」と呼ぶに相応しく、周囲の景観はもとより数メートル先ですら視界が利かない。交通機関は麻痺し、通勤・通学ができなくなるほどだ。昔であれば、村々は完全に孤立した。

「私が嫁に来てからは、そういうこともなかったけど、その昔、馬橇で移動していたころは、地吹雪が凄くて目も開いてはいられなかったと聞いています」

シベリアおろしが吹きつける冬の自然は苛烈である。穿った見方をすれば、人間関係や人々の情操、風土にも影響を与えている。この地方に唄い継がれ、全国的にも知られた民謡に「弥三郎節」がある。藩政時代から伝わる、いびられ追放された嫁の哀しい恨み節であり、時代を反映した農村社会の断面として捉えることができる。歌詞にも出てくる「木造新田下相野」は、現在のつがる市森田町下相野。

当時の抑圧された時代とは異なり、いまでは「いびり」、つまり「嫁いびり」などはもちろんない。いびられてなお耐える必要などないであろうし、そんなことでもされたら即刻出て行くか、さもなくば裁判沙汰にでもなるのではないだろうか。

木造出身の三橋恵さんが、高校時代の友人の結婚披露宴で知り合った新郎方の遠縁の若者と結婚したのは昭和五十六年、二十二歳だった。夫は大工。職人にありがちな小難しい面があるという。夫は祖父の代からの熱心なカミサマの信者だ。

「結婚してから私も種市に通うようになりました。いちばん最初に行ったのが平成二年（一九九〇）でした。運転の安全祈願をしてもらいました。夫と、隣のお婆ちゃんと私の三人で行き、トシヱさんのお父さんが祈禱してくれました。夫は十代から通っていました。仕事で何か困ったことがあれば相談できるので助かります。融資とか、大きな仕事を手がけるときとか、話を聞くだけで気持が楽になります。行けないときは電話で相談します。結果が良くても悪くても、あとでお礼に行きます」

津軽では、ついひと昔前まで村々にカミサマが存在し、悩み事の相談に当たっていた。三橋さんの村にもカミサマがいたが、亡くなった。そのカミサマがまた別のカミサマに通っていた。夫の祖父は山を切り崩して砕石商売で失敗したころから、別のカミサマに相談に行きはじめた。その別のカミサマもすでに亡くなっている。岩木山麓にある、鰺ヶ沢町の「白沢」という集落のカミサマだった。種市の永助様と同じ赤倉沢に堂舎を構えていた。津軽では近隣近在にさまざまなカミサマがいて、それぞれが繁盛していた時代があったのだ。

三橋さんが種市に足繁く通うようになったのは、うつ病を患った二男の病気療養のためだった。建設会社に勤務する二男は、福島から埼玉に転勤したころから体調を崩した。友人の結婚式に呼ばれて帰省したとき、どこかぼんやりしているふうだったが、うつ病だとは思いもしなかった。埼玉に戻ってから、行きつけの食堂の主人に、顔色がよくないと言われたそうである。診察をすすめられ、会社の主治医に、うつ病と診断されたのだ。療養のため二ヶ月間の休職届を提出し、帰省した。「平成二十四年（二〇一二）の二月でした。それまで通っていた『白沢』のカミサマが亡くなっていましたから、どこがいいか、あちこちに聞いたんです。そしたら、知人に種市様がいいと言われました。種市様なら昔行ったことがある、と話したら、その知人が予約してくれました。知人も種市様の信者で、お世話になっています」

うつ病といっても二男は軽いほうだった。車で帰省し、大学病院の心療内科に通った。病院が出してくれる薬はカミサマに言われたわけではないが、極力服用しないようにした。二男は家でのんびりくつろぎ、母の恵さんが当人に代って種市に出向いて、祈願した。カミサマの食事制限を遵守し、御護符で占ってもらう。

「キツネがついてちょっと悪戯していると言われました。心療内科には三回ほど通いました。四月には会社に復帰してもいいと病院の先生は言ったんですけど、種市様の許可が出た五月末になってから会社に復帰しました」

再発の心配があるので恵さんは辞めることを勧めた。しかし、二男は大丈夫だと言って、会社に復帰した。三年以上になるが、再発はしていない。この四月、千葉に転勤になるので、種市様に占ってもらったら大丈夫とのことであり、安心した。息子のことが心配なら、そのぶん精進しなさいと言われている。種市様の拝殿に、自分でローソクを立てて祈願したり、名前を書いて三方に上げてくることもある。

埼玉に住んでいる息子の、アパートの場所が良くないとのお告げがあったときは、種市様からもらった塩を息子に送り、部屋の四隅に撒いてお祓いさせている。

「息子のことがあって以来、種市様には本当に感謝しています。いまは肉や卵がいろんな食べものに入っていますが、私は食べないでお願いしています。カミサマは目に見えないけど、自分がこうして暮らしていけるのは、カミサマから生きる力をもらっているからだと思います。長男が二歳のとき、私は心身共に具合が悪くて、カミサマを信仰しているもぎ屋（マッサージ）に行ったら、何かにとり憑かれている顔だと言われました。まだ二十代のころでした。腰も頭も痛くて、原因は目からきているのではないかと思い、眼科に診てもらっても治らなかった。婆ちゃんの友人で、鰺ヶ沢の『深谷』のカミサマでしたが、もぎ屋もやっていたので毎週一回通っていたらひと月ほどで治りました。そのカミサマも亡くなりましたが、そのころからだんだんカミサマにたいする信仰心が強くなったようです。種市様にお参りに行くようになってから、くよくよ悩んだりすることがなくなりました」

三橋さんの家では、恵さんが嫁いで来る以前から、結婚に際しカミサマに占ってもらう慣わしがあった。恵さんの場合も占ってもらい、許可が出たというのである。占ったのは、亡くなった「白沢」のカミサマだった。

「何年もあとになって聞かされました。私はそいだバ、ちょっと抵抗を感じました。私が知らないうちに占われていることに。それから私の長男の嫁は利かん気な人だと言われました。そのときは種市様の拝殿でしたが、ローソク占いで、家族全員のぶんを一本ずつ立てて、カミサマのお告げを聞いてもらったのです。長男を占うローソクのところで、嫁についていてそう言われました。でも、嫁がきかん気でも、長男がおっとりした性格なので、ちょうど合っていていいかなと思いました」

――それでは二男が結婚するときも占って戴いたりしますか。

私のこの質問に、恵さんは返答に窮した。うーん、と溜息混じりに唸った。何もかもすべてカミサマに依存することにためらいがあるのかも知れない。しかし、悩み事や揉め事や無理難題は絶えないし、祈って済むものなら祈るのが世の常である。恵さんにとって祈りはすでに習慣になっていた。

土地をめぐる争い

「うちのお爺ちゃんの兄（長男）と、うちの父さん（二男）と、土地の所有権の問題で揉めているんです。息子の問題は片づいたけど、そのことで、いま種市様にはお世話になっています」

先祖代々のひとつづきになった土地に、ふたりの息子兄弟が家を建てた。田舎では往々にしてあることだが、境界のない、その土地をめぐる所有権争いである。

「兄の奥さんと、爺ちゃん婆ちゃんが合わなくて、爺ちゃんが亡くなる前に名義変更して、土地をうちの父さんの名義にしてしまったんです。家屋は兄、つまり長男にしたんです。判子もついてあるんです。それでも土地が欲しければカネを払って買え、と言いがかりをつけてくるんです。土地をめぐっていがみ合いがつづいています」

典型的な、嫁姑、そして財産分与にまつわる揉め事である。当人のあずかり知らぬところで名義変更されていたというのだから如何ともし難い。しかし、そうだとすれば、よくあることとは言え、長男による頬被りを決めこんだ騙し討ちである。それまで弟夫婦が払っていた固定資産税が安くなったことから問題が発覚した。権利証はないのだろうか。

結果は、事情を飲み込めないまま裁判になり弟夫妻側が敗訴した。

その後、兄夫婦側が境界を決めてコンクリートの杭を打ち込んだので、境界などないと思っていた弟夫婦側が撤去した。それを兄夫婦側が訴えて警察沙汰になった。

「道路に利用している土地に杭を打ち込んだので通行の邪魔になる。それで壊したのサ。そしたらまた揉めた。器物損壊で罰金をとられた。うちの土地なのにどうしてかナ」

——種市様に相談しましたか。

「相談しました。裁判にしたらどうかと言っています。でも、費用がかかるし、どうしていいか困っています。御護符で何度か見てもらいました。あの白い紙にグレーとか白とか黒が出たんです。色がはっきりわかるときも薄いときもありました。はじめは信用していなかったんだけど驚きました。どうしてなのか、あれは不思議です」

——塩は撒きましたか。

「撒いています。だいぶ気分は楽になっています」

兄弟同士の土地の所有権問題については、表沙汰にはなっていない部分があるのかも知れない。最初、お爺ちゃんの代で分与するとき、はっきりさせなかったのがいけなかった。真相が明らかにされないまま年々、感情的にこじれて益々煩雑化する。

「土地はいまだに境界の定まらないままになっています。裁判したのは平成十五年で、秋田まで行きました。費用もかかるし、感情的になって刑事事件になってもいけません。こじらせてもいけないし、めんどうは起こさないようにしています」

土地問題がこじれて刑事事件に発展する例を耳にする。ナタを振り回したり、出刃包丁を持ち出したりなどして刃傷沙汰になるのだ。

——種市様の御神水も戴いてきているのですか。

「汲んできて絶やさず家においています。いちばん最初にもらってきたのは平成二十四年です。茶色っぽい色でした。臭いがしないのであれば大丈夫ということだったので飲みましたが泥臭くはなかった。水には味があって、おいしいときは何かいいことがある。酒のような味がして、そのときは何日か後に、知人の結婚式がありました。でも、水の色が変わっていたのに、それが二男のうつ病を知らせていたとは気がつきませんでした。顔色がよくなかったのに。二男が療養のため帰省したのはそのあとです」

古代神、天地水神

御神水の湧水量は安定していない。四季折々、多いときもあれば少ないときもある。日々、信心を欠かさないからこそカミサマも相談に乗ってくれるのであり、健康な暮らしがそれによって保障されているのだと、三橋さん夫婦は信じている。

「中古のトラックを買ってお祓いしに行ったことがあるんです。お祓いが済んで、この車は事故車です、と言われたときはびっくりしました。私たちは知っていたけど、カミサマには言わなかったんです。隠していたわけではないんです。事故車とわかっていて安く買ったんです」

三橋さんは村の入口の坂道で事故を起こしたことがあった。家へ帰る途中、その坂道で脇の塀に激突したのだ。タイヤが三本パンクしただけで、むち打ち症にもならず窓ガラスも割れなかった。連絡を受けて、引き取りに来た修理屋の人が、潰れたフロントバンパーを見て、それ以外に被害がなかったことに驚いた。怪我もなかった。

三橋さんが種市様にそのことを伝えると、夫の身代りになって起きた事故なのだとか。

――誰が誰の身代りになったというのでしょうか。車が夫の身代りになったということですか。

「いいえ、私がです。そういう目に見えない繋がりがあるということなのではないでしょうか。目に見えない糸で繋がっている。自分一人の身ではないということでしょうか。だから気をつけなければいけないということだと思います」

カミサマは決して偶然とは考えない。因果関係で捉える。そのことによって三橋さんは益々、私たちの目には見えないカミサマの力が働いている、との感を強くした。

三橋さん夫妻は敬虔な信者として毎年正月元旦には、種市様の参拝を欠かさないようにしている。その他、黒石市にある袋観音（白山姫神社）、ここには大工のカミサマが祀られているとかで、そのつぎが西目屋村の乳穂ヶ滝、そして最後は種市様に供物を上げ、挨拶してから帰宅する。

北津軽郡にある三橋さん夫妻の住む村からだと、ちょうど津軽平野を南下し、ぐるり周回するような、カミサマ巡りのコースである。以前は、赤倉沢の永助堂にも足を運んでいたが、この三年ほどは行っていない。

「手前にある大石神社までは冬でも除雪しているので、そこに車を停めて、永助様の御堂ッコまでは雪の中を歩いて行っていましたが、この三年ばかり行っていません。乳穂ヶ滝は今年も凍っては

乳穂ヶ滝。何年間に一度、凍結する

いませんでした」

乳穂ヶ滝は冬に凍結したときの形状が、昔から、豊凶占いの指標にされている。完全に凍結して氷柱になっていれば来年は豊作ということだ。しかし近年、温暖化のせいか、落ち口から地上まで完全に凍結することは滅多にない。二〇一八年二月、凍結し、地元のニュースで報じられていた。

「種市様には何かと相談事などで電話したり、参拝に出かけたりはしています。先日も行ってきました」

言うまでもないが、三橋さんの家の中にはカミサマが祀られている。庭にもカミサマを祀った神木がある。神木は津軽の古代信仰で「ジャラ」と呼ばれ、幹が三つ股に分かれている。それぞれの幹に天地水神「イシカ・ホノリ・ガコカムイ」が宿るとされ、その木の枝を切るときは丁重にお祓いしなければならない。

「イシカ・ホノリ・ガコカムイとは、民族の併合なき以前、東日流の住民阿蘇辺族・津保化族らの神なるも、その意趣は天神・地神・水神なれば、崇拝の念等しく信仰の要たりとす」「古代より天地水を神とし相として、一切の真理は天然自然なるを神の霊相とて、崇拝せる信仰なり」（『語部

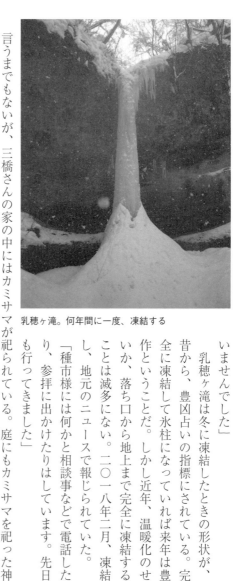

録』）

三道について説いているのである。「三道とは朝昼夕を曰ふも、生育死の輪廻、亦は天地水、更には過去現在未来の意趣ぞ多し」と同書にある。「寛政十二年八月十五日」とあるのは、古代から伝わるこのような史料を記述した年月日であろうし、秋田孝季、和田長三郎吉次、菅江真澄の三人の名前が記されている。

菅江真澄は世間一般には、江戸時代後期の遊歴文人として知られている。津軽地方を隈なく巡遊したことは、書き残された紀行文『菅江真澄遊覧記』から確認できる。その菅江真澄と、秋田孝季以下に名をつらねた同名の人物が同一かどうか定かではないが、かりに同一人物だとすれば、世間に知られた遊歴文人という略歴の他に、津軽を中心とした古代史にかかわる史料を調査研究した歴史学者としての隠された「もうひとつの顔」が推察される。

菅江真澄こと白井秀雄が享和元年（一八〇一）、津軽を去らねばならなかったことや、寛政十一年（一七九九）から享和元年にかけての二年あまりに及ぶ空白期間の謎を解明するヒントが「もうひとつの顔」に、もしかしたら隠されているのかも知れない。

「もうひとつの顔」の菅江真澄が編纂にかかわった『東日流六郡誌大要』『東日流外三郡誌』を含む『語部録』には、支配体制に不都合な史実が満載されている。それが「偽書」としてバッシングを受ける所以でもあった。

『菅江真澄遊覧記』を読み、それをガイドブック代りに歩いてみれば、その記述の正確さに瞠目せざるを得ない。ということを勘案すれば、「もうひとつの顔」の菅江真澄がかかわった史料も、す

神木「ジャラ」。ハルニレの巨木に注連縄が飾られている

べてとは言わないまでも、名前を連ねた記述については正確を期しているのではないかという気がする。

いずれにせよ、「ジャラ」と呼ばれる古代の神木は、土俗信仰の遺物としていまに命脈を保っているのであり、そこに秘められた古代の哲理が『語部録』に記述されている。その哲理はひと言でいえば、万民平等である。

土焼神像

数年前、三橋さんの隣家の七十代の主人は、祈禱をささげることなく、屋根にかかって邪魔だからとの理由で、垂れ下がったハルニレの枝を切った。その翌春、屋根の雪を下ろす作業中に滑り落ちて怪我で入院、さらにそのあと中風で歩行困難になった。以来、改心し、カミサマを信仰するようになり現在に至っている。

三橋さん夫妻の暮らす村は一四〇世帯、四六〇人あまり。昔ながらの屋敷林の面影をとどめる太い広葉樹が生い茂り、ハルニレが目につく。この地方ではハルニレは「黒ダモ」と呼ばれ、注連縄《しめなわ》を張った古木も見られる。

三橋さんの住む地域は縄文遺跡が物語るように、古代から人びとの生活が営まれていた。もちろん、だからといって縄文人の末裔が住んでいるというわけではない。地方色が濃く、季節感に恵まれた半面、人事において昔と代り映えのしない閉塞的な面もある。選挙になると村が敵味方に二分され、親子といえども口を利かない。選挙が終わると、また元通りになる。それが選挙のたびに繰り返される。

村が点在する一帯の丘陵は、くだんの『語部録』によると、古代の昔、カムイ丘（神威丘）と呼ばれていた。転じて、いまの亀ヶ岡。しかし、甕が出土したことが地名の由来であるというのが一般的であり、菅江真澄も書き残している『菅江真澄遊覧記』（「外浜奇勝」（二））。

このあたりの土を掘ると、瓶子、小甕、小壺、天の手抉《たくじり》、祝瓶《いわべ》ようの、むかしの土器のかたちをした器を掘りだすことがある。それで、ふるく瓶《かめ》が岡《おか》の名があったが、近世のことか、この山に城をつくり、やぐらをたてようとなされたというので、今は館岡《たておか》という。

菅江真澄は各地を歩きながら民間伝承を記録しつづけた点では、『語部録』の精神と一致している。それが史実であるかどうかはまた別である。十三湖の相内では、『語部録』に登場する長髄彦《ながすねひこ》の話も出てくる（前掲書）。

そのむかし、安倍比羅夫が（六六〇年ごろ）蝦夷らの反乱を討とうとしてむかわれたが、戦果があがらないでいたとき、安東《やすはる》という者が比羅夫にまみえ、申し上げて、「わが遠い祖先は長髄彦の兄で、浜安東浦を領していた安日《あび》の遠い末の子孫です。仰ぎ願わくば、遠い祖先の罪をいまお許しくださるならば、わが命を君にささげて蝦夷をうち平らげましょう」という。比羅夫はこのとき帝に奏し奉り、安東を先にたてて、ついに蝦夷にうち勝ち、その勲功をたたえて安倍《あべ》氏の姓を与え、かれと縁をむすび、親しく交わって比羅夫は都に帰られた。（略）自ら安倍将軍を名のり、陸奥、出羽、二国の司（押領使）となり、男八人女二人の十人の子をもっていたという。

引用文の「十人の子」には註釈があり、それぞれの名前が記されている。さらに十三湖のちかくにある安倍館跡の註釈には、長髄彦の兄、安日のことや安東氏について記されている。史実ではないと言われる偽書『語部録』と同じ内容の記述があるので一部紹介する（前掲書）。

鎌倉時代に津軽に勢力のあった安東氏は、前九年の役で滅ぼされた安倍貞任の二男、高星が逃れてきて、藤崎（南津軽郡）に住んだその子孫だといわれている。のちに鎌倉幕府の執権北条義時から蝦夷首領に任命された（一二二〇ごろ）安東堯季《たかすえ》は、藤崎から十三湊《とさみなと》に進出した。寛喜元年（一二二九）、前からそこにいた十三氏（秀直）にかわって安東氏が、海上航運の実権をにぎり、そしてやがて福島城を築いた。

『語部録』を参考にすれば、日本海に進出し、天下に名高い安東水軍となっていく。言うなれば海運で繁栄した交易豪族である。史実では安東水軍など存在しないことになっている。その『語部録』によると、亀ヶ岡で出土した遮光器土偶は土焼神像と記され、古代アラハバキ族の神である。
遮光器土偶は江戸時代後期の『耽奇漫録』（文政七年〈一八二四〉）にも記録されている。後年、人類学者の坪井正五郎（一八六三～一九一三）が大英博物館で見た、シベリアなどの北方民族が使う、横にひと筋線が入った陽射しを遮るメガネ（遮光器）に、土偶の眼が似ていることが報告され、そのことから遮光器土偶のネーミングが広まるようになったと言われている。

アラハバキ神信仰の土焼神像（遮光器土偶）。2016年5月、中津軽郡西目屋村川原平地区跡で出土（写真提供：新田恵子氏）

　私はヒマラヤの奥地で住民が眼にかけていた竹製のものを見たことがある。土偶もまた、ちいさな形のものだが、ヒマラヤ奥地の、断崖に掘り抜かれた洞窟に多数散らばっているのを手にとって見たことがある。

　それにしても遮光器土偶とは実用性を重んじたネーミングである。それゆえか、土焼神像にこめられた深遠な信仰心にくらべて味気ない。それに第一、遮光器なるサングラスを縄文の人たちが使用していたとは思えない。つまり、私が考えるに、遮光器ではない別の、今日的ではない意味が秘められているのではないか。

その探し求める答えが、偽書だの奇書だのと言われる悪評高い『語部録』の随所に出てくる。もとより寡聞にして、真偽をたしかめるすべがないのであり否定する根拠もない。それゆえ、ここに一部をあえて援用する次第である。

「荒覇吐神とは女人の手に依りて、石神、土形に造りたるは、陰陽の大眼をなせる神像とせるは、三千年前に修成されたりと曰ふ」(享保二年七月三日　飯田甚四郎)

荒覇吐神、つまり土偶を女性がつくっていること、陰陽を併せ持つ大きな眼の神像ができ上がったのは三千年前であることがこの一文からわかる。ちなみに、この一文が記録された享保二年とはグレゴリオ暦一七一七年であり、本書の「序章」でも触れたように、古代アソベ族の信仰の象徴だった「山風森」の巨石が、弘前藩によって破壊された年でもある。

つぎにもう一例、少々長いが紹介しよう。

荒吐神信仰史談

荒吐とは荒覇吐の略称なり。古代になる正称はアラハバキイシカホノリガコカムイと一称して崇拝す。此の神は本来相無けれど、世に降りて女人らが神の像を作りき。

土を能く練りて頭、胴、手足と己々に造りて生干の内に相継合す。是野火に焼きて、一度焼入れ割無を二度焼入れは生葉にて黒色に釉を焼き付て仕上也。

相型に三種あり。胴長、腹胎、無足あり。掟にて人の姿に似せて作るを禁じたり。何れも閉開の眼を施し、自立に作らず置台を以て立たしむを造像の要とせり。古人は是をカムイノミとして住居なる爐上に置けり。是の如く伝へたるは占師なるゴミソ及びオシラ更にはイダコ等の思案なるものと曰ふ。（以下略）（寛政五年七月一日　東日流語邑　語部　帯川惣吉）

ここには神像のつくり方や、その特徴がイタコ、ゴミソ、オシラによって考えられ、かつ語り伝えられたことが記されている。このことからもイタコ、ゴミソ、オシラが信仰にかかわる語部であることが理解される。

「閉開の眼を施し」、前項で援用した「陰陽の大眼をなせる」には、「閉開」と「陰陽」が、つまり「閉」と「開」、「陰」と「陽」が相対立する二元論の概念として、それが一体の神像に納まっているという弁証法的な、矛盾を止揚する世界観が表現されてはいないだろうか。

末尾にある「東日流語邑」とは、現在の西津軽郡の語利村ではないかと思う。

とは言うものの、『語部録』に記された言説が当て嵌らない土偶もまた各地にある。平成元年に八戸市で出土した、縄文後期後半（約三千五百年前）のものと推定される合掌土偶は、もとより写真でしか私は見たことがないのだが、眼は閉じられてはいないし、両膝を立てて座り、合掌しながら彼方を見上げて祈るような姿勢をしている。この点、『語部録』の言説を全面的に信用するわけにもいかないのである。

にもかかわらず、嘘八百とは断じ切れないでいるのは何故なのか。たんなる思い込みでは片づけられない、そこにはカミサマにも相通じる、何かしら心を繫ぎとめる霊力が秘められているからではないかと思われる。それは人智を超えた自然や宇宙を構成する霊力にも通じているようだ。

土焼神像について、『語部録』にはこうも記されている。「乳房の持てる女像の多く、また、大眼をなせし神相は、宇宙を創造せる伏羲《ふっぎ》*3、万物を産生せし女媧《じょか》*4の両神をば、一尊に表はせしものなりと、古人はいひ遺せり」「明闇をして民族を護るの意趣にて、眼は開閉し、日夜に於いて休むなく守護せむ神眼を神に造りき」

さらにこうもある。「荒覇吐神とて祀らむるは石神ぞ多くして土焼神像また多し」。石神とは天神（イシカカムイ）、地神（ホノリカムイ）、水神（ガコカムイ）である。その象徴として天神は隕石、地神は火成岩、水神は水成岩を神として祀った。

言うなれば、古代のアラハバキ神は「空間と時間」を創造した天地全能の神である。古代人はその姿を見ることができないので北極星を神として信仰したという。伏羲や女媧、北斗信仰といい、中国古来の伝説を翻案したのではないかと思われる。

土焼神像には複数の神々がいる。抽象的すぎて捉えどころがない神々へのイメージ、すなわちカミサマを形象化したものが土焼神像である。そのひとつ、「ダミ神像」（『語部録』）の説明にこうある。

ダミ神とは死の神なり。病に犯される時、ダミ神像を造りて身代りとなし、捨死人処に代置する習しありて、東日流の西山に多く出土せる多し。亦、木形ダミ神を造りて、川に身代り流しの法あり。現にもイタコ及びゴミソ古伝法ならねども、今日に名残を留む習あり。

いまでも津軽では「ダミ」という言葉が生きている。葬儀を「ダミ」と言う。亀ヶ岡あたりの小高い丘陵地帯から眺める風景は渺茫《びょうぼう》としている。その南の果てに、ひときわ印象強く、三角錐に聳え立つ岩木山。古代津軽アラハバキ族の霊山である。正面に赤倉沢が見える。道は一筋、その広がりの中へ溶け込むように延びている。

『語部録』から引用しよう。

津軽女石、男石神は岩木山にその名残あり。赤倉は女石神の処にして、大石は男石神の処なり。

元禄十年七月　秋田頼季

寛政庚申年秋田孝季

北津軽の平野から眺める岩木山は容姿端麗、孤高の姿を見せている。

三橋さんは二人の息子が成長し一人前になってからの七年間、この道を通って日々、岩木山を遥拝しながら五所川原市の職場へ出勤している。

〈三橋恵　昭和三十四年生まれ〉

霊媒師イタコ

八戸市内を流れる馬淵川にかかった根城大橋。そのたもと付近の右岸、馬淵川へ向って進行方向左手の電柱に「小笠原イタコ」の看板が括りつけられている。片側二車線の車道から、その看板の手前を左折し、狭まった上り坂の路地を進むと、正面突き当たりに小笠原妙さんの住居がある。車道から外れた雰囲気が、如何にも霊媒師たるイタコに相応しいもののように思われた。

小笠原さんがイタコになったのは十八歳。目が不自由で読み書きができなかった。イタコになるには師匠に弟子入りして修行し、通常五年はかかるとされている。住み込みでやる人もいるし、そうでない人もいる。小笠原さんの師匠は何人もの弟子を抱えていた。しかし、小笠原さんは独立してから弟子をとったことがない。弟子にしてほしいという人はいたが、弟子を持つほどの力は自分にはないからとの言って断っていた。

イタコになるための修行は厳しく、津軽地方のイタコを対象に、その歴史的背景や修行方法、神《かみ》憑《がか》りの社会学的、精神・心理学的メカニズムを追求した著作に津川武一著『巫女《イタコ》　神憑りのメカニズム』（民衆社）がある。著者は津軽出身の精神科医であり、自らの故郷への愛着をこめた問題としてイタコを捉えている。

小笠原さんは南部地方のイタコに属する。毎年、大祭が開催される下北半島の霊場・恐山には津軽と南部の双方のイタコが各地から参集し、交流の場にもなっていた。小笠原さんは恐山のイタコ組合の会長を務めたことがあったので、津軽のイタコの人たちをもよく知っていた。言うなればまとめ役だ。

同じイタコでも、南部と津軽では、口寄せの経文が異なる。くぐもった声で唱える経文を私が聞いたところで意味がわかるとも思えない。私が持参した前掲書には口寄せの経文が書かれてある。

そのことを話題にすると、

「何て書いてあるの？」

小笠原さんが聞いたので、私は二、三、読んで聞かせた。津軽のイタコの経文だとは言わなかったのだが、読み上げたとたん、小笠原さんはすぐにわかった。

「ああ、津軽のだね。誰、誰の口寄せですか」

私がイタコの名前を告げると、もう亡くなったよね、と懐かしそうに言った。

口寄せには死者の霊魂、つまり仏を呼ぶ「仏おろし」と、見送るときの「仏おくり」がある。

「呼ぶんだから、終わったら送らなければいけないでしょ」それが「仏おくり」だ。両者の間に、口寄せのクライマックスとも言うべき憑依が入る。小笠原さんの場合は「何をしゃべっているのか、自分でもわからない。終わるとがっくり疲れる」という。

イタコの口寄せは、書き物があるわけでもないので修行中に暗誦して身につける。師匠から教えこまれるのだが、覚えが悪いと叱られることもある。「仏おろし」と「仏おくり」は師匠が教える。

しかし、核心部分にあたる憑依は本人の修行次第だ。

ひととおりの修行が終わると最後に「ユルシ」の儀式がある。師匠の家に一週間なり二週間なりこもって水垢離をとったりしながら経文を声唱しつづけ、自らを最大限に律する。食事は少量一回、排泄のときだけ部屋を出る。「ユルシ」は言わば、卒業式みたいなものだ。「ユルシ」を終えて、はじめて一人前のイタコとして認められる。それでも小笠原さんは、独立してやっていけるかどうか不安があったという。

「修行は独立してからでもつづけなければなりません。修行はいつまでもつづけるもので、これでいいということはないの。死ぬまで修行。修行は絶やさない」

生きること自体が修行なのだろう。

小笠原さんが種市のカミサマにはじめて会いに行ったのは二十歳。種市にはその後、毎月のように出かけていたが、いまは足が不自由で歩けなくなり、行っていない。

下北イタコ組合の会長

小笠原さんは私が自宅を訪ねたとき、居間でテレビの前に座っていた。視力が不自由なのにテレビの前に座っている姿は、一寸見には違和感を覚える。しかし、会話や笑いなどの音声が聞きとれるので退屈はしないのだろう。画面も、薄ぼんやりとだが見えてはいるようだ。

高齢になると何かと手間がかかる。排尿がちかい、喘息、心臓病、耳も遠くなってきた、腰も痛い、などと独り言のように呟きながらゼーゼー呼吸音を発して立ち上り、台所で水に浸してあった入れ歯を口に嵌め込み、そのあとトイレに行き、居間に戻ってからテレビを消し、コタツに足を入れて、私と向き合うように座った。

「人生、さまざまなことといろいろあったけど、他人にしゃべるような話でもない。私のお祓いで病気が治った人はたくさんいたべ」

開口一番、いきなり、門前払いとも思えるような言葉に私はたじろいだ。

――イタコは色眼鏡をかけて客に接していますが、色眼鏡は必要なのですか。

「かける人もいるし、かけないで仏おろしをする人もいる。必ずしも必要なわけではないが、昔は私もかけていたことがあった」

――イタコの貴方でも、カミサマの力をもらいに種市へ行くのですか。どうして、通うようになったのですか。

「いま思えば、ずうっと幼いころから私は神憑っていたようだ。カミサマは本当にいるものなのか、どうか、教えてください、と村の明神様に頼んでいた。銭谷サダエさん（故人）という方が長者（八戸市）にいて、私がイタコになってからだが、その方に話したら泊まって行きなさいと言われて泊まった夜、夢を見た。数珠をつま繰っている人の夢でした。それから何日かして、カミサマに逢ってみたいのなら、と言って、銭谷さんが私を種市に連れて行ってくれたのです」

と、ここで突然、電話がかかってくる。耳が遠い小笠原さんは、電話機の着信音量を最大限に増幅させているようだ。相手の話し声が筒抜けで聴こえる。

「もしもし小笠原さんですか」

「はい」

「××の○○ですけど、十日ぐらい前から行方不明になっている子どものことですが」

「はい、まだ見つかっていないです」

「はい、その子どもの父親の仏をおろしてもらいたいと思って電話しました。どうでしょうか」

依頼者は女性で、はきはきした口の利き方をした。できるだけ早く、子どもの父の霊をおろしてもらいたいようなのだ。小笠原さんは体調がすぐれず気分も乗らないらしくいまは忙しくて来週でないと、時間がとれないと断った。

「あー、そうなんですか。いまからじゃ無理ですか」

くぐもった声に、相手の困惑する様子が窺えた。

「そうだね、無理だね」

一瞬、間をおいて、

「うーん、わかりました。はい、どうも」

――いまの電話は、誰か見えなくなったのですか。

「あのね、見えなくなった人は口が利けないの。二人兄弟で二人とも口が利けない。いま電話くれた女の人は親戚。見えなくなった人は、女の人のきょうだいの子ども。子どもの父親は亡くなっているの。それで子どもの父親のホトケをおろしてもらいたい、そういうことなの」

――こういう依頼はちょくちょくあるのですか。いまの電話のように見えなくなった人が見つかる例はあるのですか。

「うん、ある。こういう状態でいるんじゃないかと教えてやったりもする。いまの場合は、見つかる日時がわからないので、まだ見つからないでしょうと言ったの」

――生きてはいないかも知れないということはありませんか。

「それは話した。日時についてはわからないからしゃべられない」

――依頼は頻繁にあるものなのですか。

「ある、ある。生きているうちは悩みのない人はいないでしょう。貴方はどうですか」

私は反問されて返答に窮した。

――私の場合も、悩みや問題がないわけではありません。小さいころ、カミサマに連れて行かれたこともありますが、自分から行ったことはないです。

私が幼いころ、近郷近在にカミサマがいた。それはあたかも村々にある神社や寺院や祠、あるいは道端の地蔵尊にも似て珍しくはなかった。

「貴方はいま何歳ですか」小笠原さんが聞いた。

当時六十九歳だ。亥年生まれであり、つぎの誕生日で古希を迎える。

「何年何月生まれなの」

昭和二十二年二月六日だった。

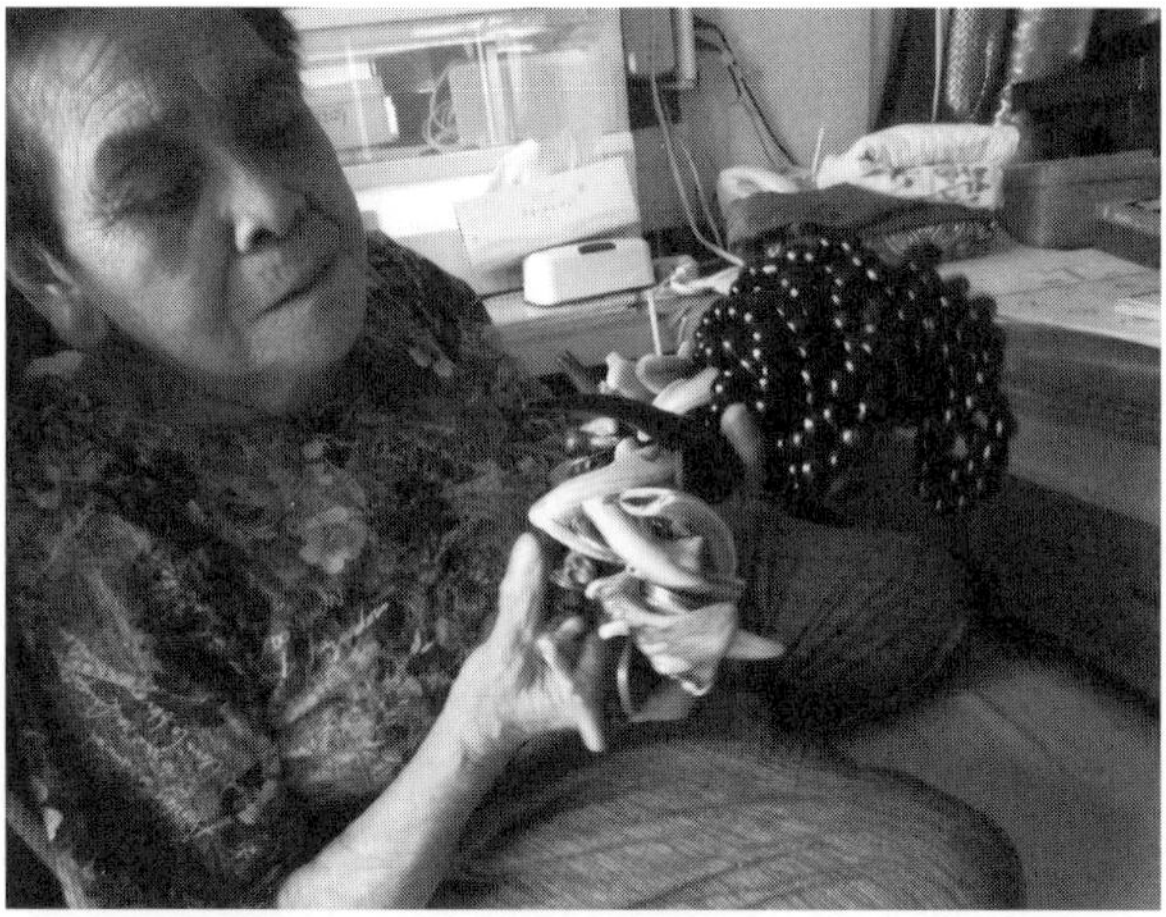
祈禱室で霊媒具の数珠を手にする小笠原妙さん

――生年月日も人生の問題と関係あるのですか。

「関係ないといえばウソだけど。貴方、何の仕事してるの」

――文章を書いています。それを本にしたりもします。こんどカミサマの本を書いて、そこに小笠原さんの話も入れさせてもらいます。種市のカミサマから紹介されて来たのです。

事前に電話で伝えていたことだが、私は手短に、本を書くに至った経緯を話した。小笠原さんはひとしきり聞いてから知人の例を引き合いに出し、こう言った。

「酒飲むかと聞かれて飲むと答え、どれくらい飲むかと聞かれ、一升も飲むと言ったら、ほんとうは一滴も飲めないのに一升飲むと書かれた人があったたよ。冗談で言ったのに真に受けたんだよ」

つづけて、愉快そうに笑った。

からかわれているとも知らずに虚を真に受けて書くことはあるだろう。真偽が入り混じる世の現実で、その判断がつかなければ騙される。にもかかわらず、そこに悪意を感じさせないかぎりにおいて、それはいまの事例のように、さまざまなすれ違いや勘違いとして笑い話のタネにもなる。

それにしても、身につまされる。何か重大なことを示唆しているような意味深長な話ではある。私自身、この本を書くにあたって、本当かどうか、確証の得られないまま混沌とした状態で、偽書の烙印を押されている『語部録』を参考にしたり引用したりしているのだ。ひょっとしたらインチキ呼ばわりされることにもなりかねない。

しかし、それもまたやむを得ない。私にとってカミサマという対象は、見えないし聞こえないのである。多少心得のある登山に譬えるなら、見えない頂を探し求めているようなものなのだ。あるいは、目指す方向すらわからずワンデルンクしているような状態なのかも知れない。

——貴方はイタコですが、ゴミソというのは何なのですか。この地方ではゴミソがいますよね。

「ゴミソをカミサマと言っている。別当とも言う。ここいらでは種市の別当と言っている。津軽では種市のカミサマとしゃべっている。カミサマと言っているけど、その人がカミサマなわけではないでしょ。カミサマは神様、別当は別当サ。イタコはイタコ」

人と神の存在は異なると言うのだろう。しかし、総じてカミサマ、それについて『語部録』を繙《ひもと》けば、たちどころに欲しい答えが出てくる。「打出の小槌」のようなものだ。「虎の巻」と言っていいかも知れない。

（略）神なる信仰ぞ混合して、アラハバキと称せる。イタコ、ゴミソ、オシラの祈禱師ぞいでたり。即ち、アラハバキとは天地創造の神にて陰陽を司りぬ。

陰陽とは、空と風の如く、明と暗、熱と冷、動と静、時と限、身と心、骨と肉、生と死、雌と雄、内と外、老と若、昇と落、上と下、右と左の如く無限に生滅せる総てはアラハバキ神の五大力に拠りて成るといふ想定なり。五大力とは火神、土神、金神、水神、空神、にて是を霊媒せるものはイタコにして、未来を予言せるはゴミソなり。また現在なる衣食住を護り安ずるはオシラにして、各々衆の心貧しき者を救済せり。（略）

語木版語伝より記す

寛政五年六月七日和田長三郎吉次

秋田孝季
藤井京太夫

イタコを含むカミサマは古代から人の心に根を据えていたのであり、それはいまも変わらない。昔はいまより需要があった。

『語部録』によれば、私が探し求めているカミサマのルーツはアラハバキ神にあるということになる。逆の言い方をすれば、古代神、アラハバキ神の信仰が現代においていまだ、曲がりなりにも息づいているということにもなる。ちなみに、アラハバキの「アラは大いなるを意趣す。ハバキとは万物一切造化を意趣せる耶麻台族弁なり。荒吐神を崇むこと、即ち大宇宙無限の未知界より地辺一切、万物との創造なる原祖を崇むことなり」とある。

　イタコについての見聞は菅江真澄の紀行文にも散見する。一例を挙げよう。大鰐町の早瀬野地区でオシラとイタコを見たときの図絵の説明文（意訳）にこうある（「すみかの山」（寛政八年））。

　谷をへだてて、向きあって生えている桑の木を伐って、陰陽二柱をつくり、その頭を綿で包み、帛《きぬ》ぎれでくくり秘めかくして、もののけなどを払うとき、これに祈る。春はやよい十六日に、移託《いたく》巫《みこ》が左右の手にこれを握って、膝の上でおどらせながら、のりとごとを唱え、世の中のなりわいのよしあしを占う。これをオシラを保呂久とか、オシラ遊びともいう。

恐山、死者の霊魂が集まる山

小笠原さんがイタコとして活躍した恐山の一帯には、津軽地方にアソベ族やツボケ族が住んでいた太古の昔、宇曽利族が住んでいた。しかし、恐山の爆発による火砕流で、岩木山や八甲田山と同様、多くは死に絶えたことが『語部録』の、まだ刊行されていない『衣川写本』に記されている。

ずうっとその後になって一般には、慈覚大師の開基と伝えられ、高野山、比叡山と共に日本の三大霊場のひとつに数えられるようになった。恐山に行けば死者の霊魂に逢えるとか、賽の河原に石を積むことで先祖の供養ができるとか、現在では死者供養の霊場として知られている。三途の川、地獄谷、極楽浜など、それらしい名のついた場所もある。夏の大祭のときはイタコの口寄せなども行われ、全国からの参詣人や観光客で賑わう。

加えて、菩提寺円通寺の境内は地熱・噴気地帯で数多くの泉源があり、昔から「恐山参り」と称して湯治場としても利用されていた。

もともと恐山は「宇曽利山」の転訛とされ、修験の道場だった。宇曽利山湖という周囲五キロほどのカルデラ湖をぐるりとり囲む外輪の山々は極楽浄土の蓮華八葉に譬えられている。また、恐山山地と呼ばれる一帯の山岳地帯は、ヒバやブナの原生的な自然環境を有することから、林野庁の森林生態系保護地域にも設定されている。クマをはじめ各種野生鳥獣に恵まれ、かつては「畑」という山村に伝承された狩猟集団の狩猟の舞台でもあった。この狩猟集団の祈禱者をマタギと呼び、「死送り」と言って、獲物の魂を送る儀式を司るのだ。

この一帯の山々には、数は多くないが、冬でも赤い毛色のウサギがいる。「赤ウサギ」と呼んでいた。赤いと言うより、恐山に象徴される宗教的な雰囲気が漂う周囲の山々や、狩猟集団の山の神を敬う信条と考え合わせて紅蓮と言ったほうが相応しいのかも知れない。冬の白色の世界では異様に目立つ。それだけに撃ち獲られやすい。

三十年ちかく前だがウサギ狩りに同行したとき、狩猟者が何羽かを撃ち獲った。それをマタギの儀式にしたがって調理し、夜の酒宴で私は賞味したことがある。その当時の狩猟者は信仰心が篤く、イタコの口寄せに涙した体験を酒席で話題にしていた。どこそこのイタコは呪文の抑揚が本当に素晴らしいのだ、魂がとろけるようなんだ、と感激しながら酒盃を口に運んでいたのを思い出す。

いまでは狩猟伝承を身につけた正真正銘のマタギはいなくなったし、イタコにしても時代の変遷と共に存在意義を失いつつある。

——恐山のイタコは、いまは何人ぐらいいるのですか。

「三人いる。昔は二十人も三十人もいた。みんな亡くなった。私が会長のころでも十七、八人はい

宇曽利山湖の岸辺に佇むイタコの霊場・恐山（写真提供：一戸清志氏）

たナ。いまはイタコの後継ぎが、いるのか、いないのか、わからない。恐山にはまるまる二年行っていない。昔は、何日も泊まりがけで行った。種市には一昨年の例大祭に行ったような気がする。種市ではお祓いをしてもらう」

小笠原さんは健康上の理由で、イタコ組合の会長を辞したのだった。それに加えて、組合組織を維持できるほどの人数もいなくなっていた。それにしても、イタコがお祓いをしてもらうのだから、種市のカミサマは特別な存在なのかも知れない。

――お祓いで気持が元気になったり神通力が得られたりするのですか。

「うん、いままではね。だから通いつづけたの。トシヱさんになってからも通いました。人が代ってもご利益は変わりません」

――悩み事があって種市のカミサマに行くようですけど、みなさん、それで解決されるんですか。小笠原さんも、悩みのある人に対応しているわけですけど、解決しているのでしょうか。

「その人、その人によるんじゃないの。あとでお礼に来る人もいる。それは解決したからではないのかナ」

――小笠原さんは二十歳のとき、カミサマに逢いたいと思ってはじめて種市に行き、カミサマに逢えたのでしょうか。

「六十年あまりも昔のことで、そのころトシヱさんが小学校に入ったかどうか、まだ小さかったナ」

当時、トシヱさんの父・松衛が小笠原さんを出迎えた。

「よく来たな。貴方のような人が来ると、カミサマのお告げがあった。来たら、よく面倒見てやれよ、って」

松衛はそう言って歓待した。

小笠原さんは松衛に、以前見たことのある、数珠をつま繰る人が夢に出てきた話をした。銭谷という引率者を含めて、そのとき十数人の信者がいて祈禱してもらい、禊をして、その晩、宿泊した。深夜、睡眠中、起きろ、起きろと言われて、小笠原さんが何だろうと思っていると、「お前の胸を見ろ、ご利益が来ている」と言われて見たが、何も見えない、誰もいない。しかし、これは夢だった。

翌朝、松衛にその夢の話をした。そのときはじめて、着ていた白装束の胸のあたりに「判断」という二文字の判が押されているのを知った。小笠原さんは文字が読めない。

——眠っている間に、誰かが押したのではありませんか。

「いやいや、そんなことはない。ご利益があった印はこれかなと思った。別当（松衛）さんも、それが印だと言いました。本当にカミサマはいる、ありがたい。カミサマに寄り添わなければ生きてはいかれないと思った」

それからというもの、小笠原さんは毎月のように種市に通って、拝んで戴き、御神水を汲んできた。

——御神水で眼を洗って、病気を治さなかったのですか。

「洗ったり飲んだりして治るような病気ではなかった。それでも力をもらうことができたのよ。ありがたくて、ありがたくて」

　小笠原さんは御利益を反芻するかのように涙を滲ませて私に語った。強烈な印象として記憶の襞に刻まれているのだろう。

「眼は小さいころから不自由だったが、いまよりはいくらか見えていた。いまは、ほとんど見えない。あなたの顔かたちがぼんやり見えるくらいだ。歳でしょう。歩くのも容易でない」

　――いま、何歳ですか。子どもさんは何人ですか。

「天皇陛下と同じ歳です。子どもは男が二人」

　現在、八十二歳。夫は亡くなった。息子の世話になっている。

　――死者の霊をおろすことができるあなたのようなイタコも、種市に行けばカミサマの力をもらえるのですか。

「うん。種市様は誰にでも分け隔てなく力を与えるんだよ、私はそう思っている。種市様は赤倉様とも言っているが、本名は永助と言ってナ、生き神様ですよ」

　小笠原さんは目が不自由でありながら永助様の姿を二、三度、夢で見ている。

「松衛さんが亡くなったときは、ここで拝んでいたんだが、そのとき現れました。そのことを後になって電話で伝えたら亡くなったことを知らされました」

　小笠原さんは朝夕必ず拝む。

　――仏をおろしたお客さんはいままでに何百人もいるんですか。

「何百人じゃないよ、何千人もいる。一人ずつ祈禱するの」

祈禱とは所謂《いわゆる》、イタコの口寄せである。死者の霊がイタコに乗り移る。イタコは依頼者に死者の気持を伝える。科学的な知見に基づけばあり得ないことだろうが、現に、イタコがいて依頼者がいて関係が成立しているのだから、不思議と言えば不思議である。依頼者はときには涙を流し、心を浄化させている。

——恐山の大祭をテレビなどで見ていると泣いたりしている客もいますが、そうなんですか。

「そういうことはある、ある、あるよ」

高齢になったいまでも依頼は絶えない。小笠原さんは体調がすぐれないので、若いときとは異なり、依頼を断ったりもする。体調がよければ受ける。依頼主がそれぞれ異なるので、仏をおろすのに一時間かかることもあれば二時間かかることもある。数珠を使ったり、ローソクを使う場合もある。目が利かないので、ローソクは他人に立ててもらうこともある。

イタコの数珠にはさまざまな動物の骨や牙などが使われている。弓を鳴らしながら祭文を唱えるイタコもいる。このことからイタコの発生を古代の狩猟時代と結びつけて考える研究者もいる（前掲書『巫女　神憑りのメカニズム』）。

『巫女　神憑りのメカニズム』によれば、日本神話に登場する、天岩戸で踊り、神がかって物申す天鈿女命《あまのうずめのみこと》がイタコに似ているという。当該個所を以下に記す。

その神憑りのおしゃべりのために祭壇がつくられ、鳴物がならされている点は、現在の津軽のイタコと全く同じである。即ち祭壇は、玉や鏡や榊のご幣で飾られる。祭壇には灯火が燃やされる。

長鳴鳥は長鳴する、そんな中で天鈿女命は神憑りになって物申してくる。何を申したかは日本書紀には記録がないが、文献に残っている日本最初の神憑りでなかったろうか。この神憑りになって物申したことを古事記では「顕神明之憑談」と書いている。天鈿女命の「顕神明之憑談」によって天照大神は天岩戸を開け、世の中は再び明るくなったのであり、ご利益満点である。

神憑りになって物申した天鈿女命は、今日の口寄せイタコと全く同じであるとさえ言えるのであり、日本民族には有史以前の神代の時代からイタコがあったと結論したいのである。しかもそのイタコの天鈿女命は、その口寄せによって神代の時代の最大の事件である天照大神の岩戸がくれ、即ち暗黒の時代を解決したのであった。イタコは政治的に宗教的に大きな影響を及ぼしていたのであった。その社会的政治的役割において今日の日本の口寄せイタコにくらべて、天と地の差がある。天と地の差がありながら同じイタコと言っていいのである。

私は小笠原さんの数珠を見ながら、そこに括りつけられたものは何の動物の骨でできているのか聞いた。

「象だか何だか知らない骨。爪も何のものだかわからない。数珠は古いもので代々使われてきました」

イタコ（イダコ）について、『語部録』には、語部文字と図解入りで詳細に述べられている。それによると、イタコは「夷妥弧」と書く。つづけてこうある。

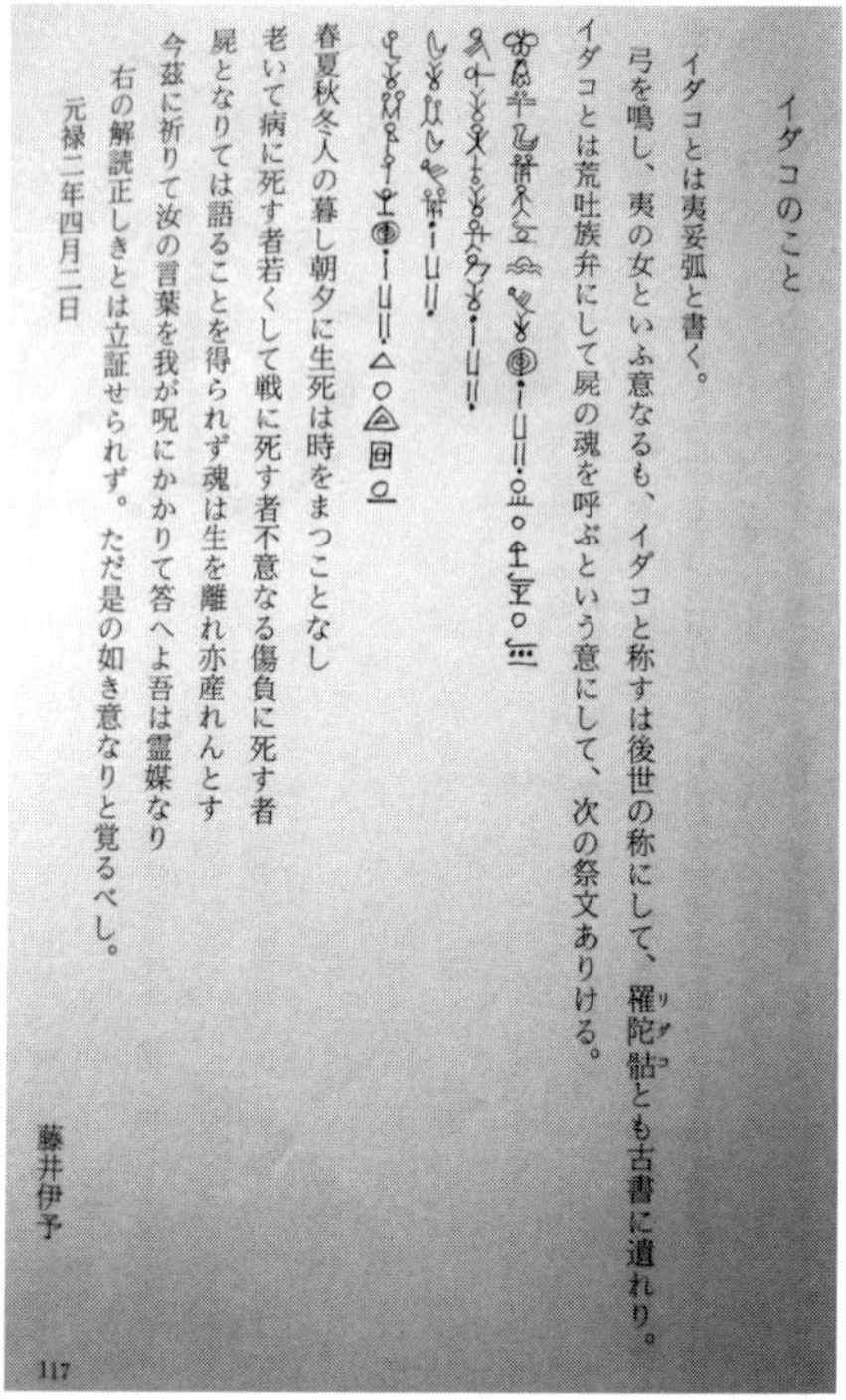
イダコのこと

イダコとは夷妥弧と書く。

弓を鳴し、夷の女といふ意なるも、イダコと称すは後世の称にして、羅陀骷《リダコ》とも古書に遺れり。

イダコとは荒吐族弁にして屍の魂を呼ぶという意にして、次の祭文ありける。

春夏秋冬人の暮し朝夕に生死は時をまつことなし
老いて病に死す者若くして戦に死す者不意なる傷負に死す者
屍となりては語ることを得られず魂は生を離れ亦産れんとす
今茲に祈りて汝の言葉を我が呪にかかりて答へよ吾は霊媒なり
右の解読正しきとは立証せられず。ただ是の如き意なりと覚るべし。
元禄二年四月二日

藤井伊予

117

下記引用箇所の頁。語部文字あり

弓を鳴し、夷の女といふ意なるも、イダコと称すは後世の称にして、羅陀骷《リダコ》とも古書に遺れり。荒吐（ママ）族弁にして屍の魂を呼ぶという意にして、つぎの祭文ありける。

春夏秋冬人の暮し朝夕に生死は時をまつことなし
老いて病に死す者若くして戦に死す者不意なる傷負に死す者
屍となりては語ること得られず魂は生を離れ亦産れんとす
今茲に祈りて汝の言葉を我が呪にかかりて答へよ吾は霊媒なり
右の解読正しきとは立証せられず。ただ是の如き意なりと覚るべし。
元禄二年四月二日　藤井伊予

さらに、イタコの霊媒具、弓と数珠が図解化されている。数珠の一部には左右対称で二個一対ずつ、鷹の嘴《くちばし》、サルの頭、シカの角、クマの牙がとりつけられ、それぞれ「鷹口はし（春）」「猿頭

（夏）」「鹿角（秋）」「熊牙（冬）」との説明書きがある。各季節がカッコ内に記されているのは、その季節を象徴するものとして扱われているのだろう。

そしてまた、つぎのようなイタコに関する記述もみられる。

一族の師
支那赧王辛酉年（紀元前三〇〇年）、東日流にては荒覇吐神祭司とて、オシラ祈禱師、イタコ霊媒師、ゴミソ占師、初めて一族の師とて王より認めせられるなり。
寛政丙辰年　秋田孝季記

これは秋田孝季が記述したものであり、寛政丙辰《ひのえたつ》の年はグレゴリオ暦だと一七九六年。ここに記されている「一族」とは、津軽の中世を支配した安倍、安東氏である。イタコ、ゴミソ、オシラがアラハバキ神祭司だったことを示している。

滝に打たれ、山に登る

居間の隣が祈禱室になっていて祭壇がある。額縁に納められた写真が何種類か飾られ、小笠原さんが岩木山の赤倉沢で「不動の滝」に跪いて滝に打たれている写真もあった。

――滝に打たれているときは、何か、考え事をするのでしょうか。

「願い事を唱えるときもあるよ。懺悔をすることもある」

赤倉登拝路の胎内潜り

他人の悩みや相談に乗ることを生業としているだけに、自らの内面に関しては多くは語ろうとしない。

「銭谷さんが亡くなったあとのことだが、『不動の滝』で『行』をしたときの帰り道、永助様の小屋まで戻る途中で激しい雨に遭った。私たち八戸から行ったグループは濡れなかった。他のグループは濡れていたから、それが不思議だった。カミサマが助けてくれたのかなと思った。でも、カミサマは分け隔てはしないはずなのに、どうしてだろうと、それがわからなかった。私たちの前と後ろの一行は濡れていたんです」

——眼が不自由なので、山を歩くのはたいへんだったのではないですか。

「たいへんと言えばたいへんだけど若かったし、それにみんな親切だし、ロープにつかまって登った。若いころは太っていました。『胎内潜り』というところがあって、太っていたから難儀した。他人にとやかく言うことではないけど、私の場合、眼が不自由で見えなくても、山に登ると心が清められます。百沢から登ったこともあります。二回、山頂まで行きました」

「胎内潜り」は「伯母石」という地点にある。赤倉コースから登る場合、永助堂に泊まって翌朝、山頂を目指して出発し、山頂を極めて下山時、永助堂に着いてから沢水で汗ばんだ体を洗い、種市に戻った。

――写真を見ると、どれも太った姿ばかりですが、病気で痩せたんですか。

「この二、三年、急に痩せました。医者通いをするようになりました。カミサマを信仰していたから食べものは限られていた。でも、何でも食べないといけないと言われて、カミサマからのお許しも出たので肉や卵も食べるようになりました。それまでは何十年も食べなかった。栄養になるようなものはほとんど食べなかった」

――肉の味はどうですか。おいしいと思いましたか。

「いまは食べるけど好きではない。まずいとも思いません」

小笠原さんはカミサマがいることを確信し、イタコとしての人生を歩んできた。イタコでありながら種市のカミサマに帰依しているのだ。

――人生を振り返ってみて、何がいちばん心に残っていますか。

「種市様はありがたい、これだけが心に刻まれています。元気であれば、これからも種市に行きたいと思うけど、元気がなくなったし、行くのは難しいだろうナ」

〈小笠原妙　昭和八年生まれ〉

（註1）三津七湊　室町時代の海商法規『廻船式目』に記されている日本の重要湊十ヶ所。三津は博多、

堺、安濃津。七湊は三国湊、本吉湊、輪島湊、岩瀬湊、今町湊、土崎湊、十三湊。

（註2）安東氏や十三湖に関する伝承の事実性や歴史をめぐる研究報告書に『総合研究　津軽十三湖』（佐々木孝二編・北方新社）がある。各分野における専門家の論考が収録されていて大いに参考になる。

（註3）伏羲　古代中国の神話に登場する帝王。女媧とは夫婦、もしくは兄妹関係にある。

（註4）女媧　古代中国の神話で人類を創造したとされる女神。人頭蛇体。

第五章　御神水

霊験あらたかな清水

村井伸好さんがいちばん印象に残っているのは、中学生のころ、父が脳梗塞で倒れたときのことだった。四十年あまり昔である。父は五年前、東日本大震災のあった年の十一月に亡くなっているが、当時はまだ若く、四十になるかならないかだった。右半身が麻痺した。朝、目覚めたら手足が動かなく口も利けなくなり、そのまま救急車で運ばれ、入院したのだ。

「そのときは退院し、それから一年ほどして、また悪くなって入院しました。だいぶ昔のことで記憶も定かでないところがありますが、救急車で運ばれたのは覚えています」

退院したものの完治してはいなかったのだ。再発は俗に「当たり返し」と言われている。突然の事態に家族は動転し、どうしていいかわからない。父方の両親のすすめで、ともかく種市様に拝んで戴くことになった。後年、種市様の宮司・太田松衛の末娘、トシヱさんの夫になる野田公俊さんと村井さんは従兄弟同士であった。村井さんの父は、野田公俊さんの母の兄に当たる。父方の両親は種市様、すなわち赤倉山神社を信仰していた。

——トシヱさんの御主人・野田公俊さんは日本を代表する科学者で、八戸市の特派大使にも任命されていますが、従兄弟同士で幼いころは遊んだりしたのですか。

「遊びはしましたが、家が離れていたので盆や、正月など親戚が集まったときぐらいです。何しろ、従兄弟ではありますが、雲の上の世界の偉大な方です。忙しいときでも八戸の各学校で無償で講演してくれましてね、私たちの誇りでもあります。父が倒れたときは、向こうの家族にもいろいろ助けてもらいました」

村井さんの父の容態は思わしくなかった。半身不随で身動きができない。言葉もうまくは話せない。中学生だった村井さんの眼から見ても再起不能に思われた。父に代って父の兄弟や母方の両親が種市に通って拝んで戴き、御神水を汲んできて飲ませた。

信じ難いことだったが、入院後、次第に快復に向かった。手術もしないで半年後には退院した。一年ほど自宅療養したのち職場に復帰することができた。後遺症もなく完全に快復し、旅行にも出かけられるようになった。

「普通はありえないことだと医者は首をひねっていました。やっぱり、拝んだことが功を奏したのかと思いました。たんなる偶然かも知れないし、とも思いましたが、それから何度もカミサマのお世話になるようなことを経験したものですから、偶然とも思えないようになりました」

——実際に体験すれば、どうしても認めざるを得ないわけで、聞いただけや、話の上だけで信じることとはわけが違いますよね。

「体験すればわかる、ということになります。体験しなければ頭で考える。もちろん考えることは必要ですが、体験がベースになっているのといないのとでは理解度の質が違ってきます」

――体験を無視すれば、得てして偏見や独断に陥りやすい。世間にはこの手の人たちが多いのだと思います。反省すべきは自分の側にあるのに相手になすりつける。

「世の中、たしかにそういう傾向にありますね」

村井さんは金融関係の会社に勤務している。仕事柄、帰宅が遅くなることが多い。それでも毎月のように休日を利用して種市に参拝し、御神水を汲んできていた。

父の入院中、汲んで来た御神水が緑色に変化していたことがあった。それは吉を意味しているのだが、母は腐ったのかと思って台所に捨ててしまった。そのじつ、父の容態が回復に向かうことを暗示していたのだった。

「あのときは御神水のことをよくは知らなかったし、緑色に変わるのは何のことやら、まさか容態が快復に向かう兆しを告げているなどとは考えもしなかった。ああ、だめになったべ、って、捨ててしまったんです」

まだそのころは、種市に直接、村井さんが足を運んで参拝することはなかった。中学生だった。教師をしていた母方の両親が参拝し、御神水を汲んで来ていた。

「たしかに水の色が変わるころから父の容態は次第によくなりました。カミサマが教えてくれていたのではないかと思います」

父の脳梗塞が全快したことがきっかけで、村井さんはその後、両親に連れられて種市に行くようになる。高校生になっていた。家族で参拝し、御神水は欠かさず汲んできて飲んだ。

いまとは異なり、車を持っていなかったので交通手段は汽車だった。八戸から東北本線に乗り、青森で奥羽本線に乗り換え、弘前で下車、そこから種市までバスを利用して行く。

食事制限、御神水の不思議

村井さんは東京で大学生活を送っていたころ、夏休みの帰省時、御神水を汲んで東京へ持ち帰ろうとしたことがあった。そのとき一升瓶に汲んできた御神水が、東京へ戻る前日、醤油のように黒ずみ、硫黄のような臭いを発散した。

「いまのようにペットボトルの時代ではなかったので一升瓶に汲んで来たんです。一升瓶の内側に煤がこびりついたように黒くなったのです。蓋をとって嗅ぐと、温泉のような強烈な硫黄の臭いでした。種市の松衛さんに伺いを立ててもらいました。何かしらの厄難がある知らせかも知れないので、東京へ戻るのは延期にして精進するしかないと言われました」

——水をかぶったのですか。

「そうです。教えてもらい、風呂場で祝詞を上げながら何杯も頭からかぶりました。肉、卵、乳製品は食べなかった。豆腐や納豆を食べました」

自宅の風呂場で禊するときは、塩を撒いて清めてから実行すると効果的だという。塩は指先で摘まんで四隅に撒き、最後に排水口にも撒く。排水口に撒くのは、外から悪霊が侵入しないようにするためだ。水をかぶるとき使った容器も、塩を撒いて清めたのち伏せておくのが最良のおき方だという。カミサマに接するには、何かと細々した作法があるようだ。

ベテランの信者から教えて戴いたのだが、神社の拝殿に出入りするとき、履物は脱いだまま先端を祭壇に向けた状態にしておくのがいいのだとか。踵を手前に揃えたりするとカミサマに尻を向けることになるので慎むべきことなのだという。

もちろん、あくまでも自分の気持次第である。

村井さんが汲んで来た一升瓶の水は、精進したせいか、二週間ほどして色も臭いも消えた。汲んで来たその御神水を村井さんは飲んだ。

「ぜんぜん、何ともない、ごく普段の水になっていました」

村井さんは帰京を延ばし、精進したことでなにごともなく無事にすごした。これすなわち、霊験なのか。それとも、たんなる杞憂にすぎなかったのではないか。罰当たりな見方かも知れないが、余計な心配をつくり出しただけで、何もしなければ無事でいられるということではないのか。

しかし、御神水の色が変わったことや、臭いを発散したことはどう説明すべきか。

「信じがたいことで認めにくいけど、何がどうなってそんなことになるのだろうと首を傾げつつも、事実は事実として認めざるを得ませんでした」

村井さんが言うには、そのときの厄難の内容までは予測がつかないが、自動車事故か列車事故か、いずれにしても、ただならぬ不幸に違いないとのことだった。事前に託宣を得て、それにしたがったことで、仮想された身の危険を回避できた、ということになる。

「予定どおりに帰京していれば、それはどうなっていたかわかりませんが、とりあえずなにごともなかったのだから、ありがたいことだと思うしかない。その結果、いまがあるのだから御利益なのでしょう」

――御神水はその後、ずうっと飲みつづけているのでしょうか。

「毎朝、少しですが飲んでいます」

――あれは沸かしたりするとだめなんですか。

「いや、沸かして飲んでもいいそうですよ。以前、信者さんと種市で会ったとき、その方は沸かした御神水でお茶をいれて飲んでいると言っていました」

――氷にして焼酎やウイスキーに入れることも考えられます。名づけて「カミサマロック」、私なら酒が好物だからいいんですがね。でも、神聖な水だけに嗜好品として愉しむのはよろしくないのかもしれません。

「底に沈殿して黒くなることがあるんですが、土みたいに沈んだそれは、胃の悪い人にはいちばん効果があるそうですよ」

やはり、薬用として使うのが、御神水にとってもっとも適切な使い方で御利益もあるのだろう。耳の中がかゆくて仕方がなかったという人や、耳垂れに悩んでいたという人から聞いたのだが、御神水を綿棒に浸して使ったらたちまち治ったという。

神頼みで、害があるわけでもないのだから、使ってみて効果があればそれに越したことはない。

――御神水を飲むのと同様に食事制限もしているのですか。

「私の場合、土曜、日曜は精進を解かせてもらっています」

カミサマとして自他共に認めるほどの信者ならべつだが、そうでなければ一年三百六十五日、精進料理だけを食べている信者はいないようだ。肉は食べないけど魚は食べるという信者や、村井さんのように曜日を決めて食べない人はいる。むしろ、そのほうがけじめがついて、節度ある食生活が愉しめるのかも知れない。

――魚も食べませんか。

「肉・卵などと違って決めているわけではありませんが、できるだけ食べないようにしています。でも会社の送別会などの会合では食べたりもしています」

夫婦竜神。御神水がこぼれ落ちた形が龍神に見える。幸運の印（写真提供：長尾良子氏）

――しかし、料理をつくるにしても、奥さんは献立のやりくりがたいへんですね。

「そう、たいへんですよ」

傍にいた夫人がそう言いながらつづけた。

「種市に行く前には三日、四日とか。いまは慣れましたけど、嫁に来たころはたいへんでした。この家を建てるときは一週間でした。自分も食べられないので、そのことへのストレスがありました。調味料も、いろいろ間違えて使ったりして、つくり直したりしたこともあります。菓子類は大抵乳製品が入っていますしね。なかなか面倒です」

カミサマの霊力

村井さんは四十二、三歳のころ、仕事で残業がつづいた。疲労が蓄積し、体調不良のせいだと思うのだが、目眩がすることが多かった。その夜、十時すぎに帰宅し、入浴後、二階へ行く階段を上りきったところで、そのまま仰向けにひっくり返って転落した。

そのころは二世帯住宅で、階下に両親、二階に村井さん夫妻が二人の息子と住んでいた。夕飯の片づけを済ませた夫人が、居間でテレビを見ながら夫の帰りを待っていると、白衣姿の大足の男がすり足で二階へ上がって行ったような気がしたのだ。

一瞬、錯覚かなと思ったその直後、十時過ぎだったが夫は帰宅した。階段から転落したのが十一時。ドタドタドタッという騒々しい音がした。夫人が見たとき、夫は階段下に叩きつけられて気を失っていた。本人は二階へ上がったところまでは記憶している。

夫人は救急車を呼んだ。村井さんは気絶したまま搬送され、病院のベッドで意識をとり戻した。一週間入院し、精密検査した。どこも異常なし。以来、毎月一回は種市様に参拝するよう心掛けた。車で行くので、昔、汽車やバスを乗り継いで行ったときにくらべたらだいぶ楽である。

ところが冬になると、豪雪地帯の津軽地方では、降雪や積雪が交通障害となり難儀する。それで、ひと冬分の御神水をまとめて汲んで来ることもある。

村井さんの家族は、誰が強制したというわけでもなく、一人一人が習慣的に御神水を飲用し食事制限も実行している。

「長男も大学受験のとき、春先でしたが、一週間ほど水垢離をとりました。第一志望の大学には失敗しましたが、しかし結果的には、第二志望の大学に入って教授にも恵まれ、卒業後の就職にしても順調に進んでよかったようです」

村井さん宅では、平日は精進料理を食べ、土曜、日曜には魚も食べる。毎月十二日は山の神の日、それと旧暦十九日は赤倉山神「永助様」の月命日に当たるので、肉・卵は言うに及ばず魚も食べない。結婚して三十年になるが、夫人の実家も家族ぐるみで食事制限を実行している。日ごろからカミサマを信心し、その加護にたいする感謝の念が、個々の内面に平安をもたらし、生活に一定の規律や秩序を与えているのだろう。

「日々、精進を怠ることなく信仰していると、カミサマの霊験が生活の隅々にまで浸透するようです。自分や家族の身に不可解なことが生じても動じることなく冷静に対応できます。これもカミサマの霊験によるものだと思います」

夫人の父親が入院し、ベッドから起き上がることもできない状態だった。検査しても原因不明。全身に痛みが走る。家に保存してある御神水を小瓶に入れて持って行き、上体を抱きかかえるようにして飲ませた。

つぎの日、夫人が面会に行くと、なにごともなかったかのように元気だった。一人で上体を起し、ベットの上に座ることができるようになっていた。

「偶然なのか、御神水がそうさせたのか、はっきりしたことはわかりませんが、ともかく驚きました。ホントに不思議でした」

父親はその後、痛みもとれ、二週間ほどで退院した。九十四歳になる現在、どこといって悪いところもなく元気で生活している。

不思議と言えば不思議、たまたま遭遇した偶然と言えば偶然、カミサマの霊力と言えばそうかも知れないと思えるような現象は、日常の至るところで見受けられる。

夫人が種市に行きはじめたころ、不思議な出来事に出くわした。

「行きはじめて二度目か三度目でした。家に入って玄関を上がり、正面の梁に飾られた祠に御挨拶しようと跪いて頭を下げたとき、ネックレスの鎖が切れてペンダントがポトリと落ちました。一ヶ所切れたのなら、よくあることのような気もするのですが、ペンダントの両脇が二ヶ所同時に切れたものですから不思議でした。カミサマの存在を知らせるためにそんなことをしたのでしょうか。日ごろから神仏は大切に思っていたのですが、それからというもの、さらに信心深くなりました」

夫人が跪いた祠は、生前、永助様の修行中、外から飛んできて室内を三回回って梁に張りついたとされ、天照大神が祀られている。さらにその後方には、それ以前からの、秋田の太平山三吉神社と友好関係にある祠が、もうひとつ安置されている。玄関から入って正面の部屋にあるので太田家を訪問した際には、信者であれば誰もが跪いて拝むのが慣わしである。

夫人はもうひとつ、神がかった話をした。

「うちの二男が大学入試で上京したとき、トシヱさんの千葉の自宅に泊まらせてもらって受験に臨みました。トシヱさんが種市の実家にいたとき二男の受験の話をしたら、宿泊をすすめてくれたのです。受験に出かける朝、トイレに入って、本棚を何気なく見ると、メソポタミア文明に関する本があった。手にとって用を足しながらページをめくってみました。世界史が受験科目だったのです。バッチリ当たりました。メソポタミア文明が出たのです」

メソポタミアの地といえば、古代シュメイルであり、再三引用している『語部録』によれば、そこは、イタコ、ゴミソ、オシラの三祈禱師を生んだアラハバキ神信仰発祥の地である。「シュメイルのカルデア民語にしてアラとは宇宙にして獅子座を意趣し、ハバキとは母なる大地を意趣せるも、神なる哲理に基く聖説は、尚以て奥義の深きにありて、是を土版に押文字に遺したるルガルの聖典ぞ、古代シュメイル国なるジグラット[*1]瀝青の丘に散在せり。なかんじく《マヽ》ウル王の代なる多し。享和壬戌十月廿日　和賀之住人　堀田出雲」（『北鑑』）

ウソかホントか、まるっきり判断の域を超えてはいるが、信心深い人であれば、ここに及んで一瞬の閃きに、何かしら時空を超えたカミサマの霊感を感じるのではないか。

「その大学には合格しました。でも、別の大学にも合格したのでそちらに入学しました。試験とか、大事があるときは食事制限をして臨むことにしています。二男の受験のときもそうやって送り出しました」

まじない、ある種の呪術である。心理的効能はあるのではないか。

占ってもらうのは、他力本願と言えば他力本願、神頼みである。それでも俗にまみれた隣近所の他人に頼むよりは遥かに有効と思われる。

「車を買う際、御護符で占ってもらいました。欲しい車種を言うと、それはだめ、あれもだめ、結果的にお告げのあった車を買って、たいへん役に立ちました。スライド式のドアだったのです。妻の母が入院して、家族を病院へ送り迎えするときなど便利でした。母はいま八十九歳ですが、八十四歳のとき腹部大動脈瘤で市立病院に入院し、二回手術しました」

年齢も年齢だし、成功の確率は五パーセントから一〇パーセント未満と医者に言われた。入院中、御神水をガーゼに浸して嘗めさせた。手術後も御神水で拭いた。手術は成功し、入院して二ヶ月後には退院した。母は現在、元気に福祉施設で暮らしている。

「施設に入るとき先生が、よく助かった、信じられない、と言っていました。御神水の力なのかと、半信半疑ながら思わずにはいられません。あすこの御神水は本当に不思議な水です。色も味も変わるし、鉄臭い強烈な臭いを発したこともありました。何かを知らせているのでしょうか」

家族全員で種市に行ったときのことだった。清水湧き出ている堂舎は、本宮のある場所から二キロほど離れた別宮の境内にある。六畳ほどの広さの、コンクリートで固められた床の一角に井戸があり、清水が溜まっている。その床の片隅にある小さな隙間から、勢いよく水が出ていた。

「子どもたちも見ていました。規模は小さいけど、地震のときテレビのニュースで見たことのある液状化現象のようでした。噴き出る水の高さは十センチほどでした。私たちがいる間中ずうっと湧き出ていました。不思議なことに溢れ出た水が床に広がっていかないのです。何を知らせているのか、私たちにはわかりません。トシヱさんに知らせたら、縁起がいいことだと話していました。でも、とり立てていいことは私たちにはなかったように思います。はじめて見ました」

赤倉山神社別宮の境内にあるこの建物の中で御神水が湧いている

村井さんは毎月一回御神水を汲みに行く。二リットルのペットボトルに入れて保存し絶やさないようにして、毎朝ひと口ずつ飲みつづけている。薄めて飲んでも大丈夫とのことである。

――生活していれば、尽きることなく、カミサマにお願いすることが出てくるものでしょうか。

「やっぱりいろいろありますね。結婚のこととか、就職とか、人生の局面で相談したいことはあります。その都度、心の拠り所にはなっています」

――毎月、種市に行き、お願いしたり、相談したりすることがあるものなのでしょうか。

「とり立ててなくても、日ごろのお礼もかねて行きます。トシヱさんが忙しくなければ、拝殿で灯明を立てて見てもらうこともあります。お腹に気をつけなさいよ、とか、そのぐらいですけど、そのあと別宮にもお参りして御神水を頂いて帰って来ます」

――例大祭の深夜に光がくる話は聞いたことはありますか。

「何回もあります。泊まったとき一回見に行きましたけど、残念ながら私には見えませんでした。見える人には見えるそうです。去年も見たという人がいまし

赤倉山神社の別宮。永助様生誕百年を記念して建てられた

た」

――赤倉霊場の堂舎に行ったことはありますか。

「それこそ野田さんのお父さんが元気なころ、日帰りで、連れて行ってもらいました。二十代でした。チームを組んで行ったのですが、男性だけが山頂まで行きました。公俊さんもいっしょでした。もう一回は行ってみたいと思っても、この歳になると、果たして登れるものかどうか。下の方からばかり拝んでいます。ほんとうにいろいろ助けてもらい、ありがたいカミサマです」

〈村井伸好　昭和三十四年生まれ〉

難病と闘う母娘

日本海に臨む西津軽のちいさな漁村の尋常高等小学校を出た村田はちゑさんは、当時、鰺ヶ沢町にできた裁縫の学校に通っていた。五能線の北金ヶ沢駅まで歩いて行き、そこから汽車で鰺ヶ沢に出る。敗戦前の昭和十八年、十五歳になっていた。

「女ばかり六人姉妹の四番目に生まれましたが、幼いころ一人亡くなったので三番目。村から三人、鰺ヶ沢に通っていたけど二人は女学校でした。貧乏だったので私だけが裁縫の学校でした。馬鹿臭くなったの、私より出来のよくない人も女学校に行っているのに。金のある人が羨ましかった」

村田さんは金を稼ごうと思い、家族に内緒で職業安定所に行き、就職を相談した。

「どうか働くところを探してください。掃除でも何でもします」

対応した係員は親切な人だった。

「鉄道で試験があるから願書を書いて受けてみなさい」

自分は女学校を出ていないから無理です、と断る彼女を諭すように係員は受験をすすめた。受験は保線区の事務所で実施された。電話の交換手見習いの仕事に合格した。女学校出の他の受験者が不合格で、自分が合格したことが嬉しかった半面、他の受験者に申し訳が立たないような割り切れない気持もあった。

家族に内緒だから、職場に行くのに、裁縫箱と弁当を持って家を出る。通いつづけてふた月ほどして、裁縫の学校の先生から両親に手紙が届いた。女学校に進学させたほうがいいのではないかとの内容だった。それがきっかけで、交換手見習いをしていることが発覚し、白状した。

「女学校出だと月給で、高等小学校出だと日給なんです。だから女学校に行きたい気持はあったのですが、女子だから必要ないと両親が断りました」

一年あまりのち、真冬の二月、再び試験があった。前回の鯵ヶ沢とは異なり、青森でだった。結果、本採用に合格、十ヶ月の講習を終えて鯵ヶ沢駅に配属された。

「講習ではモールス信号も訓練しました。私は七つで小学校に入学しましたが、十七か十八歳になっていました。鯵ヶ沢に配属されて月給がもらえるようになりました。二十七円です。嬉しかった。一生懸命働くだけでした。しばらくして振り返ってみると、よく入ったものだとつくづく思いました。運がよかったのです。男の人たちは召集がかかって戦争に行きました。人手が必要だったんです。昭和二十年八月十五日、戦《いくさ》やめたでしょう」

敗戦を迎えて人員削減がはじまっていた。その年の十月二十五日、大館の大滝温泉で一泊の慰労会があった。助役一人、交換手二十数人が参加した。

「みんな喜んで行ったのサ。つぎの朝、点呼に出たの。そしたら、誰某《たれがし》は残って、あとは解雇になったの。残ったのは五人でした」

村田さんも五人に入っていた。さらに一年数ヶ月後、昭和二十二年三月二十一日、結婚を理由に村田さんは退職した。辞めなくてもよかったのだという。

「男の人がうるさくてサ。駅長さんを使って嫁にもらいに来るんですよ。その人バ好きでないの。

それで職場を辞めて、別の人と結婚したのサ。昔は十代でほとんどが結婚していましたから、私は遅い。旦那は国鉄の人です。運転区にいました。機関車を引っ張っていました。五十五歳の定年を迎えて、そのあと運転区の所長の斡旋で同系列の会社に勤めました。平成十二年、亡くなりました。今年（二〇一六）が十七回忌にあたります」

パーキンソン病だった。選挙の投票に行った帰り、坂道を下りているとよろけて止まらなくなったのだ。村田さんは夫を支えて橋のたもとで休ませた。そのとき夫は、はじめて病名を打ち明けた。

「平成四年（一九九二）でした。そのころ大学病院の教授宅の掃除に行っていましたので、先生と奥様に事情を話し辞めさせてもらいました。十一年間そこで働きましたが、二人とも立派な方で、先生は夫の病気の相談に乗ってくれました。大学病院に紹介するけど、それがだめなら碇ヶ関に黎明郷という施設があるので、そこはどうかと言ってくれました」

夫は十年ほど前、寝ているとき震えが止まらなくなった。娘と二人で市内の病院に連れて行くと震えが治まったので、それっきり検査もしなかった。教授が相談に乗ってくれるというのだから、先生にお任せします、と言ってお願いした。

「黎明郷病院に十ヶ月あまり入院しました。入院中に他の患者から虐めに遭ったりもしました。パーキンソン病でしたが、傍目には何ともなさそうに見えるのが虐めの原因でした。それでも薬が合っていたのか、退院後も具合がよく十年生き延びました。振り返ってみると、みんないい人ばかりで、私も主人も恵まれた人生でした」

――恵まれた人生であれば、カミサマの信者にならなくてもよさそうなものですが、何か、きっかけがあったのでしょうか。

そのへんの事情を質問すると、つぎのような答えが返ってきた。

「子どもは、娘一人なの、カミサマにはほんとうに助けられたの」

娘は昭和二十五年生まれ。弘前市内のマンモス中学校で知られる第三中学校に通い、成績優秀だった。担任の教師は、この地方の名門進学校で知られる男女共学の高校への進学をすすめた。しかし、両親は反対し、名門の女子高校に進学させた。

娘は落ち込んでしまった。教師が授業で、女性の理想像として良妻賢母を掲げ、その心得を説いたりした。娘は反駁し、帰宅してから母に嚙みついた。泣きながら愚痴をこぼした。成績は下がるし、それだけではなかった。発病したのだった。

「八月に八甲田山の田代平に遠足に行き、九月の十日ごろから体調を崩し、それからどんどん悪くなったの。昭和四十二年か三年でした。弘前市立病院に行ったの。先生が手を出しなさい、と言って、娘のツメをつかんだ。私は傍で見ていました。これは風邪だから大丈夫、と先生が言った。ああ、そうですか、と受け答えをしたんだが、私は違うと思ったの。絶対に違う」

明日また来なさい、と言うので、翌日、また行った。前日とは異なる先生が診察した。その先生も、風邪だね、と言った。母は疑っていた。絶対に風邪ではないと思っていた。

「先生、今日は入院させたいと思って来たんです」。母はすがる思いだった。

「風邪だから、部屋は空いてないかも知れないな」。先生はにべもなく言った。

「何とか、入院させてください。お願いします」

先生は一瞬、考えごとでもするように態度をリラックスさせてから改めて聞いた。

「子ども何人いるの」

一人です、と答えると、そうですか、と頷いて、部屋を詰めてもらい、入院させたのだ。まだまだ、時代に大らかさが残っていた。融通のきく会話のやりとりが、医師と患者との間にあったのだ。

「私には白血病だとわかっていました。なぜかと言えば、鰺ヶ沢で、おまわりさんの長男、六年生でしたが、成績のいい子どもでした。顔も体も透き通るくらい白くなった。赤い血がなくなるんだもの。白血病で死んだんです。娘と同じような症状でした。それで入院させたいと思ったのです。最初から自分の考えをしゃべればよかったけど、なにしろ医者様の先生相手では、なかなかそうもいかねぇべ」

——白血病には急性、慢性、リンパ性、骨髄性などいろいろあるようですが、医者は病名を話したのでしょうか。

医者は風邪だとしか言わなかった。しかし母は、白血病だと判断し、いまでも自分の判断は間違ってはいなかったと確信している。もし医者にしたがっていれば、カミサマにすがることも、カミサマの熱心な信者になることもなかった。

娘は入院後、一週間ほどで体調が少し楽になった。病室には新しい患者が、通路を挟んで、娘と向かい合うようにしてベッドで寝ていた。隣の平賀町の病院にひと月ほど入院していたのだが、治る見込みもないまま病院を変更し、娘と同室になったのだ。一週間のちには個室に移され、その二、三日後、死亡した。十九歳の娘だった。

村田さんの娘が言った。

「もしかしたら、あの人、私の身代りで逝ったんでねぇべガ」

村田さんの娘は、結局、風邪と診断され、退院した。

白血病を治す

村田さんは娘の病状を私に説明しながら、白血病はこうすればわかるのだと、自分の左手の人差し指を、右手の親指と人差し指で挟んで強く圧《お》して見せた。

「こうすると、圧されて白くなった部分は、右手の指を離しても赤みが戻らないんです。それ以外にも、手も顔も透き通るようにきれいに見える。そして、めまい、吐き気、体がだるくてどうしようもない」

種市に行くようになったきっかけは、最初に相談したカミサマにすすめられたからだ。大鰐町の唐牛という地域にいた女のカミサマだった。そのカミサマが種市様、つまり永助様から神通力を得ていた。村田さんも幼いころ両親に連れられて例大祭を見物したことがあったので、種市様の存在は知っていた。いまとは異なり、カミサマ信仰が興隆していた時代であり、なかでも「生き神」として永助様、すなわち種市様は広く知られていた。

村田さん母娘が種市に行くとき唐牛のカミサマも同行した。一泊の予定だった。娘は高校を休学していた。唐牛のカミサマの指示にしたがい、種市に着いてから母娘は額に祈願の鉢巻を巻いた。種市には、八戸から来た男のカミサマも、神通力を得るため泊まりがけで来ていた。そのカミサマが村田さんの娘をひと目見るなり、あれ、何ボになる、と年齢を聞いたのだ。高校二年です、と娘は答えた。

八戸のカミサマは突然、声を大きくした。

「ありゃ、これ、山サ行って、悪くなったんだデバナ」と言い当てたので、村田さんはその透視力に驚愕するばかりだった。

「体が弱っているとき山サ行けば、自分の体内で酸素をつくれない、それで病気になる。こりゃ、たいへんだ」

その晩、村田さんの夢枕に、烏帽子を被った若い男が立った。

「若くていい男でした。あれを太夫様と言うのだべナ。翌朝、そのことを話したら、それは悪いことではない、と松衛さんが言ったの。松衛さんがまた、大黒様みたいな、優しくていい人だった。松衛さんが言いました。新しいさらしを二反持って来なさい、って。それで弘前の家サ戻って、さらしを二反買って行きました」

さらし二反を神前に供えた。祈禱をささげてから一反は持ち帰り、娘に巻いて着せた。護符占いもした。なかなか託宣が下りなかった。紙片に色が浮かび出ないのだ。しかし、ようやく白が出た。

「白がいいんですって、治るから。赤はだめなんだって、赤が出れば、とにかく気をつけねばマイネんだ。灰色も茶色も、薄いのから濃いのからいろいろある。私は赤は見たことがない。カミサマの言うことは何でも聞きました。一人しかいない大事な娘なんだもの、着物はちゃんと洗って持って行きます。婆様はそれがいいって言ってた。カミサマはほんとうに一生懸命に祈ってくれました。

あすこの御神水は凄いんだよ。いまも飲んでいます」

村田さんの言う婆様は松衛の妻であり、名はトク。

村田さんは御神水の御利益を説く。娘と二人で御神水を汲みに行ったとき、清水が鉄分を含んだ色でブクブク音を立てて底から盛り上がったという。

「あそこの水は拝むと、それに応えて、力強く、ブクブク水泡を湧き立たせて盛り上がることがあるんだよ。ほんとにサ。何回も見たよ。見たことがなければ信じられないと思うけど、うちでは主人も娘も見てるの。何回もサ。お祈りしてもらい、水を頂いて飲んで、それで娘は助けられたんだもの」

年が明けて四月から新学期がはじまる。娘は白血病ということで休学していたが、治らなければ、さらにもう一年休学しなければならない。一人娘の母として、村田さんはカミサマにすがりつづけてきた。それ以外に頼れるものがない。三月も末、再三、お願いしてあった護符には、ひたすら拝んでもなかなか託宣が下りなかった。お告げがなくても学校には行ける、と開き直って考えたりもした。とはいえ、困惑は隠し切れない。途方に暮れるしかなかった。

「困った、困った、ドセバ（どうしたら）いいべ。そしたら、しばらくして連絡があったの。お告げが入った、入った、って。学校サ行ってもいい、って。ありがたくて、ありがたくて、あの気持は、とてもとても忘れられないよ。そして、二年生サまた行くことができたの、二年生二回やったの。このあと白血病がすっかり治ってしまったの。病院の薬はぜんぜん飲まなくて、カミサマの水ばかり飲んでいたら、何ともなくなってしまったのサ。それでカミサマにお世話になったお礼と、日ごろのお願いも兼ねて、いまも通っているのサ」

この七月、娘は満六十五歳になる。村田さんは娘が十七歳の高校生だったころから種市に通いつづけている。娘は結婚後、東京で暮らすようになった。カミサマの松衛は他界し、末娘のトシヱさんが、その代理をしている。娘が帰省するたびに、村田さんは二人で感謝の念をささげに種市に行く。

カミサマの導きがあればこそ

村田さんは、自分のいまがあるのは、すべてカミサマの御利益だと信じて疑わない。

「カミサマの力は、言葉でしゃべってもわかるもんでない。しゃべれば世間の笑いものになるだけ。肉食えばマイネ、ネギも玉ネギもマイネ、食べもの、いろいろ厳しいんだよ。精進食をとれば健康感が湧き出て体が軽くなる。ほかにも、女はメンスのときお参りはだめ、お産のときもだめ、死人が出たときも四十九日をすぎないとだめ。お寺に行った翌日、種市様にお参りするのはだめ、一日おかねばマイネ、普通の神社とは違うの。亡くなった太夫さん（松衛）やお母さん（妻）の世話になったし、娘や孫も含めて私は救われた。みんなカミサマの導きだと思います」

娘は病気が完治し、高校卒業後、電話局に入社。奇しくも母と同業種、交換手だった。結婚し、一男一女の母となった。息子は医者、娘は音大を出て、幼稚園の先生をしていたが腰を痛めて退職し、ピアノ教室を開いている。三十四歳で結婚した。種市のカミサマが夫を見て、いい人だと言ったそうである。

村田さんが言うには、孫が医者になるとは思っても見なかった。一浪して東京の大学の医学部を受験するときカミサマにお願いした。カミサマが夢枕に立った。夢の中でカミサマから護符を与えられた。白が出たので、夢から覚めて、大丈夫だと確信した。

家においてある御神水にも、災厄を暗示するような変化は見られなかった。御神水の色は村田さんの人生で、さまざまな場面で指標になっている。近ごろは、泡が出たりすることもあるという。以前、夫の退職金でアパート購入の儲け話を業者から持ちかけられたとき、一升瓶に入れておいた御神水が一夜で醤油のような色になった。悪臭もした。そのまま放置しておけば元に戻るが、飲んでも大丈夫なのだとか。アパートの件は、もし業者の口車に乗っていれば、儲けるどころか、借金で苦労が絶えなかったかも知れないと、村田さんは安堵の胸をなでおろしている。

身体に吹き出物ができたときも、六十代だったが、このときは二軒の病院に通っても治らなかった。紹介されて大学病院に行く。

「三年で治るか、五年で治るか、見当つきません」と医者に言われた。

種市に行って事情を話し、浴槽に入れるため、御神水を一升瓶に二本汲んで来て床の間におくと二日目の朝、一本は白、一本は木っ端みたいな薄茶に色が変わっていた。浴槽には一升入れるつもりだったが、どうしたことか間違えて二升入れてしまった。

そのとたん、強烈な臭気が部屋中に充満した。硫黄の臭いだった。一升が適量なのに二升入れたのが間違いだった。それでも入浴し、そのあと、あまりにも硫黄の臭いが強烈なので浴槽のお湯は交換した。

後日、医者に言われた。

「嶽《だけ》の温泉サ入ってみればいいですよ。治る患者もいますよ」

村田さんはこのとき、はたと気づいた。嶽温泉は硫黄泉で知られている。カミサマが医者より先に、そのことを知らせてくれたのだと。

「それで確信したのサ。嶽サ湯治すれば治る、って」

湯治に行き、二十九日目で吹き出物が引きはじめた。三年間通いつづけて完治した。

「みんなカミサマが仕向けてくれたことだと感謝しています。目には見えない力が働いているのだと思います。種市の永助様です。いまの太夫様の大叔父さんです。永助様は藁を燃やして、その中に入っても火傷しないと言われています」

村田さんは、永助様は死んではいないのだと私に語った。戸籍上は抹消されていても生きているのだという。何故ですか、と私は聞いた。根拠を知りたかった。

「先生（松衛）も話していました。ほんとうに亡くなるときは、必ず、印をつけていくそうです。炉端に足跡を遺していくそうです。その足跡を、私たちにいまだ見せてはいません。私は信じています。永助様が亡くなってはいない、その証と言っていいと思うのですが、命日の午前〇時前後に光となって現れます」

永助様の祥月命日は旧暦八月十九日、前日から種市の太田家には信者が集まる。村田さんはよほどのことがないかぎり毎年詣でている。数年前、それまでは知らなかったのだが、永助様の霊が光となって現れるので、一緒に拝みに行きましょうと、居合わせた信者に誘われた。本宮のある太田家から御神水の湧いている別宮までは二キロほど離れている。車に乗せて行ってくれるというので村田さんは同行した。

場所は別宮の奥の院の裏手だ。田んぼの向こうに岩木山の秀麗な山容が見える。午前〇時をすぎるころ、赤倉沢の上部、そこは擂り鉢状の地形なので「銚子の沢」と呼ばれているのだが、その「銚子の沢」付近に、花火のように幾つもの光が散った。と思うと、その光がひとつの塊になって下降しはじめた。

私は村田さんの話を聞きながら、光が空を飛んだのかと想像したのだが、そうではなかった。

「たぶん、頂上へつづいている登山道を下ってきたのではないでしょうか。ときどき隠れて見えなくなるのは、そこに林があるからだと思います。曲がりくねって林の間に見え隠れしながら下ってきます。傍で『あっ、見えた見えた』と小さく叫ぶ人もいます」

光の塊は、麓にある大石神社の付近まで下ると東の方向へ移動した。鬼沢方面ではないかと思われる。そこには鬼神社があり、永助様の例大祭に、毎年、獅子舞を奉納している。

「鬼神社のある付近だと思います。その方向で消えました。そしたら突然、前方数メートルの田んぼの中で光っていたのです。黄色い光を発していました」

村田さんはホタルと勘違いした。思わず、ホタルがいる、と口に出して言うと、傍にいた信者が、いまごろ、ホタルがいるもんですか、と揶揄した。たしかにそうである。ホタルなどいるわけもない。初秋だった。加えて、ホタルでない証拠に光が明滅していない。

とくに霊感の強い信者は、事前に、光の塊が発生するのを察知するようだが、村田さんにはそれができない。

村田さんは光が発生するのをこれまで何回か見ている。見えない年もあったが、そのときは鷹の啼く声が聞こえたという。

「カミサマが光になって姿を見せてくれたのだと思います。鷹は種市のカミサマの使いです」

村田さんに見えても、他の信者には見えないこともある。他の信者が、どこにいるの、と聞くから、そこにいる、と教えても、その人には見えていないことが何度かあった。

〈村田はちゑ　昭和三年生まれ〉

カミサマ料理礼賛

「赤倉山神社に参拝するには心身を清めるために幾つかのお願いがございます」

井上正直さんが作成した「赤倉山神社参拝留意事項」の表紙にはこう書かれている。

内容はカミサマに参拝したり祈願したりするのに欠かせない作法や禁忌事項、さらには食事を中心にした心得や、食べていいもの、いけないものを項目別に列記し、注意を促す。

簡単に言えば、肉類、魚介類、乳製品など動物性の食材や、ニンニク、ネギ、玉ネギ、ニラ、ラッキョウなどの野菜、総じて禁葷食は避けねばならない。祈願のときは禁酒、不婬《ふいん》も加わる。「言うは易く行うは難し」である。

井上さんが「赤倉山神社参拝留意事項」を作成してから七、八年が経つ。以来、徹底して食事制

赤倉山神社
参拝留意事項
赤倉山神社に参拝するには
心身を清めるために幾つかの
お願いがございます。

赤倉山神社参拝留意事項表紙

限を実践しつづけてきた。戒に徹し、自己統御力を鍛錬する。

八戸市内の繁華街の一角に、井上さんが営むちいさな居酒屋がある。

——信心に至る、そもそものきっかけは何だったのでしょうか。

井上さんは東京から八戸に戻り、居酒屋を営む以前、市内のホテルで働いていた。偶然、職場の同僚に霊感の強い人がいて、二人でよく霊界について話をするようになった。ある日、入浴して、頭を洗っていたとき子どもの姿が見えた。

「その子どもが全身焼けただれていたんですよ。それが、もちろん幻影ですけど、寄りついて来て、あっちへ行け、と言っても、私から一週間ぐらい離れなくなりました。困ってしまい、同僚に相談しました。同僚には師匠がいたので、その師匠に相談したのです」

井上さんは師匠の家に連れられて行った。その師匠が対馬清太郎（故人）という人で、種市で修行した赤倉様の信者だった。巻末資料『赤倉山の大神さま』の執筆者である。親がおろした水子の霊が憑いていると言われた。

「対馬さんに言われたことを親に話したら、自分は三人兄弟ですが、四人目ができたとき親が経済的にも育てるのは無理なのでおろした、と言うのです。その子の霊が成仏できていない。それを祓うには霊を神棚に祀って、成仏できるように日々、お祓いをしなさい。対馬さんにそう言われました」

留意事項

・食事について
参拝する7日前から摂取制限を受ける食材がございます。
「食材編」「食べてもいい料理編」「注意が必要な料理編」を参考に清体の調整に努めて下さい。

※制限される食材・料理は神棚にお供えすることもできません。
（肉類・乳製品等・詳しくは次のページの食べてはいけない物を見て下さい）

・入場について
「身支度」及び参拝者の「特定事項」により、参拝を制限する場合がございます。
「入場について」を参考に神前での儀礼に習い御参拝下さい。

神前での様相は参拝者のみならず同伴者へも影響します。
留意事項を順守のうえ、高い効用が得られるよう
正しく参拝を行いましょう。

食事について

食材編

	神様のお力をお借りする時、精進をする時絶対食べてはならない物
肉食全般	牛、豚、鳥、馬、羊、鯨
加工肉	ハム、ソーセージ、ウィンナー、ベーコン、　サラミ
魚類全般	えび、いか、タコ、カニ、ホタテ、しじみ、　あさり、ほっき、くらげ
卵・魚卵全般	鶏卵、うずら、いくら、すじこ、たらこ、うに、かずのこ、たらきく
野菜	にんにく、長ネギ、玉ねぎ、にら、らっきょ、あさつき、行者にんにく
練り物	ちくわ、さつまあげ、かまぼこ、はんぺん
乳製品全般	チーズ、バター、マーガリン
飲み物	アルコール全般、牛乳、カルピス、ヤクルト、缶コーヒー、リポビタンD、調整豆乳
お菓子	パン、ドーナツ、ケーキ、クッキー、饅頭、　アイスクリーム、チョコレート、ヨーグルト、プリン
	（基本、バター、ショートニング、ガーリックパウダー、ポークエキスパウダー、チキンエキスパウダー、オニオンパウダー、卵、牛乳を使用しているものは口にできません）
だし・調味料	コンソメ、ブイヨン、にぼし、かつお節、　ほんだし、そばつゆ、めんつゆ、ケチャップ、ソース、マヨネーズ、レトルトカレー、市販のカレールー、納豆についているタレ
麺	ラーメン、カップラーメン

井上さんはそれ以来、アパートの自室に神棚を安置し、灯明をあげながら般若心経を唱えて祈るようになった。摩訶不思議なことに一年ほど経つと、井上さんの内面にカミサマが現れた。穏やかな笑顔を見せていた。

「それで、そのカミサマの絵を描きました。そのことを師匠に話したら、水子になった弟の霊は成仏した。こんどは赤倉のカミサマが守護してくれるのでお参りに行きましょう、ということになり、それがいまにつづいています。二十五、六歳のころでした」

井上さんが見た、全身焼けただれた子どもの姿は、そのじつ井上さん自身の姿とオーバーラップしている。井上さんは一歳に満たないころ全身火傷したことがあった。母が目を離した隙に、テーブルの上にあったヤカンをひっくり返し、頭から熱湯を被ったのだ。

「母があわてて、台所に連れて行ったのはいいのですが、衣服を脱がせたので、皮膚が剝けてしまいました。衣服を脱がせる前に水をかけて、そのまま病院に連れて行けばよかったのだそうです」

そのときの火傷の跡が背中全体に残っていた。水子になった弟の霊が成仏したことで、その火傷の跡形もきれいさっぱり消え去った。

「いまは肩にほんの一点残っているだけです。水子の霊がいっしょに持って行ってくれたのでしょう」

そう言いながら、私に左肩を見せた。よほど注意しなければ、それは気がつかないほどのちいさなケロイド状の跡だった。私がお会いしたとき（二〇一六年）井上さんは四十八歳だったから、以来、現在まで二十年あまり、赤倉様を信仰しつづけている。

——どうして食事制限に徹するようになったのですか。

「それまではみんなと同じように普通に手を合わせて拝んでいました。その間に、いろいろ見たり聞いたり感じたりしたことを書きとめて師匠に見ていただき、その意味するところを教えてもらっていました。しかし、師匠が亡くなり、それから四年ぐらい経って拝んでいるとき突然、お告げがあったのです。一瞬、霊感を感じました。飲酒を断ち切りなさい、肉食を断ち切りなさい」

井上さんは半信半疑の状態だった。いったい、これはどういうことなのだろうか。酒を飲んだり肉を食べたりしてはいけないということなのか。どうなるかと不安に思いながら、あえて飲酒、肉食を試みた。

「以前、酒は一升は飲んでいました。一升飲んでも意識はしっかりしていました。肉も食べていました。ところが、酒は三合飲むと体調がおかしくなり、しまいには一合で記憶を失うような状態になりました。いまは一滴も飲めません。まったくの下戸《げこ》です。肉も三回ほど食べてみましたが、腹痛や下痢を起こすようになったのです」

生理的に拒否反応を示すようになったのだ。それが三十九歳のときだったと、井上さんは鮮明に記憶している。井上さんにとって三十九歳は記念すべき節目だった。永助様の祥月命日とされる例大祭の日、赤倉コースから岩木山に登っている途中、汗を拭くため首にかけていたタオルが芳香を発したのだ。汗の臭いはぜんぜんしなかった。

下山後、そのことをトシヱさんに話した。トシヱさんが言うには「カミサマの匂いです。カミサマが導いてくれているんですよ」。カミサマが近づくと花に似た芳香が漂うという。そのタオルを袋に入れて、井上さんはいまも大切に保存している。

この一件以来、井上さんはカミサマに導かれていることを自覚し、ますます精進を重ねるようになった。赤倉霊場の堂舎に行き、沢水で「行」をした。「水行」である。沢に入ってジャバジャバ

種市・赤倉山神社の精進料理（朝食）

種市・赤倉山神社の精進料理（昼食）

と何杯もかぶる。そうすることで心身ともに軽くなり、奥底からふつふつと湧き出る霊力を感じた。

このころから、井上さんに「見てもらいたい」と言って、悩みや苦しみを相談に来る人たちが増えてきた。井上さんは人数が揃えば、種市のカミサマのもとへ連れて行く。ところが何度か連れて行くうちに途中の車内で、卵や肉など禁葷食の臭いが鼻をつく。種市に行くときは、少なくとも前日は摂取しないようにと、きつく注意していたにもかかわらず守れない人たちがいるのだ。

聞くと、食べてきました、という。これでは今日はもう赤倉山神社には行けない、そのまま引き返すしかなかった。口頭で注意してもなかなか相手に伝わらないのだ。

いったい、こういう場合、どうすればいいのか。思案の末、口で言うより、リストをつくり、それを配布したほうが効果的ではないかと結論した。試行錯誤して、リストを作成した。これが冒頭で述べた「赤倉山神社参拝留意事項」である。しかし、まだ完成はしていない。さらに改良しなければならないと考えている。

「あれを食ってはいけない、これも食うな、ではなくて、食べられるものをリストにしようと思っています。その中から選べるようにしたほうが、こんなに食べられるものがあるのかと思えるのではないか。そのほうがわかりやすく、定着するのではないか」

たしかに、食べてはいけない食材を並べられるより、食べてもいいものを並べられたほうが、料理をつくるほうも食べるほうも気が楽である。「あれもだめ、これもだめ」では、まるでこの国で横行している押しつけがましい窮屈な規律にも似て、心が萎縮する。

因縁罪障成仏

井上さんは居酒屋を営んで今年（二〇一八）で十三年になる。店内にはカウンターが延びていて、出入口の脇に小上りがある。居酒屋の主人が酒を飲まず、酒を飲む客を相手にすることに、何か違和感はないのだろうか。

「何もありません、むしろ飲まないほうがお客さんとのコミニュケーションがうまくいく」との答えが返ってきた。

「私が酒は飲まない、肉は食わないからといって、お客さんに対して、酒を飲むなとは言えません。肉を食うな、とも、もちろん言えません。お客さんは普通に飲み食いし、歓談しています。カミサマ（神霊）に関心のあるお客さんもたくさんいます。占ってもらいたい人もいます。お祓いしてもらいたい人には、食事を制限していただき、種市に連れて行ってお祓いをしてもらいます」

いろいろ悩み事を抱えている客の中には、もののけに憑かれている人も少なくない。それは会話していて感じとることができるという。

――食事制限していると、商売上、不都合があったりしませんか。例えば食べてはいけない肉料理の味見はどうするのでしょうか。

「メニューは一般の店と同じです。商売は商売。味加減はカミサマのお告げにしたがって直感でやっています。味見しなくてもぜんぜん問題ありません。信仰しているお客さんも来ますので精進料理もつくります。お客さんによりけりです」

客の好みは千差万別である。濃い味を好む人もいれば薄味を好む人もいる。塩味が効きすぎるという客がいるかと思えば、同じように味つけした料理を薄味だと感じる客もいる。味見などしなくても余程のことがないかぎり、ほど好い加減であれば何ら問題はないのかも知れない。

「わかってもらうのは難しいかもしれませんけど」と前置きしながら、井上さんは、世間にはさまざまな霊がたくさん徘徊していると話す。

「動物や人の霊、地縛霊も、建物の中とかにうようよいます」

俗に言う憑き物である。それに、悩まされて、精神がおかしくなった例は、世間にはいろいろあるようだ。キツネに憑かれて凶暴になったりもする。二十代の若者が父母に暴力を振るい、鼻の骨をへし折ったという話をつい最近も知人から聞かされた。子どもによる父母殺しや、父母による子殺しなどもあとを絶たない。社会は如何にもすさんでいる。

——この店の中にも霊がいるのですか。

「ここにはいません。神棚を祀って、祓っています」

——外に出たら、道路にもいますか。

「あちこちにいます」

——霊は感じとるのですか、それとも見えるのですか。

「私にはほぼ見えます。人の霊、動物の霊、ネコとかイヌとかキツネ、いろいろ見えます」

——ぶつかったりはしないのですか。

「私はいっさい気にしません。素通りします」

――透明人間みたいな存在ですか。

「余程のことじゃないと問題ありませんが、なかには強力なのがいて向かってくるのもあります」

――それを突き抜けて行こうとした場合、抵抗は感じませんか。

「いまはありません。以前は、近寄るな、という殺気みたいなものを相手から感じました。さまざまな霊が、人や動物がいるみたいに普通にいますよ。因縁罪障を背負ったり、成仏したくてもできなかったりした霊が訴えています」

現世には、異界が背中合わせに寄り添っている、ということなのか。

「子孫の方々がしっかりと手を合わせることをしないとまずいですね。成仏できていないのでとり憑く」

――成仏させるには時間もかかるわけでしょう。

「時間もかかるけど、神社に行って、カミサマにこれこれしかじか祓ってくださいとお願いする。本人がしっかりやらないとダメです。赤倉のカミサマは自分がやらないと力は与えない。やった人には力を与えます」

つまり、自らの努力なしでは、カミサマの他力も得られないということなのだろう。しかし、切磋琢磨、惜しまず努力しても、必ずしも満たされた結果になるとはかぎらないこともまた世の常ではあるまいか。

私の経験でいえば、山での遭難がある。登山中の仲間の遭難死、それは不条理であり、運命としか言いようがない。

もっとも、私たちは神仏信仰に帰依していたわけではなかった。信仰登山とは異なり、スポーツ性の高い登山を実践していた。

とは言うものの、ヒマラヤ登山にかかわったシェルパたちは先祖代々、チベット仏教に帰依した敬虔な信者ばかりだった。いかなるときも常に祈りを欠かさない。それでも遭難は避けられず、死亡したシェルパを多数知っている。

――井上さんは種市に行かないときは、日々、どこでどうやってお祈りしているのですか。自室の神棚でしょうか。

「朝も夜もそこで拝みますが、夜はビッチリやります。帰宅後、風呂場で禊します。普通の水でいい。人それぞれですが、種市の御神水は、薬のように大切にし、飲むようにしています。禊をして自らを清めてから神棚の前で祝詞を上げます。祝詞にはいろいろあります」

――禊とか水垢離には、何かテクニックが必要ですか。

「自分の場合は一杯を三回に分けて被ります。左、右、左というふうに肩にかける。頭にはやらない。カミサマはぜんぶ左側、ローソクを見るときも左側にカミサマのお告げがあります」

――カミサマのお告げは、睡眠中に夢にも現れたりするのですか。

「自分の場合は、ほぼありません。拝んでいるときお知らせがある。夜に仕事をしているので眠るのは朝方ということになります」

朝六時ごろ寝て、昼ごろ起きる。カーテンを二重にして光が入らないように工夫している。昼夜逆転していることで体調を崩すということはないのだろうか。

「たまに疲れてぼーっとすることがあります。店は夕方五時半から午前〇時までです。でも、やっぱり話していると一時、二時になったりします」

井上さんは身体に重さを感じたりすると、泊まりがけで種市に行き、赤倉霊場の永助堂までに足を延ばし、沢水で禊するという。

「そうすれば自分の身体がすごく軽くなります。楽になる。体調がぜんぜん変わります。家でやっているのとはまったく違います。家では毎日やっていますが、それだけでも楽です、風邪も引きません。禊をはじめてから風邪を引いたことがない。種市の御神水ではやりません。仕事柄、手が荒れたりするので手にはときどきつけています。荒れませんね」

常日ごろ、禊して御神水を飲み、食事を制限し、摂生した生活をしているせいか、夜中に仕事をしているのに、たしかに手も顔も、井上さんはつやつやしている。声にも張りがある。井上さん以外にも、カミサマを信仰している人たちに会って話を伺ってきたが、みな一様に若々しいので、これこそが御利益ではないかと思わずにはいられない。

――みなさん、生活にくたびれた感じがしないのは、カミサマの力で老化を跳ね返しているんですかね。

「体の調子はぜんぜん違いますね。人間なので、肉体的には疲れとか、いろいろありますけど、精神面で楽なのはたしかです。魂が楽なんですけど、精神面と言ったほうがわかりやすいと思います。楽ですよ」

それに加えて性格が明るい。開放的で陰にこもっていないのがいい。

――赤倉霊場の「不動の滝」は知っていますか。

「滝は崩れて、いまはなくなりました。師匠の対馬さんはそこでさかんに『行』をやっていたそうです。土石流で沢が荒れ、さらに堰堤が何ヶ所にもつくられて様相が変わってしまいました。参詣する信者も減少し、道がヤブで塞がってしまい、歩けなくなっています」

――師匠の対馬さんとは亡くなるまで師弟関係にあったのでしょうか。

「そうです。対馬さんは霊能者でした。むつ市で生まれ、戦後、青森に住み、夢のお告げで赤倉神社に行くようになったそうです。トシヱさんのお父さんの松衛さんに山にこもって来い、と言われてこもって『行』をしたそうです。奥さんは秋田出身です。秋田にも信者がたくさんいます。本人は警察官でした」

――例大祭のときいっしょに種市に行きましたか。光は見に行ったことがありますか。

「師匠とは毎年いっしょに行っていました。光の話は聞いていますが、見に行ったことはありません。大祭の前夜、対馬さんが眠っているとカミサマが下りて乗り移ります。そのとき境内の色が変わります。母屋のほうにもカミサマは来るのです。自分には来ない、きっと、修行がぜんぜん足りていないからです。対馬さんはカミサマが乗り移ると、同行した弟子の名前を一人一人呼びます。対馬さんは十五年ほど前に八十歳で亡くなりました」

井上さんは師匠の供養を朝夕欠かさない。供養しなければ災厄が自分たちに降りかかり、ときには子々孫々に及ぶことさえある。子孫が絶えていくような状況に陥ったり、病気の子どもが生まれたり、生まれても早くに病気になったり死んだりなど、さまざまな災厄に見舞われる。

「成仏しきれない霊が、私たちに手を合わせてほしいと訴えているのです。その訴えが災厄となって降りかかってきます」

——ご飯やお水など、供物を欠かさずに拝むのがいいわけですね。でも、近ごろの人たちは拝んだりすることをしないのではないでしょうか。

「ぜんぜんやらない人たちがどんどん増えています。神棚も仏壇もおきたくない、という人たちがいますね。墓をとっぱらっている人もたくさんいるそうですよ」

——さみしい世の中ですね。カミサマを拝むことが大切ですね。

「そうです。みんな平和に生きていけるようにと、カミサマは望んでいるわけです。そのためには供養や感謝の気持が大切です。それを失なってはいけません」

〈井上正直　昭和四十三年生まれ〉

（註1）古代シュメイルで神を祀った巨大な聖塔。日干し煉瓦で築かれている。

終章　挑戦

永助様にまつわる刊行物が四点、太田家に保存されている。年代の古い順から挙げると『河北新報』（昭和五十七年二月十七日付）、『陸奥新報』（昭和六十年七月七日付）、村誌『にいな』（平成二年九月一日）、『赤倉山の大神さま』（平成十三年六月五日）。前者三点は新聞社、並びに役場の刊行物だ。残り一点は、信者による聞き書きである（巻末資料参照）。太田家にはこのほか、自主制作によるビデオテープ二本が資料として遺されている。

印刷物も含めて、資料には伝聞同様、内容に整合性を欠く箇所が散見する。しかし、なにぶんカミサマに関するゆえ、不確かで判然としない話も真《まこと》しやかに信じられ、その内容も少しずつ変容しながら語り伝えられてきたのだった。

例えば、『河北新報』につぎのような記述がある。

永助は三十二歳のとき、赤倉山に入った。種市に伝わる話では、旧暦八月十九日、ちょうど稲刈りの時期だったが、稲穂の上四、五十センチの空中を、赤倉に向かって滑るように飛んでいった。

これに相当するくだりが『陸奥新報』ではこうなっている。

神さまが赤倉沢に入ったのは、三十二歳の時、その後、山中で修行の日々だったらしく、時折実家には便りがあった。

そのあと以下のようにつづく。

明治二十七年ごろ、石川県大聖寺市から、家族に会いたいむねの便りがあった。松衛氏の父曽太次郎が大聖寺にいくと、旅館の一室で神さまは子々孫々に伝えるべき品々を手渡し、二人そろってまくらを並べて寝た。南まくらで寝たのだが、朝起きてみると、神さまの寝床だけが北まくら（死人の寝方）になっていた。二人はそこで別れたが、その後の神さまの行方、足取りは、ようとして知れない。

『河北新報』にくらべて『陸奥新報』の記事は内容が膨らみ長くなっている。村誌『にいな』では、さらに膨らんで長くなる。以下に、読みづらいのは承知で当該箇所を原文のまま引用する。

明治十七年春此の年大干魃《だいかんばつ》にして降雨なく田植出来ず、永助様赤倉澤《ママ》に籠り一心に行をなす。佐次兵衛の田圃に清水湧き同家田植が出来たという。

同年秋見事に稔り、旧暦八月十九日太田一家総出にて稲刈りの最中、永助突然大声をあげて小友の方向に走り出した。その早いこと、走っているより飛んでいった。（中略）赤倉沢の大きな木の上に今にも脱いだと思われる稲刈に着ていた衣類が掛けられ根本に草履がきちんと揃えてあった。

赤倉沢から消えた永助様から初めて手紙が届き甥の曽太次郎は人手不足で、叔父に帰郷して手助けしてもらうべく、水田の三番草を急いで草取中稲の葉で目をついて傷をつけ、赤く腫れて痛むのを我慢して除草を終えた。川部駅から汽車に乗り叔父永助様修行している石川県の大聖寺、山下某方へ向かったが、川部から隣の席に同席した人があった。偶然その人も同じ駅で下車したが、あっというまに見えなくなった。その人こそ目に傷つけ自分を尋ねる甥を見守って迎えに来た永助様であったのだと思ったという。

二人は久し振りに会って甥の目を見た永助様癒してやるといって、右手を眼に向けて三度息をはくと不思議にもたちどころに痛みもなくなり、完全に治った。そして帰る際に永助様の書いた宝物を授けられ曽太次郎大切に持ち帰り、社宝として奥の院に安置し、毎日参拝している。この時永助様は世界に大異変が必ず起こる。その時は飛んで帰り、必ず世の人を救うと遺言している。この予言書（宝物）は明治三十八年奥羽線全通の年の出来事で、昭和五十六年河北新報にも一部報道されているが、ラジオ、テレビの時代が来ることも予言されている。この宝物は赤倉神社の後継者以外は何人も見ることが禁じられているという。

此の時以来再び永助様の消息は、太田家から消えた。

明治三十八年、甥の曽太次郎石川県大聖寺で会った時、永助様既に五十四歳で赤倉沢で姿を消してから十三年目のことである。更に明治四十二年の春赤倉沢上流部山火事発生し、約五、六日燃えつづけた。曽太次郎、心配のあまり赤倉の堂に行ってみると、お堂の側の木に、白衣に無数の焼けこげた跡のついたのが掛け残されてあった。これは叔父永助様が、山火事を消しに来て遺したものと思い、持帰り、永助様の身替りとして、奥の院に大切に保存しているという。
其の後太田家、赤倉様永助様衣類の掛けおいた場所にお堂を建立して、何時永助様帰山しても泊まれる様にしたのが現在の場所である。

長い引用になったが、概容は把握できる。内容が膨らむほどに神がかった意味づけがなされ、神格化されている。つぎに、『赤倉山の大神さま』から一部引用する。

神さまは常々「吾、書きて世に残すのは唯一つ」と言われており、したがって手本として書いてくれたものは、全部お山に登る前に集めて燃やしてしまわれたそうで惜しいことと思われます。

ということは、焼却したのだ。そして「残すのは唯一つ」とあり、つづけてつぎのように記されている。

神さまがお書きになって現在あるものはそのお言葉のとおり、お山に上ってから後、石川県の方で神さまの御血でお書きになった、種市「赤倉山神社」の御神体としてお奉りしている御真筆唯一点であります。

御真筆は神さまのお言葉により、同神社承継者相伝で直系承継者（男子のみ）以外何人たりとも拝観は許されないのであります。宮司太田松衛様のお言葉によると、

「神さまのお言葉により現在のところ、どなたにも拝観は許しておりませんが、いずれ時期がくれば信者の方々にも拝観が許されるのではないかと思われます。現在は私の家族といえども御真筆を直接拝ませず拝観も許しておりません」

「赤倉山神社」に於ける直系承継者とは、太田家において出生したる男子にして、養子縁組、或いは婿養子縁組による承継者は真の承継者と認められません。また直系承継者であっても二十五歳をすぎるまでは拝観は許されないとのことであります。

永助様の血文が御神体として奉安されていることがわかる。それに加えて、継承者としての資格や、御神体の拝観についても厳格に規定した内容がしたためられている。しかし、ここで疑問が湧く。甥の曽太次郎が受けとったであろうはずの、永助様から種市の実家に宛てた手紙は、永助様が赤倉に飛び去ったのちの出来事だが、焼却を免れたのではなかろうか。とすれば遺されているはずではないのか。

細々した疑問点を述べれば、紹介した新聞記事にしても資料にしても、不明や、書き手の聞き違いともとれるような異同がいくつかある。

しかし、いずれにせよ、現在、赤倉山神社は、直系男子承継者六代目当主の太田正一のあと、妹

のトシヱさんが仕切っている。

トシヱさんは太田家三男五女の末っ子。姉のキミヨさんが言うには、物心がつく以前から神がかっていた。幼児のころ、一度死にかけている。

「心臓がとまったんです。五歳だったと思います。首を動かしてもうんともすんともしません。畑にいた父に知らせに行きました。父が来て、声をかけたり摩《さす》ったりしても動かない。息もしていません。下青女子に医院があったので呼びに行きました。近所の人たちも集まって来て、てっきり死んだものと思い、悲しんでいました。先生が来て、注射をしたら泣き出したのです。この間、一時間ほどはかかっています」

その後、村にいたイタコがトシヱさんを見て、この子は大きくなったら役に立つ人になるから大事に育てなさいと言ったそうである。

「カミサマの代理として手伝っているのだから、いま振り返って見れば、イタコは見通していたのかもしれません」

トシヱさんは結婚する以前、東京で会社勤めをしていた。三十路を過ぎて年も歳だし、縁談があれば、相手が再婚でも構わないと思っていたと話す。

夫の野田公俊さんは八戸市出身で細菌学を専攻し、東北大学農学部の修士課程から東京大学医学部の博士課程に進学、大学院生のとき結婚した。その後、アメリカ国立衛生研究所（ＮＩＨ）に二年八ヶ月留学している。留学には妻・トシヱさんも同行した。

博士号を取得し、アメリカに留学

大学で細菌学を専攻していた野田さんは、東大医学部博士課程を受験するさい、トシヱさんの父・松衛に相談した。当時、東大には細菌学の研究室が三つあった。その中の、どの教授の研究室がいいか。

松衛の指導のもと三日間、断食をしたあとカミサマに伺うと、この教授がいいとの託宣が下りた。「この人が凄いと言われて、何年かかってもそこへ行きたいとの思いから、その教授に手紙を書きました。ハーバード大学に留学した先生でした。見ず知らずの学生からの手紙であり、返事は来ないかも知れないと思っていた」

しかし、三日ほどして、野田さんの手元に速達で返事が届いた。「会いたいからすぐに来なさい」と書かれてあった。夏休みの前だった。すぐに会いに行き、受験することの許可をいただいた。

「英語はもちろん、辞書なしでドイツ語も読めなければなりません。猛勉強しました」

翌春、受験し、合格した。

「厳しい先生でした。育てていただきました。卒業する間際でしたが、自分の研究室には、来たいという学生はいるんだけど、病気で辞めていったりして、コンスタントに卒業できる学生が少なかった。何とか、いい学生に来てほしいと願い、毎朝、散歩している途中の寺にお参りしていたら仙台から手紙が来て、君が来ることになった、と先生に言われて嬉しかった」

野田さんも行きたいと思っていたし、教授も優れた学生に来てほしいと望んでいた。両者の願いが一致したわけである。譬えるなら、これこそ啐啄《そったく》の師弟関係ではあるまいか。

野田さんは東大医学部の博士課程で学んでいた一年目のとき、種市の松衛夫人・トクの夢を見た。種市では、家族同然のように世話になっていた。

「種市のオド様の奥様が夢に現れ、自分は病気になったと話したんです。本当に傍にいて話しているような夢でした。はじめての経験でした。心配になり、種市に電話しました。そしたら、えっ、と電話に出たオド様が驚いて、誰から聞いたんだ、というわけです。誰から聞いたんだ、じゃなくて夢に出てきたんです。子どもたちにも話していないのに、私がどうして知っているのか、ということになりました。そのときは胃潰瘍でしたが治りました。当時、トシヱさんは東京にいました。紹介されて会ってみることになり、その後、結婚したのは東大の大学院生のときでした」

野田さんが学んだ研究室の教授は、東大を定年後、千葉大学医学部に教授として迎えられ、研究生活をつづける。野田さんは博士課程を修了したのちアメリカに留学し、研究生活に入った。

――留学中も含めて、肉を食べないとか、卵を食べないとか、現在もですが、食事を制限しているのですか。

「結果的にそういうものを食べないだけで、それがストレスになるようなことはありません。僕は陸上競技をやっていました。大学院生になってスポーツに親しむ頻度が落ち、いままでのようなヘビーな食事は自分の体に合わないことを感じました。そういったとき種市の方々と知り合い、肉などは食べないことを知らされ、何の抵抗もなくすんなり受け入れることができた。そのほうが感覚が鋭くなるという感じがしていたので、期せずして学問にたいする信条と食生活が合致したわけです。留学中もそうでした。肉など食べなくても何ともない。会合のときなども自分からは食べないようにしています。アメリカは肉食文化だと思われがちですが、ぜんぜん困らない。大豆をつかったソーセージとか、動物の肉や牛乳をつかわないチーズとか、乳製品をつかわないアイスクリームとかあります。大きな店ではコーナーがあって、肉や乳製品がつかわれていない食糧が、少々値段は高いけど健康志向の人たちに人気があります。意外と、日本のほうがいろんなものが入りすぎているのかもしれません」

生前の太田松衛と妻・トク。野田夫妻の結婚式にて（写真提供：野田トシヱ氏）

　野田さんはアメリカでの研究生活をしている間に、大阪大学と京都大学から助手として来てほしいとの依頼を受けた。わけても京大は熱心でアメリカにまで足を運び、説得した。野田さんはどうしたものかと逡巡し、東大時代の恩師に事情を話した。

「どこへも行かなくていい、私のところに来なさい」

　翌年、恩師が教授を退官し、日本細菌学会の会長に就任した。同時に、野田さんは恩師の計らいで助教授として千葉大に行くことになり、阪大と京大のほうには失礼のないように辞退し、トシヱさんと二人で帰国の途につく。

千葉大に奉職してまもなく、退官した恩師の空席をめぐって、当時の選考委員会の部長から立候補をすすめられた。

「退官した教授が選んだ助教授が立候補しないということは、力のない助教授を教授が選んだと思われる。それに、退官したその教授にたいしても礼を欠くことになると言われましてね。どうせ当て馬なんだろうと思いながら、書類を提出し立候補しました」

当時、まだ三十代後半だった。医学部では通常、五十代で教授になる。それが最終候補者に入っていると言われたのでびっくりした。その後、貴方が選ばれました、引き受けますよね、と電話連絡を受けたときはさらに驚いた。

野田さんは帰国した時点では、またアメリカに戻って研究生活をつづけようと内心考えていたのだ。しかし、立候補して選ばれたのに引き受けない、などということは、恩師をはじめ、選考委員会のメンツを潰すことにもなりかねない。申し訳が立たない。

野田さんは承諾し、千葉大医学部の教授になった。

「若すぎるとの声もあり、何かあれば非難されかねないので、そうならないように一生懸命努力しました。五十歳になったとき何か、満たされないものを感じ、次世代を育成する決意で、全国小・中・高校を対象に無料の出張講演を開始しました。これまで全国三百五十校以上、延べ二万人以上の生徒たちが私の講演を聴いています。日本細菌学会の主催です。次世代の人たちにサイエンスへの興味を持ってほしい」

　近年、失速しつつあると言われるこの国の科学の発展には欠かせない、将来を見据えた地道で先駆的な活動である。青少年の夢を育む実践活動は、それに相応しい自身の経歴に裏打ちされている。

　野田さんは日本細菌学会の理事長を務めたこともある。コレラ菌やピロリ菌の毒素を無毒化する国際的な研究（世界初）で注目され、海外で講演する機会も多い。講演のさい、国内はもとより席上、必ず、出身地・八戸市を紹介することから市役所の「八戸特派大使」に任命されている。二〇一七年春、千葉大を定年退官した。この年、私は野田さんを訪ね、ＪＲ千葉駅前の喫茶店で会った。

「大学在職中、研究室の充実をはかり、科研費の交付申請を出すに当たってサポートし、三十数年間、毎年受理されてきました。教授になって二十七年間、恵まれた学者人生でした」

　野田さんはこれまでを振り返り、そう語る。医学博士らしい聡明な語り口だった。


「それは君　大変おもしろい　君　ひとつやってみたまへ」


　野田さんは高校三年の夏休みが終わった九月、昼休み時間に、不慮の事故で失明寸前の状態に追い込まれた。野球をして遊んでいた友人たちの暴投が野田さんの左眼を直撃したのだ。受験勉強はやめなさいと医者に言われた。原子物理学を勉強したくて東北大を志望していただけに無念の極みだった。

「九九パーセントが進学する高校で進学できなくなり、ぶらぶらするわけにもいかず、入社試験は終わっていたのですが父のコネで、カンヅメの缶を製造する東京の会社に就職し、二年間働きました。でも、後ろ向きではなかった。夜勤のある会社だったが、いろいろアイデアを出したりして一生懸命働いた。そのうち目は大丈夫、勉強してもいいということになり、会社を辞めさせてもらいました」

高校を卒業して三年目は仙台の予備校に通った。大学には行けないと思っていたのに行けることになり嬉しかった。予備校の講義が、こんなに愉しいものとは知らなかった。

「他の生徒たちは大学受験を失敗して来ていましたし、みんな暗い感じだった、自分だけはニコニコ笑顔で希望に燃えていました」

働いているうちに工学関係ではなく、命に関係する生物学的な学問がいいと思うようになっていた。東北大農学部の生命科学科に進学した。大学に入るまで三年かかったが、入学以降の人生は順風満帆だった。

「たぶんですね、事故ですから、自分の落ち度ではないんですけど、進学できなくなってはじめて、進学したいという気持が非常に強くなりました。高校のときはみんな行くものと思っていましたけど、勉強してはいけないと言われたときに、逆にしたいという気持がすごく強まった」

高校時代は人生の新たなる旅立ちの準備期間でもあった。それなのに、何かをしたいという自主性は二のつぎで、この国の学校教育では、学業の成績で進路が決められる。この点、野田さんの勉強できなかった二年間は、その後の人生を考える上で重要であり貴重だった。渇いた喉が水を求めるように、何をしたいのか真剣に考えた。それはけっして無駄ではなかった。大多数がところてん式に卒業して社会人になっていくなかで、自分は何をすべきか、人生行路を考える時間だった。自らの手で幸せをつかむための必然であった。

――学者になりたいという希望は、一時的な挫折はあったにしても、それを克服したわけですから、それなりの起爆剤になりうるようなものが、それまでの人生に蓄積されていたのでしょうか。

東北大学浅虫海洋生物学研究センター敷地内にある故畑井新喜司の石碑

「両親が教員で、転勤がありました。母方の祖母のところに預けられていましたが、祖母の影響が大きかった。祖母は母とか母の兄弟には言わなかったけど、僕にはいろいろ先祖の話を吹き込みました。曽祖父の姉の子どもに畑井新喜司（一八七六～一九六三）がいます。明治時代、シカゴ大学に留学し、のちにペンシルバニア大学の教授、帰国後、東北帝大理学部の初代教授になった国際的な生物学者です」

他方、祖父は旧会津藩士の子孫で、曽祖母に連れられて新潟からアメリカの蒸気船に乗り下北・斗南藩に移住している。

畑井新喜司は青森県浅虫水族館の前身、東北大浅虫海洋生物学研究教育センターの創設者だ。同センターの敷地には「それは君　大変おもしろい　君　ひとつやってみたまへ」との銘が刻まれた石碑が建てられている。畑井はまた、ミミズ研究の第一人者としても知られ、著作『みみず』で、その形態や分類、生理、生態などを図解入りで解説している。

門外漢の私たちが読んでも面白いユニークな本だ。ミミズは美味で食用、医薬などにも利用され、種類によっては、ニュージーランドの島民が「酋長」のために保護したという逸話も紹介されている。ちなみに畑井の没後、その功績を讃える「畑井新喜司メダル」（太平洋学術会議）が創設されている。

「ずうっと聞かされていたので、そうした偉い人がいるんだったら自分もなれるかも知れないと思っていた。自分もいつか留学して、学者になることを願っていました。それだけに受験勉強ができなくなったときは自らの逆境を跳ね返す力にもなった」

畑井への憧れが夢を育み、それが支えとなり、受験勉強ができない状況に陥っても勉学への希望の火を消さずに保つことができたのだった。

「信じなければ事ははじまりません。夢物語で終わる覚悟で信じて事に当たる、それが大切です」

――いまも種市に足を運ぶことはあるのでしょうか。

「例大祭には毎年行っています。今年（二〇一七）は十月八日。信仰しているという意識はなくて、結果的にちゃんとバランスがとれている。自然体です。僕の仕事は、何処を探しても答えの見つからないところにチャレンジすることです。自分の感覚を研ぎ澄まして、世界中の専門家から見て一点の曇りもないような事実を見つけていかなければいけない。それをしないと学者として誰にも相手にされなくなる。そういった職業を自分からすすんでやっているわけです。そうなると、誰も見たことのない世界を自分が最初に見られるかも知れないという喜びと、それを間違えて発表してはいけないという厳しさがあります。そういったときに、自分の中心になるような規範がないと人間は弱いです。そこにたぶん、信仰という言葉を僕は使わないけど、そういうものが自分にピッタリ合っているような気がしているんです」

信者という枠に囚われる必要はないが、人生にとって宗教体験は大切である。言い方を換えれば、ことさらに信者であることを意識しなくても、そのような感性を身につけている人もいる。野田さんはそういうことを言わんとしているのではないかと思いながら私は聞いていた。

「山に登ると、日常生活とは異なる清々しいものを感じます。その清々しさを失わずに生活しているような気がします。そういう意味ではラッキーな学者人生を送れています。わが道を振り返って、ラッキー中のラッキーだったと思います。それは種市の人たちと知り合ったおかげと言えるかも知れません。いろいろアドバイスを受け、いまに至っています」

山では雲や草木の緑、岩肌、瀑布などがつくり出す新鮮み、すなわち俗界を脱した広大無辺の清浄感に心が洗われる。山の霊気に触発されるのであり、これを宗教体験と呼んでいいかも知れない。

弥勒の時代が来る

トシヱさんは夫の東大在学中からいまに至るまで、日々褉を欠かさず内助の功に徹し、夫を支えてきた。

「カミサマにも両親にも夫にも、不名誉を与えるようなことをしてはいけない。私にできるのは精神的支えであり、『行』をすることだと考えて、それをつづけてきました。アメリカへは御神水を和紙に浸したのを乾燥させ、それを御護符にして持っていきました。タンクに入った水に、その御護符を入れて飲んでいました。御護符を入れない水は十日ほどで臭くなりどろどろしましたが、御護符を入れた水は、コケが生えたけど何の問題もなかった。アメリカ滞在中、御護符の入ったタンクに水を継ぎ足して飲用していました。アメリカで使用しなかった御護符は、いま千葉の自宅で使っています」

護符は神仏の加護や除災を願う古代からの方法である。食事制限もまた、自らを律する方法として太田家に生まれて以来、トシヱさんの身に備わっている。困るのは、他人から食べものを頂戴したりするときである。近所付き合いの中で、隣家の人が何か持ってきた場合、無下に断るわけにもいかない。

東京で生活していたころ、周囲は食事制限など知らないから配慮がない。「お昼、食べましたか」と隣家の婦人が、つくり立てのハムエッグを持ってきたことがある。事情を話すわけにもいかないので、体よく対応した。

「私、いまご飯を食べ終わったばかりでお腹一杯なの、これ頂いておきます。あとで容器をお返ししますね」

すると、相手はこう言ったそうである。

「できたてなので、ちょっとでいいから味見だけでもして」

仕方がないので嘗めるようにちょっと味見した。生まれたときから、卵や肉を摂取することは禁忌だった。それを図らずも破った、という後ろめたさが内心湧き起こった。そして案の定、護符を入れてある容器の水がドブのような悪臭を放った。

「栓を抜いたとたんに、鼻がひん曲がるようでした。これはいけないと思い、お詫びの気持で禊を繰り返しました。一回するごとに臭いが消えていき、何回もしました」

私のような俗物には理解しかねる生活信条である。話を伺っていて、例えば御神水を捨てねばならないときはどうするのか、との疑問が湧く。やむを得ない事情から、そういう局面に立たされることがあるかも知れない。

――御神水を捨てざるを得ないときは、何か適切な方法があるのでしょうか。

「足で踏まれるような場所に捨ててはいけません。木の根元とか、花壇にかけるとか、鉢植えでもいいです。御神水は状況に応じて、さまざまな変化を見せます。お祝い事があるとき、御神水にエビが見えることもあります。例えば甥の結婚式のときがそうでした」

たしかにそういうことはありうるだろう。事実、先に紹介した中西夫妻がそうである（第一章の「信は生きる力なり」）私には見えない姿が見えたり、聞こえない音が聞こえたりする。それ以上に、現実でありながら、私たちの日常生活で、理解しかねることや摩訶不思議な問題が多々ある。ことごとく、文明社会に生きる私たち自身に原因があるはずなのだが、目先の利得に走るばかりで、大方は解決への姿勢をなかなか示そうとはしない。むしろ、カミサマの託宣にみられるような現実から離れたところに、常人には見えなかったり聞こえなかったりするものとして真実が潜んでいるに違いないのだ。そう思わずにはいられない。

「結婚の話が出ましたが、結婚相手は、当人同士がよければそれで済むというものでもありません。カミサマはつぎの、つぎの代まで見通すので、カミサマがだめと言う相手は薦められません」

結婚のことで相談に来る若い男女や両親が絶えないようである。

トシヱさんは千葉に住まいはあるのだが、現在のように実家で暮らし、カミサマを手伝うようになるとは結婚当時は考えもしなかった。親きょうだいで存命しているのは姉のキミヨさんとトシヱさんの二人しかいない。

「末っ子でもあるし、いちばん甘やかされて育ったから、その恩返しというか、実力はあまりないんですけど、お前が手伝えと言われて手伝いました。いちばん実力があるのは長男の正一兄さん（故人）です。太鼓の打ち方にしても、人の心に溶け込むような音色を出します」

長男の正一は（二〇一六年）、八十三歳で他界した。トシヱさんが手伝いはじめたのは六十歳をすぎてからで、当初、千葉から毎月一、二度の割合で通っていた。そのうち正一が入院し、一人でやらざるを得なくなった。継承者は直系男子に限られるというのが太田家の鉄則だ。トシヱさんはあくまでも代理として現在、任に当たっている。

もちろん、永助様直筆の、未来を予言したという手紙を拝観する立場にもない。しかし、手紙には書かれていない三項目が口伝で遺されている。

一つ、いながらにして世界中の出来事がわかる時代が来る。

一つ、人間が空を飛べるようになる時代が来る。

一つ、弥勒の時代が来る。そこでは一握りの人間しか生きることができない。そのとき一握りの人間を救うべく、赤倉山大神様こと永助様がねじり鉢巻姿で、この世に現れる。それまで信仰を絶やさず守るように。

永助様の予言は現代に照らし合わせて前二項目が的を射ている。残り一項目は未来のことであり、予測は難しい。伝えるところ、後世において異変が生じ、そのとき永助様が世人を救う、ということらしい。この救済思想は、弥勒信仰の永助様版とでも言ったところか。それにしても現代は、ひと口に言って多事多難である。

現象世界の有為転変に翻弄されることなく生きるにはどうするべきか。そのヒントは自身の心に潜んでいる。「神仏は何れを崇むとも己が心なり。信仰は心の安心立命の求道にして寂滅その到達なり」（『語部録』）

〈野田公俊　昭和二十六年生まれ〉

〈付録〉資料 「赤倉山の大神さま」

『赤倉山の大神さま』と題する、太田家に残る覚書には二種類ある。ひとつは本稿と同じ内容でガリ版刷り、ひとつは本稿の前段の挨拶部分を省いた内容の印刷物で、末尾に「この文は秋田県南秋田郡五城目町大川　赤倉山神　対馬清太郎　後藤満郎　による冊子に加除訂正を加えて綴ったものです」平成十三年六月五日、と日時が付記されている。

収録にあたり、前者と後者を併合し、一部、改行、訂正、割愛など文意を損ねない範囲で手直しした。

昭和三十六年旧八月十九日

この日は、私たちが日ごろ「種市さま」「赤倉さま」と言って慕い敬っている「赤倉山大神」の八十周年祭の祝福すべき日でありました。早朝より三々五々と参拝する善男善女の群れ、不肖私も諸先輩に伍して、この日の式典に参賀するの栄に浴しました。

顧みるに戦時中、軍閥政治の華やかなりし頃、一億国民総決起聖戦の美名の下、私は連戦連勝の酒に酔いしれた。しかし現実は、雨と降り注ぎ火花と散る弾丸の中を駆け巡り、武運つたなく山野に屍をさらし、――あるいは戦艦と共に海中に没して帰らざる戦友数知れず……犠牲の多きに拘わらず敗戦という悲しい終末を迎えました。

この結果、幾多の悲劇を生み、世相は混沌として精神的にも収拾がつかない状態であった。この事実を省みるとき、神の加護と助力なくして果たして時の荒波を乗り切ることが出来たであったろうかと考えたのであります。恐らく神力の加護なくして生きることは不可能であったと思われます。このことに鑑み、今更に広大無辺の神恩に感泣するばかりでした。

このときにあたり、これが礼代《いやしろ》として一層の信仰は勿論のこと神恩に報を奉らん事業《ことわざ》をと思考を重ねましたが、結果、なかなかに思案がまとまらず只煩悶するばかりでした。

ある日、祈願祈禱をしていると只一言、「歴史」との神示を得ました。私はこれをかねて懸案の「種市さまの由来記」を書いても差し支えなしと解釈し、多忙なる赤倉山神社宮司・太田松衛先生のご協力を得、お話を、そして古老のお話を基とし本書を作成した次第であります。

史実に忠実ならんとしても月日の流れは史実を膨大し、あるいは縮小しているものが多くあるため編集は容易ならず、ことに浅学の私には荷が重すぎ、本書は明瞭に判明せるもののみ集録いたしました。文中の文法の間違い、脱字、仮名遣いは御容許くださるよう深くお願い申し上げます。

筆者謹白

赤倉山

私たちが六根清浄を唱え、玉なす汗を拭きもせず、棒になった足を引きずりながらお山参詣をする赤倉山は巌鬼山といい、岩木山三峰の一つです。不動の御滝、銚子の口等神々の鎮もり坐す渓沢を赤倉沢といい、総称して赤倉山と言います。この山一の位を有する神は赤倉山大神、即ち種市の大神さまです。

昔、この赤倉山に一房赤倉寺があって、南部の恐山と共に津軽地方の山岳信仰の中心をなし、この道の奥義を極めんと修行する者、また参詣する善男善女の影も多く賑わい、夜に日に二十四時香煙の絶えることなく隆盛を極めたのでした。

ところが「好事魔多し」の古諺《こげん》に背かず、初代津軽公が弘前に封ぜられると藩制政治の施政上の都合からか藩内領地にある神社、寺院を弘前に召集した。これが当然、赤倉寺にも波及して同寺は弘前に移ったのであります。そのため栄華を誇り隆盛を極めた赤倉山も日を追って凋落し、ついに訪れる者もなくなり、いつの間に誰が言うともなく、
曰く、赤倉の山には鬼神がいて入山した者を捕らえて帰さない。

曰く、赤倉の穴には大蛇がいて人を捕らえて食う。

曰く、赤倉の沢は、一度入ると戻ることのできない帰らずの沢だ。

等々変われば変わるもの、かつては神山だ、霊山だといって拝んでいたのは誰か。いまは魔の山、恐怖の山と言われる有様「栄枯盛衰世の習い」とはいえ、人の無情に神ながらも嘆かれたことと思われます。

こうして明治十五年旧八月十九日、種市から「永助さま」、すなわち赤倉山大神がお山にお上りになるまで約百年間というものは、旅の者はもちろん、里人さえも訪れることのない有様でした。

大神さま、お誕生まで

西の空に茜色をした雲を流して夕日の沈むころ、終日囀り遊び疲れた小鳥たちは羽音も侘しくねぐらへと急ぎ、東の空に一つ二つと星が瞬き、山の端にはや月の顔を出すころともなれば野良仕事を終えて、鋤、鍬を担いだ百姓たちが三々五々と、楽しい家路へと歩を速めるのでした。

佐次兵衛もまた、今日一日の無事を感謝し、明日の息災を岩木の山に祈って妻の待つ己の家へと急ぐのでした。

振り返ってみるに、佐次兵衛が僅かの田畑をもらって分家した当時はずいぶん苦しいときもあったが、よき妻の内助の功とわき目もふらず一心に働いた甲斐があって、このごろではどうやら不自由のない暮らしをすることができるようになってきたのでした。

いままで生活が苦しく、その日その日を追われて夢中になって働いていたときは別に気にもかけなかったのですが、生活が安定してくると気になってきたことがありました。それは自分の跡を受け継ぐ子宝のないことでした。

「嫁して三年、子なきは之を去る」誰が決めたのか、そんな不文律のあったころ、佐次兵衛夫婦は離れることなく実家から子どもを連れてきて育てました。けれども子どもに縁がないのか、せっかく苦心して育てても、九歳、十歳のころになると生家に帰ってしまうので、二人はすっかり子どもを諦め、味気のない日々をすごしていました。

ある日、夫婦が野良から戻って昼の仕度をしていると、ぼろ着を身にまとい、歩き疲れたようなみすぼらしい格好をした老修験者が門口に立ち、「暫時の休憩」を願いました。普通ならば、小銭の一文、米の少しもやって断り、追い返すのだが、気のよい二人は喜んで、乞食のような老修験者を招じ入れ、昼食を供して食を共にしました。

食後、いろいろの話から佐次兵衛夫婦に子宝のないことに話が及ぶと、黙って聞いていた老修験者は静かに眼を閉じてしばらく黙考していましたが、やがて眼を開くと厳かな口調で、

「お前たちが念願する子宝は、この先、十二山の神を一心に信心しなさい。必ずよい子、よい子孫が授かります」

これを聞いた二人は眼に涙して喜び、一心に十二山の神を信仰することを誓いました。

月日が経ち、やがて佐次兵衛の妻は懐妊し、月満ちて玉のような男児を産みました。夫婦の喜びはいかばかりか、この男の子が二代目佐次兵衛であります。

二代目佐次兵衛には男の子が三人あり、長男松五郎、二男永助、この二男永助さまが御年十二歳にして「吾、神なり」と宣言し、長じて私たちの大神「赤倉山之大神」になられた方であります。

後年、初代佐次兵衛は、

「情けは人の為ならず、いつかは必ず報われるもの。私があのとき、わずかの物を惜しんだら子も授からなかったかも知れない。あのときの老修験者は山の神の化身であったと思われます」

と語っておられました。

因果応報、善根を施して善果を得、一心の信仰が神助を得たことになります。

神さま、六歳のとき

永助さま（以下、神さまと申し上げます）がお誕生以来、悪い病気にかかることなく順調に成育され、御年六歳になられたとき、母君がふとしたことから病の床に伏し、手厚い看護も医師の手当ても及ばず、ついに黄泉の国へと旅立ち、不帰の客となられました。

そのときのことであります。母君の病気が治らず回復が見込みないと知った親類の者たちが相談し、母子の最後の対面をさせるべく神さまを呼んで、

「永助、お前の母はもう助かる見込みがない。子どもとはいい、お前に心があるならば母の顔を忘れないように、ようく見ておきなさい」

と言うと、神さまは悲しげな顔を見せて肯《うなず》きました。そして静かに、母の伏せている傍に行き、畳一枚隔てたところにきちんと座ると、母君に向かって一礼し、枕元の方に寄って行って上からじっと顔を見ていました。そのあと黙って元へ戻ると紅葉のような手を合わせて、

「ご苦労様でした」

と、ご挨拶されると表の方に出て行かれた。如何に利発だといってもまだ子ども、まして田舎で育った小童子、教えたからといっても出来るものでもない。これを見ていた親類の者も、見舞いに来ていた者も、

「不思議な子どもだ、何の生まれ代りだろう」と驚き、話し合いました。

その後、三、四日して、ついに母君は逝去しました。お通やだ、葬式だと言っているうちに何処

に姿を隠したものやら、いくら探しても神さまの姿はおろか影も見えない……、こうして初七日が終わると神さまが帰ってきたので「何処へ行っていたのか」と、いくら聞いても黙って一言も語りませんでした。皆は「不思議な子どもだ、大きくなるとどうなるのだろうか」と改めて噂をしました。

幼なりといえども神は神、物忌みを嫌うのは当然のこと、そのために身を隠したのでした。

神さま、寺子屋へ入門す

子、曰く……、風に乗って寺子屋の方から子どもたちの音読の声が聞こえてきます。太田家では、神さまが生まれながらにして神であるのを知らないので、子どもに勉強を仕込んでおくと、将来、婿養子の口でもかかったとき、楽に決まるくらいに考え、神さまを七歳のとき寺子屋にお入れになりました。

寺子屋にお入りになられた神さまは、普通の子どもと違って一事が万事、一を聞いて十を知り、眼から鼻に抜けるような利発さ、三年も通っているうちに寺子屋の先生も教えることがなくなり、ついには先生の方で神さまから教わる有様。また同じ年ごろの子どもたちは神さまから習い、神さまもまた、聞くものには親切に教え、ときには手本を書いてくれました。そのお書きになったお手本の筆跡、書体の見事さは、三筆三蹟[*1]も遠く及ばず比べるものがなかったと言われています。

このようなことでありましたので神さまは、十歳のとき寺子屋をお止めになりました。

神さまが常々「吾、書きて世に残すものは唯一つ」と言われており、したがって、手本として書いてくれたものは全部、お山に上る前に集めて燃やしてしまわれたそうで惜しいことと思われます。

神さまがお書きになって現在あるものは、そのお言葉どおり、お山に上ってからのち、石川県の大聖寺市で、松衛氏の父・曽太次郎が受けとった、神さまの御血でお書きになった、種市「赤倉山神社」の御神体としてお奉りしている御真筆唯一点であります。*2

御真筆は神さまのお言葉により、同神社継承者相伝で直系継承者（男子のみ）以外、何人たりとも拝観は許されないのであります。宮司・太田松衛様のお言葉によると、

「神さまのお言葉により現在のところ、どなたにも拝観は許しておりませんが、いずれ時期がくれば、信者の方々にも拝観が許されるのではないかと思われます。現在は私の家族といえども御真筆を直接は拝ませず、拝観も許しておりません」

「赤倉山神社」における直系継承者とは、太田家において出生した男子にして、養子縁組、あるいは婿養子縁組による継承者は真の継承者とは認められません。また直系継承者であっても、二十五歳をすぎるまでは拝観は許されないとのことであります。

神さま、十六歳のとき姐さまを救う

古くから「玉も磨かざれば瓦に等し」との諺があります。けれども、真の珠玉は地中にあって眠っていても価値を発揮するものです。如何に幼くても若くても神は神、そこには不思議な力が秘められていて、それを私たち凡夫の身には理解できません。

神さまが十六歳のときのことであります。かねて懐妊中の姐《あね》が出産しました。孫の顔を見ること

が出来た二代目佐次兵衛は大喜びで、さっそく姐の実家に知らせようと神さまを呼んで、

「いま、姐《あね》ちゃんが赤ん坊を産み、母子とも元気だから、遊びながら見に来てください」

そう伝言するよう言いつけたのです。

これを聞いていた神さまは何を思ったものか、ろくに返事もせず、裸足のまま一目散に駆け出しました。佐次兵衛は何が何だか、神さまが何を聞いて突然走ったのか解せないままぼんやり見ていました。

「姐ちゃんがいま赤ん坊を産み、死ぬところだから大至急来てくれ」

神さまはそう伝えました。実家の姉は驚いて、神さまといっしょに急いで来ると、村人たちが門のところで立ち話をしていました。

「人の一生はわからないものだ。いままであんなに元気で喜んでいたのに、何で急に死んだのか。若いのに本当に気の毒なもんだ」

これを聞いた姉は急に膝から力が抜けて、思わずその場に座り込んでしまいました。そして自分も助産婦の経験があることから産婦の体を探ってみると、係りの産婆が急ぎすぎたのか、あるいは忘れたのか、産婦に腹帯を忘れたため一時的に仮死状態になっていただけで、姉の来るのがもう少し遅ければ本当に死んだのでした。

こうして危機一髪のところで姐は救われたのであります。

佐次兵衛は不思議に思って姐の姉に聞いたところ、伝言が逆に伝えられたことを知り、

「永助は何の生まれ変わりだろう」

と、今更ながら驚いたのでした。

神さま、いよいよ神としての修行をはじめる

神さまは幼年時、そして少年時と、神童ぶりを遺憾なく発揮し、やがて二十四歳になりました。

ある日、朝早く外に出た神さまが入口の柱のところに寄りかかり、右足を上げ、左足一本で案山子《かかし》のように立ちました。何の訳があってそのように立ったのか知らない親兄弟は、ただ不思議な真似をするものと別に気にもかけませんでした。

そのうち一時間、二時間と時間が経ち、日が高く昇るにつれて苦しくなってきたのか、神さまは額に汗を浮かべ、口からも涎《よだれ》のようなものを流し、それが膿汁のようなものに変わってきました。これを見た家族の者が心配になり、なんとか止めさせようと、

「永助、そんな真似を止めて家に入れ」

と言いましたが、頭を横に振って止めようとはしません。そのうち気の毒になってまた、

「永助、苦しくないか」と声をかけると「ウン！　苦しい」と返事をするだけで、とうとう、日の出から日没まで立ち通してしまいました。

神さまの立っておられた場所を見ると、足元のところに一滴、二滴と、口から流れ落ちた膿汁のようなものが黒く、一番ワッパ（昔の弁当箱か）に一杯になるほど固まっていました。

「これは何だ」と聞くと、神さまは、

「これは人間界における罪障と因縁というもので、このようなものが体内にあるうちは、この方

〈自分のこと〉は出世ができない。出世の妨げになる」

と、仰せられました。

修行の第一歩は、罪障、因縁の消滅と懺悔からはじまるのです。

神さま、修行中のお話

一、神さまが一本足の修行をされて、体内の罪障、因縁を吐き出されてからは以前の神さまとすっかり変わり、凡夫の浅ましき眼から見れば、その心底を知らず、ただ常軌を逸したとしか見られず、ときには白衣一枚に藁帯締めて泥水の中に座り込んで道行く人を眺め、ときには他家の流し場の走り水をかき回し、そのつど何かしら教えるのですが、人はその行為を見て、己が身のためになる言葉を聞かず、そのため神さまも一時は馬鹿と言われたこともあったのです。

二、神さま、井戸に落ちて釈迦の化身と拝まれる。

ミーン、ミーンとあぶら蟬が鳴く声も焦げつくような暑い夏のある日のことでした。ドボーンと突然、井戸に何かが投げ入れられたような大きな音がしたので、若勢〈農家の男の使用人〉が驚いて側を見ると、いままで寝ていた神さまが見えません。急いで井戸に行き、中を覗くと、神さまが落ちていました。さっそく親たちに知らせる一方、救い上げようとして改めてよく見ると、神さまは右手を上に、左手を下に指して井戸の中間に立ち、

「天にも地にも吾一人」と仰せになられました。

これを見た親も、そして兄も若勢も、

「これはお釈迦様の生まれ変わりだ」と恐れ、皆、そのお姿を拝んだのでした。
三、神さま、薬師のお仕事をする。瀕死のカス女救われた。
ある日、道をヨロヨロと這うようにして息も絶え絶え、顔面蒼白、カス女が玄関に来ました。カスは自分の病を治してもらいたいと思って来たのです。神さまは家の中にいて、この様子を見ていましたが、カスが玄関に入ると裏口から出て行ってしまいました。

そのころ村人のほとんどは、神さまが「修行」を為し、神の力を顕しているのを知らないので「永助の馬鹿」と言って嘲笑っていました。しかし、なかには「馬鹿でない、神さまだ」と言って崇めている者もいました。

カスは太田家の向かいの娘で、日ごろから神さまを信じている一人でした。神を本当に敬い、真の心で信じ、一心に拝むときは必ず感応し、そこに神の絶大不可思議の力、すなわち妙通力を発揮してこれを救ってくれますが、信ずる気に少しの邪念、疑いも許さないものです。

このことを知ってか知らないでか、カスはいま自分の病、胸部疾患が医師からも見放され、それでも何とか助かりたい、治りたいの一念から眼には涙をため、いつ倒れるとも知らない身を神さまのところに運んで来ているのです。けれども神が無常なのか、カスの信が足りないのか、カスが玄関から入ると神さまは裏口から、カスが裏から入ると神さまは玄関から出て、なかなか会ってくれません。普通なら諦めてしまうところ、一心とは恐ろしいもの、ついに七日間通いとおしました。

さすが七日目になるとカスは考えました。

「何とか助かりたいと思って神さまのところに行くが、神さまは会ってくれない。これは自分の因縁が深いのか、罪が多いので、助けてくれないのだろう。しかし自分としては、精一杯、神さまのところに通ったのだから思い残すことはない。いつ死んでもいい」

ぼんやりそんなことを考えていると、神さまが裏の方から歩いてお出《い》でになりました。そして、カスのそばへ来ると、カスは思わず「神さま」とすがりつき、

「これで自分は助かる」

そう思うとカスの眼に涙が溢れ、ワーッとばかり泣き出しました。やがて神さまが、「カス、手を出せ」と声をかけられたので、カスが手を差し伸べると、その掌にトーッと痰を吐き出しました。

「これ飲めば治る」

カスは掌を嘗めるようにして痰を飲み込みました。

これを見ておられた神さまは、

「カス、お前の名前が悪い。世の中で役に立たないものを滓《かす》という。何のカスでもカスにいいものは一つもないものだ。お前の名前もそれと同じで投げ捨てられるものの名前だから、長生きしたければ長子《おさこ》と改名しなさい」

カスはありがたく長子と改名し、療養に努めた結果、ほどなくして病も治り、八十三歳の天寿を全うしました。
四、カス女の話を聞いた病人、神さまのところに行き、半分治る。
カスが神さまのおかげで病気が治った話が諸方に広がり、これを聞いた種市の部落に住む某（名を調査したが判明せず）の親たちが某を背負って神さまの所に来ました。某は幼児のとき悪病に罹

り、五、六歳になっても、腰が悪いのか胸が悪いのか、立ち歩きができません。出来ることなら治してやりたい親心の一心で、某を背負って、普段は馬鹿と笑っている神さまの所に来たのです。

神さまは運よく家にいたので事情を話して某を治してくれるよう頼むと、神さまはカスのときと同じように掌に痰を与えました。某にはそれがとても汚く見え、飲む気になりません。それでも叱られるので半分飲み込んだが半分は捨ててしまいました。

その結果はどうだったのでしょうか。全部飲んだカスは全快しましたが、半分飲んだ某は治るには治ったが、足を引きずったままで、本当に半分より治りませんでした。

後年、某は「赤倉山神社」に参詣に来て、信者の方々に、

「一心に神さまにすがって叶わないものはない。病気にしても神さまが治るといったら必ず治りますが、それも夫々の信仰によるものです。カスさんが全快し、私が半分より良くはならないのは、やはり信仰の相違で、良い手本と悪い手本を神さまは残したのでしょう」と、語っていたそうです。

五、神さま、眼を治す

ある日、神さまを大嫌いな近所の者が、眼に塵芥を入れて難儀し、医者よ、薬よ、祈禱師よ、と騒ぎましたが、一向に塵芥が取れず痛みがひどくなるばかり、もう恥も外聞もなく、「馬鹿」といって嘲笑している神さまの所に来て、くどくどと説明し、弁解するのを聞いていた神さまは何も言わず、側に積んであった藁束の中から蕊《しべ》を抜いて、

「これで眼の上を擦れば治る」と言って渡しました。

その者、言われたとおりに擦ると本当に良くなりました。

いま、この蕊があると眼病の人が助かるのに、そのとき捨ててしまったのは返す返す残念なことです。

六、また、ある人が腹痛を起こして神さまのところに行ったら、囲炉裏の灰汁《あく》を攌んでくれたので、それを飲んだら治ったということです。

このようにして、病み患う者を治してくれたのは数知れず、このときのお仕事がすなわち薬師様のお仕事なので神さまを、

「赤倉山薬師之大神《あかくらやまやくしのおおかみ》」とも申し上げます。

また、神さまのお言葉に、

「この神の触れたもの、息のかかったものは何一つとして護符にならぬものはない。全部、御護符となる。また、この神を一心に拝むときは必ずこれを助ける」と仰せになっておられます。

このお言葉によってわかるように、大神様の鎮座《しずまり》ます赤倉山において頂くもの一木一草に至るまですべてが御護符となり、また薬となるのであります。

神さま、寒中、水の行をなす

神さまが二十四歳のとき、一本足の「行」をされて人間界の罪障、因縁を体外に出されてからは、いろいろと修行をなされましたが……

毎年のように、寒三十日の間、何処へ行くのか、また何処で何をしているのか、神さまの姿が見えなくなります。家の者は不思議に思って尋ねるのですが、笑って受けつけません。

ある年の冬、岩木颪《おろし》も冷たく白一色と変わり、吹き撒く吹雪は肌をさすように、吐く息、吸う息も凍りつくばかりでした。この年もまた「寒」がやって来ました。神さまはいつものように素肌に白衣一枚、縄帯締めて新しい藁靴履いて外へ出ました。聞いても返事をしないので、見え隠れに後を追ってみると岩木川の方へ行きます。悠々と流れていた岩木川もすっかり氷に閉ざされ、そちこちにわずかに水の滲んでいるのが見えるばかりです。神さまは川原に立ち、振り向いて、岩木山の方をしばし仰いでいたが、やがて氷の上を渡って川筋の真ん中に行くと、藁靴を脱いで並べ、氷の上に横になりました。

これを見て、皆は止めようとしたのですが、恐ろしいような怖いような気がして声が出ず、ただ黙って見ているばかりでした。

そうしているうちに神さまが横になっておられたところの氷が溶け始め、穴が開いて神さまのお姿が見えなくなりました。やがて、その穴から神さまが顔を出し、四方を眺められましたので、皆は「神さま！　永助ぇ！　早く上れぇー」と、大きく声をかけると、神さまはチラッと振り返りましたが、頭を隠してしまわれました。見ていた皆が大騒ぎして「神さまがいなくなった」「永助が岩木川に身投げした」と言って、探し歩いたら、一里ほど下の方の橋の下にあった氷の裂け目から首を出しておられました。

その後は誰言うともなく、

「永助は神さまに間違いはないが、川にこうしていられるのは龍神の生まれ変わりだ」というようになりました。

このために大神さまを「赤倉山之大龍神」または「赤倉山大権現」と、お呼び申し上げております。

さんげ、さんげ、ろっこんさんげ
お山にはちだい、こんごどうしゃ
いちいち、らいはい、なむきみょうちょうらい

川の鮭捕り

津軽の秋はお山参詣の囃子《はやし》にのり、重く垂れた稲穂の上を渡ってやってくる。そのころになると、岩木川では網を張り、鮭待つ人の姿が見られたものでした。

ある日のことであります。岩木川のほとりで村人たちが四、五人で鮭網の仕度をしているところに、心地よい秋風に吹かれながらぶらりぶらりと神さまがやって来ました。しばらく彼らの仕事を見ていましたが、見飽きたのか立ち上がって「いくらいい仕掛けをしても今夜は五尾より捕れない」と言って、クルッと後ろを向いて帰りました。村人たちはどうせ馬鹿の言うことだからと相手にしませんでしたが……、その晩は本当に五尾より捕れませんでした。

つぎの日になると、また神さまが来て「今日は四尾より捕れない」と言って帰ったら、やはり四尾しか捕れず、つぎの日は三尾、そのつぎの日は二尾とだんだん少なく言うので、しまいには村人たちも腹を立て、

「永助の馬鹿が来て要らないことを言うからケチがついて捕れなくなるのだから、こんど来たら摑まえてうんと折檻してやろう」と相談して待ち構えていました。

それを知ってか知らないでか、神さまがいつものとおりやって来たので村人たちが、「永助、毎日何の用があって来るのだ。お前が来て要らないケチをつけるので、鮭が捕れなくなる。早く帰れ」と叱ったところ、神さまは笑いながら、「今日は一尾も捕れない」と言いました。

これを聞いた村人たちはカンカンに怒って川から上ってみると、もう神さまはいません。ふと川向こうの土手を見ると、神さまは鼻歌を歌いながら歩いていました。村人たちは驚くやら呆れるやら、「馬鹿、馬鹿と私たちは笑っているが、神さまだというのは本当かも知れない」と噂をしました。

友だちと相撲をとり力試しをする

真夏のある日の午後のことでした。茂作という若者が、仕事が一段落したので外に出ると、田のほうから神さまが歩いてきました。側まで来ると、そこは友だちの気安さから神さまが、「茂作、一番、相撲とるか」と言いました。茂作はからかい半分に、「永助、相撲とるかと言ったところで、いつやっても俺が勝ってお前が負けるに決まっているもの、面白味がなくて」神さまは笑いながら、また「茂作、相撲とるか」

こうして再三再四言うものだから茂作もついに折れて「どれくらい強くなったか胸を貸してやるか」と言って、二人は土俵のほうへ歩き出しました。この茂作と神さまは、相撲では村の龍虎と呼ばれ、日ごろから技、力量を競っていました。体格は茂作が背が高く肩幅広く、つねに田舎相撲の大関を張り、力技とも優れ、江戸相撲に出しても立派に幕内の中堅は勤まるほどでした。

一方の神さまは中背だが肩幅は三尺もあり、胸板厚くなかなかの丈夫ですが、相撲、力比べではいつも茂作の後手を踏んでいました。

二人は土俵場に着くと、着物を脱いでさっそく土俵に上り、ここに龍虎相争うことになりました。睨み合っていましたが、やがて手を下ろし……、阿吽《あうん》の呼吸も合して立ち上りました。いつもならこのとき、相撲巧者の茂作は一気に突き出すのですが、今日は茂作がぐーんと突いてくるのを、神さまは笑いながら耐えて、胸を押している茂作の手をグッと握る……、その強いこと押すに押されず引くに引かれず茂作は「参った」と思わず叫びました。

神さまはと見れば平気な顔をしています。こんなことはいままで一度もなかったことで、茂作にしてみれば不審で堪りません。「永助、お前はどうなったんだ」と聞くと、神さまは「俺はどうもならないが、お前が弱いんだ」と笑われました。

けれども茂作にしてみれば、負けたことのない神さまに負けたので残念で仕方がありません。力石を担ぐことなら絶対に自信があるので、こんどは茂作から力試しを提案しました。当時はいまのように映画だ、演劇だといって暇をつぶすものがなかったので、若者が集まっては相撲だ力試しだと言って騒いだものでした。それで部落、村落、街角などに力を試す石があって、この石を担ぐことによって、何部落の某が何十貫の石を担いだと噂になったりすることで力量が評価されたのでした。茂作はこの力試しでも大関格で、誰も茂作には敵いませんでした。

二人は力石のおいてあるところに来ると、まず茂作がいちばん大きい石に手をかけ、顔を赤く染めて、どうやら胸の辺りまで抱き上げましたが、どうしても肩までは上がりません。ドンとその石を投げ下ろすと息を弾ませ、「永助、お前、ここまでやれるか」と威張ってみせました。神さまは「茂作、お前にこの真似が出来るか」と言って、その石に手をかけると、お手玉でもするように上に投げてはそれを受け、受けては投げ上げてみせました。

茂作はそれを見ても何も言わずただ黙っているばかりでした。

後年、茂作はこのときのことを「神さまはどのくらい力があるものか計り知れない。神さまの前では力自慢は出来ないものだ」と、身を震わせて語っていました。

火の業を見せて、お不動様と言われる

ある日、外から帰って来られた神さまが囲炉裏の側に座り、兄・松五郎をお呼びになると、こう言いました。

「いままで、この方（神さま自身のこと）を神さまと言ってくれたのもあるし、また馬鹿と嘲笑した者もいる。この方は果たして神か、大勢が言うように馬鹿か、今日は皆に見せるものがあるから、村の主な者たち、それに庄屋を呼んで来てくれ」

兄はいくら自分の弟とはいっても本当に神なりと信じているので、その旨を承り、さっそく隣の庄屋のところに行き、

「庄屋殿、いま、神さまが何が何だか知らないが、皆に見せることがあるから是非来てくれるよう

に、とのことだから、どうぞ私の家まで来てください」と神さまに言われたとおりに伝えますと、これを聞いた庄屋は「馬鹿が何のことをする」と言わんばかりの顔で「いま忙しいので後から行く」と体裁よく断りました。兄は神さまにそのように返事しました。

神さまは「もう少し待って、また行って来るように」と言いました。こうして兄が使者に立つこと三度、庄屋も来ないわけにもいかず、しぶしぶと神さまのところに来ました。

神さまは庄屋が入ってくるのを黙って見られましたが、やがて庄屋が座につくと、囲炉裏の中に燃えている炭火を両手で掻き分け、フーッと息を吹きかけて火の勢いを強くしてご自分の頭を、その勢いのついている火の中に入れました。

皆は驚いて止めようとしましたが、止める間もありません。こうして数分、普通ならば、燃え盛っている火で大火傷をするのですが、神さまが頭を上げると、肌はおろか髪一筋も焼けていません。神の力の妙に皆は茫然と見とれるばかりでした。神さまはさらに炭を注いで火の勢いを強くすると、その上に腹ばいになり、やがて仰向けになると腹の上に豆殻（菜種の殻という説もある）を三段に積んで燃やさせました。火はゴーゴーと音を立てて燃え、さすがに高く、天上に届かんばかりの炎を見ては、言うべき言葉もなく、皆はただ顔色を変えて見とれるばかりでした。

このときの神さまのお姿は、火炎に御身を紅く染めし大日大聖不動明王もかくありなんと思わせ、神さまがはじめて見せた神のお姿であります。このときから神さまを「赤倉山不動明王」と言い、またの御名を「赤倉不動大神」とも申します。

このようにして火の業をお見せになった神さまは、庄屋をはじめ、皆の方を見て、

「この方がいまやったことの意味がわかるか、その方の人間の浅知恵ではわかるまい。馬鹿に果たして、この真似が出来るか」と仰せになられ、さらに語を強めて、

「この火の業は、馬鹿や普通の者に出来ることではない。これを見せても、まだ心の底から、疑いが晴れたわけでもないだろう……、兄も鉞《まさかり》を持って来て、この方を叩いてみよ」

　兄はさっそく納屋に行き、鉞を持って来て、神さまのお体を叩こうとしました。皆は驚いて「もうわかった。私たちが悪かったのだから許してくれ。やらないでくれ」と交互に言って引き止めました。神さまはこの様子を見ておられましたが、囲炉裏の中から太い火箸をとり上げ、兄に渡し、

「この方の体を火箸で叩いてみよ」と仰せになられました。兄がその火箸で叩くとカーンという音がしました。このとき神さまが仰せられるには、

「この方の体は、三界の如何なる火、油にても焼けるものではないし、また如何なる刃物にても切れることなく、如何なるものにても傷つくことなし。この方を一心に頼め、いつ如何なるときでも頼まれる。また、頼まぬときは、親兄弟と雖も助けるわけにはいかない」と、教えになったのであります。

　さらにこのとき、その後、一〇〇年間の出来事、二〇〇年間の出来事などについても詳しくお知らせがありましたが、気を奪われた皆にはほとんど記憶に残らず、兄・松五郎、父・二代目佐治兵衛が若干記憶に留めた、太田家の相伝のお話として残しただけであります。

　このお話の中には、大東亜戦争と日本の敗戦、現在のラジオ、テレビのこと、また宇宙探検のことなどについてもお知らせがあったとのことです。

（註1）三筆、三蹟とも書道の大家。

（註2）明治二十七年ごろ、大聖寺、山下長衛門氏の経営旅館と言われているが現在不明。

あとがき

子どものころ、村はずれにある真言宗の寺院の境内で火性三昧を見物したことがある。六十年あまり前のことだ。当時、小学校が休みになるとひとりでバスに乗って、田園がひろがる母の実家へ泊りがけでよく遊びに行っていた。山のリンゴ畑に連れて行ってもらい、付近の雑木林でカブトムシやクワガタやセミを捕まえたり、川に潜ってヤマメやハヤなど小魚を捕まえたり、ときには釣ったりなどして好奇心を満たしていた。稲刈や田植えのときは赤飯が出て、親類縁者が総出で収穫に当たっていた。

火性三昧を見物したのは、誰に連れて行かれたわけではなく、境内のちかくにあった、クリの木でカブトムシを捕っていたときではなかったかと思う。

村びとは火性三昧を「かちゅじゃめ」と津軽訛りで発音していた。白装束の修験が法螺貝《ほらがい》を吹き鳴らし、護摩を焚き、祈禱をささげ、剣舞を披露したり、釜で沸かした湯を、束ねた笹で振り払って湯玉を飛び散らせたり、そのあとの残り湯を被ったりなどして精進潔斎に励む。締めくくりは火渡りで、湯を沸かした薪が燃え尽きて赤みを失いつつある炭火を地面に敷き広げ、冷たく黒くなった頃合いを見計らって呪文を唱えながら渡り歩く。

燃えさかる炭火であれば火傷をするだろうし、素足で渡るならば、それはまさに神業である。ところが実際は、消えつつある炭火であり、しかも草鞋を履いて渡るのだから熱くも何ともない。これは「行」というより、むしろ余興として見物すべきものではないだろうか。もしかしたら、私のこうした見方は不謹慎であり、修験を冒瀆するものとして正しくはないのかもしれない。

子どもだった当時の私は、老若男女、大勢の村びとの最前列で地べたに座って見物した。私の隣に茣蓙を敷いて座り、両手を摺り合わせて、ありがたい、ありがたいと涙で頬を濡らしながら呟く婆様がいた。なぜ泣くのだろうと、不思議な気持で私はその婆様を盗み見した。何がありがたいのか理解できなかった。

その後、大人になってから、何度か火性三昧を見物したことはあるが、祈りながら涙を流す人を、あのときの婆様以外に見かけたことがない。私自身若いころ、チベットやヒマラヤの辺境で信心深い現地人と何度となく旅の苦楽をともにした経験から、信仰や祈りは尊いものだと頭では理解しつつも、実感はし切れないでいた。涙を流すことで心が浄化される、などと知ったようなことを口にする人はいる。テレビドラマや映画などではよく見かける。バカこけ、と言いたくなる。

それにしても、あのときの婆様は涙で頬を濡らすほどに何がありがたかったのか。体験を基に、人生には老いたればこそ知りうることがある。それは内なる自分と自然との照応であり、霊によって繋ぎとめられているのではないかと考えることで納得がいく。カミサマもまた、そこに成立基盤がある。あえて言えば、解き放たれた悟りの境地である。

思うに、火性三昧は婆様自身の心奥に秘められた悟りを体感するきっかけになったのではないか。

もちろん、いまどき火性三昧で涙を流す人はいない。現代の、人間をも無用化するようなデジタル化、そして殺伐とした世相を反映してのことかもしれない。時代は著しく変容した。信仰の形骸化は免れないだろう。

しかし、本書に登場願った信者がそうであるように、自らの問題として信じるに足る体験があれば話は別である。私自身、信心に欠けるとはいってもイタコやゴミソ、オシラという前近代の、民間に伝承された古代の土俗信仰をも含めて、神仏に対する敬虔な態度を否定する者ではない。これまで無縁だったわけではなく、もののけにとり憑かれたり、幻覚を見たりしたことが何度もあった。

＊＊＊＊＊＊

幼稚園児のころだったと思う。深夜、突然、寝ている部屋の片隅の暗がりに、髪を振り乱した、血の気のない老婆が浮かび出て、耳元まで裂けた大きな口でニタニタ笑って睨みつけながら何かを語りかけるのだ。老婆の顔は、小柄な、いつも紋付袴姿の園長に似ていた。私は園長のギョロ目の顔が恐ろしくて嫌だった。

笑いながら闇に現れる皺だらけの顔を見た瞬間、私は恐怖に襲われ、布団を撥ね除け、身をこわばらせて泣き叫ぶ。父は私を打擲し、母は抱きしめた。悪夢から覚めた私はわれをとり戻し、しゃっくりしながら泣きつづけた。抱きしめる母の温もりが記憶に沁みついている。

母が生前、苦笑しながら話すことには、私はそのとき異様な目つきで「お化け、出たーッ」「そこだ、そこだーッ」と、部屋の暗がりを指差しながら狂乱したという。

それが隣近所の噂になり、信心深い伯母に説得された母が、私をカミサマに連れて行ったのだ。カミサマは民間巫術《ふじゅつ》者の総称であり、先述のようにイタコ、ゴミソ、オシラがいる。現在とは異なり、私の親の世代までは、津軽地方の町や村には、必ずと言っていいほどカミサマが存在し、庶民のよろず相談所のような救済機能を果たしていた。どこそこのカミサマは、当たるとか、当たらないとか、効くとか効かないとか、まるで温泉や薬剤の効能を評価するような噂話が世間に蔓延《はびこ》っていた。

私が連れて行かれたカミサマはゴミソだった。家から歩いて一時間ほどかかった。そこは藩政時代に処刑場があった地域だそうである。もちろん、そんなことなど子どもの私が知るはずもなかった。夏であり、私は半ズボンをはいていた。埃だらけの白っぽい砂利道が脳裏に焼きついている。

私は母とともに、祭壇の設けられた祈禱室に通された。津軽では年配の婦人を「オガ様」と呼んでいるが、たぶんそれは「お母様」の訛音ではないだろうか。白衣を纏った「オガ様」、つまりゴミソは、私を見るなり突如、悲鳴のような呻き声を上げ、座っていた身を反り返らせて後ずさりし、「うっ、うっ、げーっ」と、反吐《へど》を吐くような声を発し、とり乱した。「神おろし」と言われている。私から発する得体の知れない存在感、つまりオーラに度肝を抜かれたようだ。

「うひゃー、あややややッ、どんだ、どんだ、どんだバーッ」

意訳すると、どうしたことだ、これはいったい、となる。ゴミソは野獣のように絶叫し、憑依状態に陥った。

「来たーッ、おめは、あのとき、おらサ水も飲ませねンデ飯も食わせせね」

そして、なにやら口説き節を語り、再び、野獣のような声で、

「ぎゃーッ」と叫んだ。つづけて、

「ふーッ、ふーッ」と大きな溜息を洩らし、呼吸を整えた。

まもなく憑依が解けたようで、膝を折って祭壇に向き直ると、おもむろに両手で数珠を摺り合わせ、それから片手でつま繰り、もう一方の手で御幣を振りかざし、なにやら唱文しながら私を祓い清めた。

ゴミソが言うには、私は先祖代々の大狐に憑かれているとのことだった。

「この子は性根がいいから、いくらでも呪ってこの子を操ってやる」

不気味な託宣だった。私の先祖が悪事を働いたらしい。三代前だ、などと言いながら、ゴミソは母になにやら因果応報を説いていた。

ゴミソの祈禱が効いたのかどうか、私には判断しかねる。というのは、治まりはしたのだが、三日もするとぶり返す。何度か、ゴミソの世話になった。その後、お化けは出なくなったが、小学生になると不安感や恐怖感がときどき湧き出た。自力では振り払うことができなくて、このときもゴミソに連れられて行ったのを覚えている。

ところが、人づてに聞き歩いた何人かのゴミソはいずれも他界していた。母は困り果てたに違いない。そこで訪ねたのが当時開業まもない医院だった。慈眼温容、やさしい医師がいた。子ども心に、温かみのこもった包容力を感じた。精神科医であり、弘前市に健生病院を創設し、日本共産党の衆議院議員として奮闘した津川武一（一九一〇〜一九八八）だ。私は共産党とは無縁だが、いま

でも心に残る偉大な人物のひとりとして数えることができる。

後年、私は足繁くヒマラヤに出かけて行くようになったが、子どものころ、津川から受けた寛容な精神の温もりを、チベット仏教のラマ（僧侶）に感じることがあった。一九七六年、登山を終えてカトマンズで隊を解散したあと、釈迦の生誕地・ルンビニをひとりで旅行したときに出会ったリンポチェ（大僧正）に津川と同質の包容力を感じたことがある。

トゥルシェ・リンポチェというチベット仏教最高位の僧侶でネパールに亡命していたのだ。紹介状を携えて訪ねたのだが、蒙昧なことに、どれくらい偉大であるのか、つゆ知らなかった。その私でさえ、後光が射しているかのような、常人を超越したオーラを感じとることができた。私は世話になった御礼に、ルンビニを去るとき、持参していた日本の渓流竿をプレゼントした。（拙著『いつか見たヒマラヤ』（実業之日本社）にこのときの紀行文を収録）。

閑話休題――。

子どものころ魑魅魍魎《ちみもうりょう》に悩まされ、ゴミソに連れられて行ったのは、のべ竿を持って、郊外の田園地帯を流れる川に、フナやナマズを釣りにばかり行っていたので、フナやナマズの死霊によるたたりではないか、というのがもっぱらの噂になっていた。世間はとかく、あーだこーだと狭い料簡で決めつけたがる。私は近所で評判の「ジャッコ（雑魚）馬鹿」、つまり釣りキチだったのだ。

加えて、落ち着きがないからだとも言われた。「かちゃましい奴だ。独っこせねンデ」。喧《やかま》しく、ひとりでいることができない、との意味である。じっとしていることが不得手な子どもはいつの世もいるに違いない。

しかし、それが原因でもののけに憑かれたわけでもないだろう。そういう気質を生来備えていたと考えるのが妥当なようである。幻覚はいまでも酩酊したときなどに見ることがあった。

泊りがけでイワナ釣りに行き、山で焚火をしながら正体不明になるほど酔うと、よく闇に向って話しかけていると、同行の仲間が教えてくれる。朦朧とした意識の中に、亡くなった、懐かしい仲間が現れ出てくるのだ。仲間と会える、タイムスリップしたようなその幻覚が、私には愉しみでもあった。子どものころとは異なり、幻覚はもはや忌避すべき恐怖の対象ではなくなっていた。

＊＊＊＊＊＊

少年時代の、こうした私のカミサマ体験が、カミサマにかかわる本書の執筆と何か関係があるのか、ないのか。神がかった見方をすれば、あるということになる。以下に、本書を書くに至った経緯を述べよう。

永助様について書きたいという方々が種市の赤倉神社を訪ね、トシヱさんに申し入れるのだが、そのたびにトシヱさんが占うと、カミサマ、つまり永助様なる神霊から許可が出ないのだという。それを聞いた、私の知人の信者が差し出がましいというか、お節介というか、私に書かせたらどうかと、私には内緒でトシヱさんに占ってもらったのだ。

占う前は「たぶんダメでしょう」とトシヱさんは話していたそうだ。何しろ、それまで本を書くことの許可を得た人はひとりとしていなかったのだからやむを得ない。トシヱさんが御護符占いをしても、すぐには託宣がなかった。二度目に占うと出た。折りたたんだ御護符を三方から手にとって開いてみたトシヱさんは、まさか、と驚いたという。信じ難いことに白が浮び出ていたのだ。

知人の信者からそのことを知らされ、私は躊躇した。しかし、せっかくのこの機会を逃してはもったいない気がした。私自身の故郷の文化や風土にかかわる土俗信仰である。いつもながらの「当たって砕けろ」の突貫精神でやるしかない。

二〇一四年十月末、種市の赤倉山神社を訪問し、トシヱさんにはじめて会った。バスの窓から見渡す津軽平野は稲刈も終わり、小春日和の陽射しを浴びて岩木山がよく見えていた。あれから足掛け四年が過ぎようとしていた。

この間、何をどう書いていいのやら皆目見当がつかなかった。何しろカミサマが対象である。五里霧中だった。試行錯誤を繰り返した。

いまここに、ようやく刊行できたのは多数の方々のご協力があればこそ、本書はその賜物である。各種情報・資料の提供、原稿の整理、種市の赤倉山神社や信者のお宅への送迎など、さまざまなお力添えを得た。本文中そのつど名前を記したが、それ以外にも出版の相談に乗っていただき、その労をとってくださった中央公論新社の深田浩之氏をはじめ、本文に名前を記さなかった方々のご芳名をここに掲げ、併せて衷心より感謝する次第である。

秋元敏子、荒谷由季子（大館郷土博物館）、石岡千鶴子、石川澄子（日天講社）、石田清美（北鹿新聞社）、石堂徹也、一山吉治、小笠原岩雄、金子昭彦（岩手県立博物館）、工藤政道、高坂幾代、小林十亀、佐藤一、佐藤昌明（河北新報社）、澤口廣（高穂神社）、須藤晃司（白神山地ビジターセンター）須藤紀子（五所川原市立図書館）、玉川宏、田辺イト、成田隆如（赤倉山宝泉院）、根深泰

平、藤井忠志（岩手県立博物館）、藤田晴央、蒔田大就（赤倉山金剛寺）、棟方清隆、柳澤啓、山川育男。（五十音順・敬称略）なお、本文中、故人については敬称を省略した。皆さん、ありがとう。

最後に、本書を執筆するにあたって参考にした『東日流語部録』について、真贋論争に加わるつもりなど毛頭ないが、私なりの感想を述べておく。私が注目したのは、擁護派が拠って立つ『寛政原本』なる、江戸時代に書かれたとされる文献の鑑定結果が蔑ろにされている点についてだ。専門家が鑑定しているのに、なぜ配慮されないのか、ここに疑義を抱かざるを得ない。

参考までに、それらの文献を鑑定した国際日本文化研究センター・笠谷和比古教授（現・名誉教授）の所見を掲載する。

一、文献六点

1、「東日流内三郡誌、安倍小太郎康季、秋田孝季編」一点

2、「東日流内三郡誌　次第序巻、土崎之住人、秋田孝季（奥書　寛政五年七月九日　秋田孝季）」一点

3、「寛政五年七月、東日流外三郡誌　二百十巻、飯積邑、和田長三郎」一点

4、「護国女太平記巻之十」（写「孝季記」）一点

5、「荒木武藝帳」（写「安永乙未年月日　秋田孝季（花押）」）一点

6、「瀛奎律髄　下」（刊本、裏表紙自記「道中慰読書　孝季」）一点

以上六点、いずれも江戸時代中に作成された文献と認められる。特に№4、5、6の署名は「秋田孝季」自筆の可能性が高い。4については本文も同人の筆跡と判断される。

文献に記された年号の同時代性についてはなお慎重に検討されるべきであるが、右六点の文献そのものは料紙、書体、筆跡のいづ《(ママ)》れの点においても江戸時代中のものと判断される。

右所見はあくまでも目に触れた範囲での判断であり、これ以外に江戸時代中文献が存在しないということを意味するものではないことを付言する。

(所感)

「東日流三郡誌」をめぐっては幾多の議論が重ねられ、真偽論争から感情的軋轢を引き起すことも少なくなかったかと思われるが、これまでの経緯は御破算とし、右記諸文献を基点としつつ、同書に関する純粋に学問的な議論が再開されることを切望するものである。

真贋論争の関係者各位において、この所見がなぜ参考にされなかったのか腑に落ちない。ましてや、閉鎖的な地元社会で村八分になった者もいる。その者は恨み骨髄に徹すれどもなすすべなく零落し、村を去るしかなかった。誰とは言わない。村八分は迫害である。「泣き寝入り」というにはあまりに痛ましい。

幼き日氷紋はりつく硝子窓指でなぞれり解けて冷たし

二〇一八年旧暦一月十九日　永助様の月命日　赤倉山神社の宿舎にて

根深　誠

本書は書き下ろしです。

根深誠

1947年、青森県弘前市に生まれる。明治大学山岳部ＯＢ。日本山岳会会員。日本勤労者山岳連盟顧問。73年以来、ヒマラヤの旅と登山を続ける。84年にはアラスカ・マッキンリー山（現・デナリ）で行方不明になった植村直己さんの捜索に参加。これまでにヒマラヤの未登峰６座に初登頂。故郷津軽の自然を愛し、白神山地を歩き尽くす。ブナ原生林を東西に分断する青秋林道の建設計画が持ち上がった際には、反対運動を立ち上げる。主な著書に『遥かなるチベット』、『山の人生』、『いつか見たヒマラヤ』、『ネパール縦断紀行』、『風雪の山ノート』、『世界遺産　白神山地』、『ブナの息吹、森の記憶』『白神山地マタギ伝　鈴木忠勝の生涯』など多数。

カミサマをたずねて
——津軽赤倉霊場《つがるあかくられいじょう》の永助様《えいすけさま》

2018年４月25日　初版発行
2018年10月５日　再版発行

著　者　根《ね》　深《ぶか》　誠《まこと》
発行者　松田陽三
発行所　中央公論新社
〒100-8152　東京都千代田区大手町1-7-1
電話　販売 03-5299-1730　編集 03-5299-1740
URL http://www.chuko.co.jp/

ＤＴＰ　ハンズ・ミケ
印　刷　大日本印刷
製　本　小泉製本

Published by CHUOKORON-SHINSHA, INC.
Printed in Japan　ISBN978-4-12-005075-6 C0095